本書爲國家古籍整理出版專項經費資助項目

新編諸子集成續編

吴子集釋

陳曦 集釋

中華書局

圖書在版編目(CIP)數據

吴子集釋/陳曦集釋. —北京:中華書局,2021.10
(2023.7 重印)
(新編諸子集成續編)
ISBN 978-7-101-15344-6

Ⅰ.吴… Ⅱ.陳… Ⅲ.①兵法-中國-戰國時代②《吴子》-注釋 Ⅳ.E892.26

中國版本圖書館 CIP 數據核字(2021)第 182362 號

責任編輯:石 玉
責任印製:陳麗娜

新編諸子集成續編
吴子集釋
陳 曦 集釋

*

中華書局出版發行
(北京市豐臺區太平橋西里 38 號 100073)
http://www.zhbc.com.cn
E-mail:zhbc@zhbc.com.cn
三河市宏盛印務有限公司印刷

*

850×1168 毫米 1/32 · 11⅞印張 · 2 插頁 · 250 千字
2021 年 10 月第 1 版 2023 年 7 月第 2 次印刷
印數:4001-5500 册 定價:42.00 元

ISBN 978-7-101-15344-6

新編諸子集成續編出版緣起

新編諸子集成叢書，自一九八二年正式啟動以來，在學術界特别是新老作者的大力支持下，已形成規模，成爲學術研究必備的基礎圖書。叢書原擬分兩輯出版，第一輯擬目三十多種，後經過調整，確定爲四十種，今年將全部出齊。第二輯原來只有一個比較籠統的規劃，受各種因素限制，在實施過程中不斷發生變化，有的項目已經列入第一輯出版，因此我們後來不再使用第一輯的提法，而是統名之爲新編諸子集成。

隨着新編諸子集成這個持續了二十多年的叢書劃上圓滿的句號，作爲其延續的新編諸子集成續編，現在正式啟動。它的立意、定位與宗旨同新編諸子集成一脈相承，力圖吸收和反映近幾十年來國學研究與古籍整理領域的新成果，爲學術界和普通讀者提供更多的子書品種和哲學史、思想史資料。

續編堅持穩步推進的原則，積少成多，不設擬目。希望本套書繼續得到海内外學者的支持。

中華書局編輯部

二〇〇九年五月

目録

前言

在中國古代兵學史上，如果説孫武是最偉大的一位軍事理論家的話，那麼歷來唯一能够與孫武並提比肩的便是吴起，由此殊榮便可推想他的卓越貢獻與崇高地位。早在戰國後期，人們便已將孫、吴連稱，如韓非子五蠹曰：「境内皆言兵，藏孫、吴之書者家有之。」吴子與孫子兵法一起，成爲當時傳播最廣、影響最大的兩部兵書經典。西漢以後，吴子仍保持着這種「頂級」兵書的地位，「世俗所稱師旅，皆道孫子十三篇，吴起兵法，世多有，故弗論」（史記孫子吴起列傳）。北宋神宗時期，吴子被列入武經七書，其經典地位更加牢不可摧。唐開元二十三年（七三五），日本遣唐使吉備真備把孫子、吴子帶到日本，將孫、吴思想遠播東瀛。清乾隆三十七年（一七七二），法國傳教士約瑟夫·阿米歐將孫子、吴子譯成法文，使孫、吴的影響輻射到了更加遥遠的歐洲大陸。

吴起生年不詳，卒於公元前三八一年，衛國左氏（今山東定陶西，一説今山東曹縣西北）人。早年曾跟隨孔子著名弟子曾參學習，後歷任魯國的將軍，魏國的大將和西河守，楚國的苑守、令尹，一生輾轉多地，充滿傳奇色彩。吴起事蹟見載於戰國策、韓非子、吕氏春秋等書。最早的吴起傳記，則見載於西漢大史學家司馬遷撰寫的史記孫子吴起列傳，其中的吴起列傳堪稱記述吴起生平最重要的史料（見本書附録一）。在司馬遷的筆下，吴起不僅是軍事理論家，還是戰功顯赫的軍事家與鋭意改革的政治家。吴起身爲軍事家的才能體現爲「善用兵」，能「與士卒最下者同衣食。卧不設席，行不騎乘，親裹贏糧，與士卒分勞苦」，深得士卒擁戴，官兵關係和諧。軍事家吴起的神采在兵書尉繚子中也有呈現。該書描述，在一場戰爭即將打響之時，「左右進劍」，吴起没有接受，因爲他認爲將領無需在戰場上展示劍術，説：「將專主旗鼓爾。臨難決疑，揮兵指刃，此將事也。一劍之任，非將事也。」（尉繚子武議第八）一席話顯示了吴起在戰場上鎮定冷靜、深明職守的大將風度。該書還記述吴起率兵與秦人作戰，兩軍還未正式交鋒時，便有一個士卒克制不住自己的殺敵衝動，不顧戰場紀律，殺向敵陣，斬獲兩個首級後返回。吴起聞訊後下令立刻斬殺這個士卒，軍士勸諫道：「此材士也，不可斬。」吴起斬釘截鐵地答道：「材士則是矣，非吾令也。」（同上）這則軼事展示了吴起的嚴明軍紀、治軍有方。

吴起曾對魏文侯説「魏國之寶」不在「山河之固」，而在君主之德。從吴起所闡述的「在德不在險」的思想（見史記孫子吴起列傳），可以看出他十分重視汲取歷史經驗教訓，强調君主是否有德將關乎國家的興亡，彰顯了他身爲一位政治家的不凡見地。到了楚國之後，他被悼王任爲楚相，「明法審令，捐不急之官，廢公族疏遠者，以撫養戰鬭之士。要在强兵，破馳説之言從横者」。

對於吴起輔佐楚悼王所施行的變法内容，史記范雎蔡澤列傳記述道：「吴起爲楚悼王立法，卑減大臣之威重，罷無能，廢無用，損不急之官，塞私門之請，一楚國之俗，禁遊客之民，精耕戰之士，南收楊越，北併陳、蔡，破横散從，使馳説之士無所開其口，禁朋黨以勵百姓，定楚國之政，兵震天下，威服諸侯。」吴起的變法成效卓著，但因損害了楚國舊貴族的利益而遭嫉恨，他們趁楚悼王去世時發動政變，竟將吴起殘忍射殺。

吴起撰述的吴子一書，又稱吴起、吴子兵法、吴起兵法。漢書藝文志著録：「吴起四十八篇。」但隋書經籍志、新唐書藝文志卻均著録：「吴起兵法一卷。」四庫館臣針對這種篇幅的巨大差異，解釋漢書藝文志所説的「四十八篇」，「蓋亦如孫武之八十二篇，出於附益，非其本書，世不傳也」（四庫全書總目子部九）。今本吴子當定型於北宋神宗元豐年間的武經七書，共六篇，卷數則有三卷、二卷、一卷之異。

關於此書的作者，明清以來有不少學者，如胡應麟、姚鼐、姚際恒、章太炎、梁啓超、郭沫若等，或認爲是吴起的門人或幕僚筆録而成，或認爲是戰國時人掇拾成篇，或認爲是後人僞託或雜抄成書（參讀本書附録二以及李碩之、王式金的吴子淺説），總之認爲今本吴子非吴起自著。關於此書的創作時間，則有戰國前期、西漢中葉、魏晉以後等不同説法。當今學者大都認爲此書不僞，其作者就是吴起，今本書中雖有後人整理加工的痕跡，但卻基本反映了吴起所處戰國前期的戰爭特點，反映了吴起的軍事思想貢獻。

今本吴子基本上採用的是對話體的撰述方式，全書緊緊圍繞「内修文德，外治武備」八個字展開，既有思想深邃的「文德」主張，又有豐富多彩的「武備」理念；既有高瞻遠矚的戰略思考，又有靈活機動的戰術設計，在不少方面豐富、發展了孫子兵法的戰爭理論成果。概而言之，其思想主要體現爲以下五個方面。

一是「内修文德」的治國理念。

在全書首篇圖國第一的第一節文字，吴起便拈出了統攝全書的核心觀點——「内修文德，外治武備」，精闢地闡釋了政治與軍事的緊密關係，認爲要統籌處理好治國與治軍的相關事宜，既要修明政治，又要建好軍隊。吴起繼而以儒家思想爲指導，提出了一系列治國理念。他指出君主應「先教百姓而親萬民」，「教之以禮，勵之以義，使有恥也」，要重視對百姓的禮義教化工作，珍惜他們的生命；教導君王要選賢使能，「使賢者居上，不肖者處下」，使「民安其田宅，親其有司」；指出君主應效仿聖王，具備道、義、禮、仁「四德」，營建上下和諧的社會關係，認爲「不和於國，不可以出軍；不和於軍，不可以出陳；不和於陳，不可以進戰」，「先和而造大事」；認爲君主應謙虚謹慎，不要唯我獨尊，這樣才能成就稱王稱霸的事業。吴起還以慎戰思想爲前提，提出了「戰勝易，守勝難」的命題，認爲戰勝敵人容易，鞏固勝利卻很難。若要鞏固勝利，不但需要强大的軍事實力，更需要强大的政治影響力。他强調了較之於加强武備，修明政治尤爲不易，也尤爲重要。

二是對戰爭起因的思考與對戰爭的分類。

吴起立足於春秋戰國時期的戰爭實際，前無古人地在吴子圖國第一將戰爭的起因歸納爲五種，即「爭名」、「爭利」、「積惡」、「内亂」、「因飢」。他能從人性爭名、爭利的欲望，從政治集團之間的矛盾關係，從國内政治、經濟發展的狀況，去探究各類戰爭爆發的根源。基於此，吴起還將戰爭的性質分爲五類，即「義兵」、「强兵」、「剛兵」、「暴兵」、「逆兵」，並分别定義道：「禁暴救亂曰義，恃衆以伐曰彊，因怒興師曰剛，棄禮貪利曰暴，國亂人疲、舉事動衆曰逆。」説明他對戰爭的正義與非正義的性質也有了初步揭示。吴起還給出了應對上述五類戰爭的方法，即「義必以禮服，彊必以謙服，剛必以辭服，暴必以詐服，逆必以權服」。以孔子爲代表的儒家學者將戰爭視爲維護禮制的工具，吴起所謂「義兵」，以及「義必以禮服」的思想，顯示了他對儒家戰爭觀的某種認同。吴起的這些思考獲得當代學者的高度評價，如吴如嵩等在所著中國軍事通史第三卷戰國軍事史中，稱讚吴起「認識到應當實行有利國家、順乎民心的正義戰爭，反對違背人民意願和國家利益的非正義戰爭，這是難能可貴的。吴起在戰爭問題上的這一系列見解，不僅超出了前人，同時也超出了同時代的兵學家，從而有助於建立起更爲完備、更爲系統、更爲深刻的軍事理論」。

三是「以治爲勝」、「教戒爲先」的治軍思想。

吴子一書闡述了極爲豐富的治軍思想，内容涉及軍法、裝備、軍事訓練、軍人心理、作戰方法、宿營原則、戰馬馴養等諸多方面。其中最值得介紹的就是「以治爲勝」與「教戒爲先」。這兩條治軍原則均載於吴子治兵第三。

吴起認爲要建設好一支能打勝仗的軍隊，首先要遵循「以治爲勝」的原則，並説軍隊是否具有戰鬭力，與人數多少没有必然聯繫，指出：「若法令不明，賞罰不信，金之不止，鼓之不進，雖有百萬，何益於用？所謂治者，居則有禮，動則有威，進不可當，退不可追，前卻有節，左右應麾，雖絶成陳，雖散成行。與之安，與之危，其衆可合而不可離，可用而不可疲，投之所往，天下莫當。名曰父子之兵。」認爲只有嚴格治兵，嚴明法紀，士卒才會敬畏禮法，才會一切行動聽指揮，具有强大戰鬭力。吴起在這裏還提出了「父子之兵」的概念，認爲只有將軍隊訓練成「父子之兵」，才能所向披靡，戰無不勝。

吴起非常重視軍事訓練，指出了「教戒爲先」的治軍原則和一套行之有效的訓練方法：「故用兵之法，教戒爲先。一人學戰，教成十人。十人學戰，教成百人。百人學戰，教成千人。千人學戰，教成萬人。萬人學戰，教成三軍。」「教戒爲先」，强調的是對士卒軍事技能的培訓。軍隊是由一個一個士卒組成的，要想建設一支强大的軍隊，必須不折不扣地貫徹「教戒爲先」的治軍原則。

吴起給出的訓練方法是從單兵訓練開始，繼而從「一」到「十」，再從「十」到「百」，如此不斷擴展，就可「教成三軍」，使全軍上下人人掌握軍事技能。

吴起在吴子論將第四提出了「威耳」、「威目」、「威心」的「三威」論，要求將領嚴格訓練士卒，讓他們真正懂得各種鼙鼓金鐸、旌旗麾幟、法規條令的内涵，在感官與心理上産生「威耳」、「威目」、「威心」的效果，從而實現令行禁止、服從指揮的訓練目的。

吴起還非常重視對士卒的思想教育，重視激發士卒的士氣，在吴子勵士第六提出了「三樂」説，即「夫發號布令而人樂聞，興師動衆而人樂戰，交兵接刃而人樂死」，認爲士卒在戰場上的「樂聞」、「樂戰」、「樂死」，才是君主所應依賴的關鍵所在。而要激發出士卒的「三樂」，是需要持續不斷的軍事思想教育才能奏效的。

四是「總文武」、「兼剛柔」的將帥論。

吴起的將帥論，集中體現在吴子論將第四。該文一開篇就説：「夫總文武者，軍之將也。兼剛柔者，兵之事也。」指出將領應該「總文武」、「兼剛柔」，不但要懂軍事，剛柔相濟，還要懂政治，有品德。孫武認爲將帥要符合「智」、「信」、「仁」、「勇」、「嚴」的標準，對於其中的「勇」，凡人論將往往格外看重，而吴起卻匠心獨運地説：「勇之於將，乃數分之一爾。夫勇者必輕合，輕合而不知利，未可也。」提醒將領不要爲了顯示自己的勇敢而頭腦發熱，盲目決策。

除了「總文武」、「兼剛柔」的總體要求之外，吴起還對將帥提出了「五慎」、「將禮」的具體要求。所謂「五慎」，指的是「理」、「備」、「果」、「戒」、「約」，其内涵分别是：「理者，治衆如治寡。備者，出門如見敵。果者，臨敵不懷生。戒者，雖克如始戰。約者，法令省而不煩。」意即要求將領具備以下素養：高超的管理能力、保持對敵警惕、不能貪生怕死、勝利後也要心存戒備、制定的法令簡明扼要。所謂「將禮」，指的是「受命而不辭，敵破而後言返，將之禮也。故師出之日，有死之榮，無生之辱」，指出良將要堅定破敵使命，樹立正確榮辱觀，絶不在戰場上貪生怕死，畏懼逃避。

「四機」與「四德」，也是吴起將帥論的重要範疇。「四機」指的是「氣機」、「地機」、「事機」、「力機」，其内涵分别是「三軍之衆，百萬之師，張設輕衆，在於一人，是謂氣機。路狹道險，名山大塞，十夫所守，千夫不過，是謂地機。善行間諜，輕兵往來，分散其衆，使其君臣相怨，上下相咎，是謂事機。車堅管轄，舟利櫓楫，士習戰陳，馬閑馳逐，是謂力機」，意即要求將領能够鼓舞士氣，懂得軍事地理，善於使用間諜，會管理、訓練部隊。吴起説「知此四者，乃可爲將」，强調「四機」是將帥的必備素質。至於「四德」，指的是「威」、「德」、「仁」、「勇」。將帥具備了「四德」，則「必足以率下安衆，怖敵決疑，施令而下不犯，所在寇不敢敵」。吴起高度肯定良將的價值道：「得之國强，去之國亡。」指出良將的存在與否，直接關係着國家的興衰存亡。

五是「審敵虚實」、「因形用權」的戰術指導思想。

吴子的戰術指導思想也極爲豐富，其中最值得介紹的是「審敵虛實」論與「因形用權」論。孫子兵法謀攻篇有「知彼知己者，百戰不殆」的千古名言，告誡用兵者一定要全面掌握敵我雙方的真實情况；虛實篇提出了「避實而擊虛」與敵衆我寡時「我專而敵分」的用兵原則。吴起將孫武的上述思想濃縮概括爲凝練醒目的一句話——「用兵必須審敵虛實而趨其危」（料敵第二），認爲要充分掌握敵我雙方的虛實强弱，尋找敵人的薄弱點並給予痛擊。這條用兵原則將孫武的「知彼知己」、「虛實」、「衆寡」、「專分」等軍事思想發展到了一個更高的境地，歷來被視爲用兵者的箴言。

孫子兵法計篇有言曰：「勢者，因利而制權也。」吴子論將第四在此思想基礎上提出了「因形用權，則不勞而功舉」的命題，指出用兵者應根據戰場情况採取靈活機動的措施，達到「不勞而功舉」的作戰效果。吴子應變第五在闡述如何針對不同敵情而採取相應戰術時，便具體貫徹了「因形用權」的作戰指導原則。

關於吴起的生平與思想，筆者另有專文吴起師承問題考辨（載軍事歷史二〇二一年第三期，見附録三）、千秋悵望説忍人——吴起「殺妻」、「出妻」兩説探微（載傳記文學二〇二一年第六期）等，在此不再贅述。

今本吴子版本衆多，現存最早的是南宋孝宗、光宗年間刻的武經七書本。此本堪稱後世吴子版本之源，現藏日本岩崎氏靜嘉堂。一九三五年上海商務印書館採用中華學藝社借照膠片影印，收入續古逸叢書出版。該宋刊本之後，重要的吴子版本有施子美吴子講義本，劉寅吴子直解本，趙光裕新鐫武經標題正義本，吴勉學二十子全書本，歸有光諸子彙涵本，閔聲、閔暎張兵垣四編本，茅元儀武備志本，黄獻臣武經開宗本，朱墉吴子彙解本，丁洪章吴子全解本，黎利賓等吴子彙解本，四庫全書本，平津館叢書本，淩氏傳經堂本，四部備要本等。在吴子的整理注釋方面，晁公武郡齋讀書志稱「唐陸希聲類次爲之説」；據隋書經籍志和新唐書藝文志記載，東漢末年賈詡曾爲吴子作注；又據鄭樵通志藝文略，孫鎬亦曾爲吴子作注。可惜他們的成果均已亡佚。現存重要的吴子古注有施子美的吴子講義、劉寅的吴子直解、趙光裕的新鐫武經標題正義、黄獻臣的武經開宗、朱墉的吴子彙解、丁洪章的吴子全解、黎利賓等的吴子彙解等。

本書原文以涵芬樓續古逸叢書影印宋刊武經七書本爲底本，參校以群書治要本、太平御覽以及上引諸多版本，試圖爲當代讀者提供一個精良可靠的吴子版本。除了展示筆者研讀吴子的淺見外，本書還吸納、採録了較爲豐富的古代研究成果。本人在編纂過程中雖竭力規避疏漏錯謬，但深知自己學養有限，失察之處在所難免，在此真誠期待廣大讀者賜教。

陳　曦

二〇二〇年十月

凡例

一、本書所據底本爲武經七書之吴子，續古逸叢書收一九三五年上海涵芬樓影印中華學藝社借照東京岩崎氏静嘉堂文庫藏宋刻本。

二、本書校勘部分參考的文獻主要有：

（一）魏徵等：群書治要，叢書集成初編本（簡稱「群書治要」）。

（二）李昉等：太平御覽，中華書局一九六〇年版，縮印商務印書館一九三五年影印宋刻本（簡稱「太平御覽」）。

（三）施子美：施氏七書講義之吴子講義，日本文久三年刻本（簡稱「講義」）。

（四）劉寅：武經七書直解之吴子直解，一九三三年陸軍印刷所影印江蘇省立國學圖書館藏明萬曆九年刻本（簡稱「直解」）。

（五）趙光裕：新鐫武經標題正義，明萬曆十六年刻本（簡稱「正義」）。

（六）吴勉學：二十子全書之吴子，明萬曆間吴勉學刻本（簡稱「二十子全書」）。

（七）歸有光：諸子彙函收吴子，明天啓六年立達堂刻本（簡稱「諸子彙函」）。

（八）閔聲、閔暎張：兵垣四編之吴子，王士騏評釋，中華再造善本二〇一四年版，據軍事科學院軍事圖書資料館藏明天啓元年閔氏刻三色套印本影印（簡稱「兵垣四編」）。

（九）茅元儀：武備志之兵訣評收吴子，明天啓元年秣陵章弼寫高梁刻本（簡稱「武備志」）。

（十）黄獻臣：武經開宗之吴子，明崇禎九年芙蓉館刻本（簡稱「開宗」）

（十一）朱墉：武經七書彙解之吴子彙解，清光緒二年國英重訂嶺南古經閣刻本（簡稱「朱墉彙解」）。

（十二）丁洪章：武經七書全解之吴子全解，清康熙二十七年賜書堂刊本（簡稱「全解」）。

（十三）黎利賓等：武經三書彙解之吴子彙解，康熙五十年官衙藏版（簡稱「黎利賓彙解」）。

（十四）紀昀、永瑢等：文淵閣四庫全書之吴子（簡稱「四庫全書」）。

（十五）孫星衍：平津館叢書之吴子，嘉慶十年刊本（簡稱「平津館叢書」）。

（十六）淩堃評校：吴子，清道光間淩氏傳經堂本（簡稱「淩堃評校」）。

（十七）四部備要之吴子，上海中華書局一九三六年據平津館本校刊（簡稱「四部備要」）。

三、本書集釋部分參考的文獻主要有：

（一）施子美：施氏七書講義之吴子講義，日本文久三年刻本（簡稱「施子美」）。

（二）劉寅：武經七書直解之吴子直解，一九三三年陸軍印刷所影印江蘇省立國學圖書館藏明萬曆九年刻本（簡稱「劉寅」）。

（三）趙光裕：新鐫武經標題正義，明萬曆十六年刻本（簡稱「趙光裕」）。

（四）歸有光：諸子彙函收吴子，明天啓六年立達堂刻本（或簡稱「歸有光」）。

（五）閔聲、閔暎張：兵垣四編之吴子，王士騏評釋，中華再造善本二〇一四年版，據軍事科學院軍事圖書資料館藏明天啓元年閔氏刻三色套印本影印（簡稱「王士騏」）。

（六）茅元儀：武備志之兵訣評收吴子，明天啓元年秣陵章弼寫高梁刻本（簡稱「茅元儀」）。

（七）黄獻臣：武經開宗之吴子，明崇禎九年芙蓉館刻本（簡稱「黄獻臣」）。

（八）淩堃評校：吴子，清道光間淩氏傳經堂本（簡稱「淩堃」）。

（九）朱墉：武經七書彙解之吴子彙解，清光緒二年國英重訂嶺南古經閣刻本（簡稱「朱墉」）。

（十）丁洪章：武經七書全解之吴子全解，清康熙二十七年賜書堂刊本（簡稱「丁洪章」）。

（十一）黎利賓等：武經三書彙解之吳子彙解，康熙五十年官衙藏版（簡稱「黎利賓」）。

四、本書在「集釋」部分徵引上述文獻時，會冠以姓名加「曰」的方式，如「施子美曰」、「劉寅曰」，引文後不再標明出處。

五、本書徵引的其他文獻會在注釋中隨文標明出處。

六、各家注文之間以「○」間隔。歸有光的諸子彙函、朱墉的武經七書彙解等存録了多家注釋，本書徵引時採用「歸有光引」、「朱墉引」，後加姓名或書名、再加「曰」的方式，如「歸有光引鄒東郭曰」、「朱墉引尤尺威曰」、「朱墉引翼注曰」。本書作者的按語簡稱爲「曦案」。

七、本書每篇標題下有解題。校釋採用段下注形式，先校記，後集釋，兩部分的數字序號分別採用「①、②……」與「〔一〕、〔二〕……」的形式以加區別。

吴子集釋卷上

施子美曰：吴子者，吴起所著之書也。起嘗殺妻以求將，嚙臂以盟母，其忍固不可言。然而用兵，司馬穰苴不能過。是以君子遺其行而取其材。噫！盗嫂受金者，不失爲漢之謀士；食人雞子者，不失爲衛之良將。吾方以能取人，何暇恤其他？此吴起之兵法所以傳也。○趙光裕曰：起，衛人。爲魯將，破齊師。因讒，棄魯降魏。迨武侯信田文讒，欲殺之，又棄魏降楚。與悼王議削族禄，被楚族米驪所殺。○又曰：按吴子所著皆兵家機權法制之説。然所言圖國以和，教民以禮，治兵以信，較之孫子區區逞智尚謀者不同。高氏子略曰：起之書幾於正，武之書一於奇，亦有低昂之意。豈起嘗學于曾子，故其立言亦有自歟？○歸有光曰：吴子名起，魏人。所著皆兵家機權法制之説。高氏謂以吴起、孫武較之，起之書幾乎正，武之書一乎奇，豈其嘗學於曾子，故立言亦有自歟？○歸有光引王鳳洲曰：起嘗與田文論功曰：「將三軍，使士卒樂死，敵國不敢謀，子孰與起？治百官，親萬民，實府庫，子孰與起？守西河，而秦兵不敢東向，韓、趙賓從，子孰與起？」文曰：「皆不如子。」故李克謂魏文侯曰：「使用兵，司馬穰苴弗能過也。」讀其書，信李克之言不謬。○黄獻臣曰：吴子名起，魏人。爲魯將，破齊。因讒，去魯歸魏，魏將之，攻秦，拔五城。又因讒棄魏奔楚，楚立爲相，多戰功。茲所著六篇，皆親身做出，不是空殻話頭。雖以廢棄公族爲楚族米驪所殺，不獲令終，然其言近於正，如所云「在德不在險」，及圖國以和、教民以禮、治兵以信，皆似聞道之言，非若孫子之一於奇謀也。善讀者師其意可也。○丁洪章曰：按世之論兵法者曰孫吴。高氏謂二子其説蓋截然不相侔也。起之書幾于正，武之書一于奇。起之書尚禮義，明教訓，或有得于司馬法者，武則一切戰國馳騁戰爭奪謀逞强之術耳。

圖國第一

【解題】

劉寅曰：圖國者，謀治其國也。國治方可以用兵。篇内有「圖國」二字，故取以名篇。凡八章。○趙光裕曰：此篇言圖謀治國之事。○朱墉曰：吴子六篇皆兵家機權法制之説也，然其圖國以和，教民以禮，治兵以信，則庶幾湯、武仁義之師，較之孫子十三篇純用機智不倫矣。故高氏曰起之言幾于正，武之書一于奇，豈起嘗學于曾子，故其言多道德之遺意歟？吴子圖國篇雖每節問對自爲始終，然細玩文意，原自一氣貫下，通章不離「圖國」二字。蓋國之本恃賢與民，圖國之術在文與武，未有不得民之心而可以用民者也，未有不得賢之心而可以治民者也。故欲得民之心，不外於親愛教訓而主於和；欲得賢之心，不外於尊禮虛受而主於敬。而其親教之實，惟加意綏理動撫而已。親教既成，民有恥心，自能知方效力，固結而不可解，國有不安者乎？若内外綱紀文德武功俱已兼盡，當知起兵之由與制人之道，然後選卒練兵，爲不可勝之計。是可見戰守之方，不必事乎奇謀詭術，總於上下吏民而得之。究其所以能然者，敬賢禮士之效也。此湯、武帝王之大略也。○丁洪章曰：此篇言圖謀治國之事，必先以愛民爲本。民知君之愛，自是感恩報效而惟上所使也。○黎利賓曰：圖，謀也。治國家之事非同他務，故必主與將區畫周祥，籌度盡善，始可鞏若包桑之固，奠如磐石之安，而成不拔之弘基也。故以「圖國」爲第一。○曦案：本篇有句曰「昔之圖國家者，必先教百姓而親萬民」，作者取其中「圖國」二字以名篇，恰當地顯示了本篇的主旨。「内修文德，外治武備」，是本篇提出的至理名言。吴起在篇中還將治國與治軍並提，説明「軍」與「國」密切相連，國事與軍事原本就是不可割裂的一體；「文德」與「武備」（實即政治與軍事）二者難以分割，互爲關聯。本篇文字共分八節，各節内容側重於「文德」，較爲集中地體現了吴起的治國理念。此外，還展示了他的慎戰思想，以及對戰爭發生的根源、各種戰爭類型等所作的深入思考。

吴起儒服①，以兵機見魏文侯〔一〕。文侯曰：「寡人不好軍旅之事〔二〕。」起②曰：「臣以見占隱，以往察來，主君何言與心違〔三〕？今君四時使斬離皮革，掩以朱漆，畫以丹青，爍以犀象〔四〕，冬日衣之則不温，夏日衣之則不涼〔五〕。爲長戟二丈四尺，短戟一丈二尺〔六〕。革車奄③户，縵輪籠轂〔七〕，觀之於目則不麗，乘之以④田則不輕，不識主君安用此也〔八〕？若以備進戰退守，而不求能用者，譬猶伏雞之搏狸、乳犬之犯虎，雖有鬭心，隨之死矣⑤〔九〕。昔承桑氏之君，修德廢武，以滅其國⑥；有扈氏之君，恃衆好勇，以喪其社稷〔一〇〕。明主鑒兹，必⑦内修文德，外治武備〔一一〕。故當敵而⑧不進，無逮於義矣。僵屍而哀⑨之，無逮於仁矣〔一二〕。」於是文侯身自布席，夫人捧觴，醮⑩吴起於廟，立爲大將⑪，守西河〔一三〕。與諸侯大戰七十六，全勝⑫六十四，餘則鈞⑬解。闢土四面，拓地千里，皆起之功也〔一四〕。

【校記】

① 吴起儒服：自此句至「皆起之功也」，開宗本、朱墉彙解本、全解本、黎利賓彙解本、四庫全書本視爲單獨一章，黎利賓彙解本、四庫全書本特標爲「吴起初見文侯章句」。

② 起：武備志本「起」下有「對」字。

③奄：直解本、二十子全書本、諸子彙函本、兵垣四編本、武備志本、開宗本、朱墉彙解本、全解本、黎利賓彙解本、四庫全書本作「掩」。

④以：直解本、正義本、諸子彙函本、兵垣四編本、朱墉彙解本、全解本、黎利賓彙解本、四庫全書本作「於」。

⑤矣：全解本作「也」。

⑥國：直解本、正義本、武備志本、開宗本、全解本、黎利賓彙解本「國」下有「家」字。劉寅曰：「舊本『國』下有『家』字，今從之。」

⑦必：直解本無此字。

⑧而：黎利賓彙解本、四庫全書本無此字。

⑨哀：諸子彙函本作「失」。

⑩醮：諸子彙函本作「酹」。

⑪將：正義本「將」下有「軍」字。

⑫勝：正義本作「戰」。

⑬鈞：正義本、二十子全書本、諸子彙函本、兵垣四編本、武備志本、開宗本、朱墉彙解本、全解本、黎利賓彙解本、四庫全書本作「均」。

【集釋】

〔一〕吴起儒服，以兵機見魏文侯

施子美曰：人言文武異途，兵儒異道。縉紳之士，豈甲胄之臣所輩哉？今吴起以兵機見文侯，而乃儒服者不其矯歟？非也。起固曾子弟子也，舊常儒服矣，詎可於一見之間而變之乎？婁敬嘗曰：「衣帛，衣帛見；衣褐，衣褐見。」不肯易服者，所以自重也。况儒者知兵，古人重之。儒服而以兵機見，亦其宜也。儒服即哀公問者是也。文侯者，魏斯也。吴起本魯人也，見疑於魯，聞魏文侯賢，而往見之，安得不儒其服而兵其機哉？雖然，酈食其以儒服見漢高祖，而高祖慢之；叔孫通以儒服見高祖，而高祖憎之。吴起以儒服見文侯，而文侯且見焉，豈高祖好士之心不及文侯耶？不然也。高祖之起，方與壯士守四方，豈儒服者所能辨哉？而文侯襲祖宗之業，方切於求賢，師子夏，式干木，故吴起得以此見之。時有不同，不可以一概論。○劉寅曰：吴，姓；起，名也。其先本魏人，學兵法，爲魯將，破齊有功。人有讒起者，魯君疑之，遂去魯適魏，服儒者之服，以兵機見魏文侯。文侯，晋大夫魏斯也，與趙籍、韓虔共分晉地，爲諸侯。○趙光裕曰：起本魏人，學兵法，爲魯將，破齊有功。魯君因讒而疑之，起遂去魯，歸見文侯。○歸有光引鄒東郭曰：吴子預識文侯心事，故以兵機見，而文侯乃佯爲不好者，正激之也。○朱墉曰：儒服，身衣儒者之服也。兵機，兵家機密之事也。○朱墉引翼注曰：當見之時，所服者儒服，不改其素也；所挾者兵機，有才欲炫也。蓋以有文事者必有武備，即樽俎可以寓折衝、裘帶可以當韎韐之意，但其心急於功名，是窺文侯之好而相機以投者也。○又引尤尺威曰：列國專尚戰攻，以强爲勝，而不貴仁義道德，故起以兵機見，從君所好也。○又引指南曰：儒服而以兵機，分明是他挾兩端以干用之意。○又引題矩曰：吴起學于曾子，儒服是他本等，但兵機以見，不免是他功名熱念。○又引句解曰：此一句乃記者書法也。○又引大全曰：挾兵機而仍儒服，亦是士人進身之常。○又引王漢若曰：以兵機者，明是隱操世主所好而迎合之。○丁洪章曰：論者謂吴起既以兵機見，何不服武服？分明是他挾兩端以幹用之意，抑知吴起曾學于曾子，儒服亦是他本等，但以兵機一事不免是他功名的熱念。作文不妨褒其儒服，貶其兵機。○又曰：此章是總敘吴起初見文侯始末。所著兵書六篇，其言内修外治、教百姓、親萬民，道德禮仁信義教戒等語，皆鑿鑿大儒正論。吴子學於曾子，根據自是不同。○曦案：吴起儒服，意即吴起穿着儒者的服裝。據史記孫子吴起列傳，吴起「嘗學於曾子」。吴起曾師曾子的問題，現有兩説：一説吴起師曾參，一説吴起師曾參的兒子曾申。史記、吕氏春秋、資治通鑑等均持前説，本書從之，理由見附録三吴起師承問題考辨。吴子開篇首句特地説明吴起身着「儒服」，强調了他曾師從孔子弟子曾參的儒者身份，提示讀者這部書浸染着儒學色彩。先秦時期各家學派無一不言兵，高度重視戰爭，法家如此，儒家亦如此。吴起由儒入法，是儒、法結合的代表。他的外着儒服與内攜兵機，兩者其實並不構成思想邏輯上的矛盾。上引「心急於功名，是窺文侯之好而相機以投者也」、「儒服而以兵機，分明是他挾兩端以干用之意」等評論，顯示了古代儒者對法家人物的敵意與偏見。又，魏文侯，戰國初期的魏國國君，姬姓，魏氏，名都，一作「斯」，魏桓子之孫（世本稱桓子之子），公元前四四五至前三九六年在位。能招賢納士，師事子夏、田子方、段干木，重用翟璜、吴起、西門豹、樂羊等人。又以李悝爲相，進行改革。對内作「盡地力之教」，鼓勵耕作；制定法經；行「平糴法」；廢止世襲貴族特權，實行「食有勞」、「禄有功」、「賞有賢」、「罰必當」的政策；加强軍隊建設，建立常備「武卒」制度。對外屢敗秦軍，攻取秦河西之地。周威烈王二十年（前四〇六），又越趙境攻滅中山。在他統治下，魏國日益富强，稱雄諸侯。

〔二〕寡人不好軍旅之事

劉寅曰：寡人，寡德之人，文侯自稱也。萬二千五百人爲軍，五百人爲旅。軍旅，蓋言戰伐之事也。○趙光裕曰：此佯言。○朱墉引擬題鏡曰：「不好軍旅」，文侯當頭折抑一句，若非吴子有本領，彼時鋒穎已被他挫。○丁洪章曰：戰國詐術相高，即君臣之間，亦莫不以詐術，故吴起懷兵機者也而服儒服，文侯圖富强者也而曰「不好軍旅」，其習氣類然也。○曦案：寡人，是古代君王的自我謙稱，在這裏是魏文侯的自我謙稱。魏文侯此句聲稱自己不喜好探究行軍打仗方面的事情，實乃言不由衷的違心之論，吴起明瞭於此，故而有了下文直截了當的點破，所謂「主君何言與心違」。

〔三〕「臣以見占隱」三句

施子美曰：驅鷹犬而赴林藪，語人曰「我非獵也」，不如放鷹犬而獸自馴。操網罟而入淵海，語人曰「我非漁也」，不如捐網罟而人自信。文侯而不好軍旅之事，何不去備撤具，而使人自知之？又何以口舌爭哉？大抵觀人之跡，可以知人之心；觀人之已爲，可以知人之所未爲。見者跡也，隱者心也，往者已爲也，來者未爲也。觀其跡可以知其心，觀其已爲可以知其未爲。是雖家置一喙而曰吾不爲是，其誰信之？何者？言可以欺人，而實不可以欺人也。文侯心之所好者，在於軍旅之事，而乃語人以不好，是言與心違也，而吴起乃能揣而知之。故曰：他人有心，予忖度之。○劉寅曰：吴起對文侯而言曰：臣以事之顯者占知事之隱者，以事之往者審察事之來者，主君如之何言與心相違背也？○趙光裕曰：言以事之見者占君之隱，以事之往者察君之來，知君之存心於軍旅矣。何所言者與心違乎？○王士騏曰：目中所見以占心中隱微。○朱墉曰：以見者，即目中所見也。隱，心中隱微也。

往，已往之事也。來，未行之事也。違，背也。○朱墉引周魯觀曰：文侯「不好」之言，明是欺人語。吴子數言直從文侯心曲和盤托出，令他無處躲閃遮護，何等敏捷痛快？○丁洪章曰：此「以見占隱，以往察來」二語，便見吴子聰明靈悟。不然，雖有滿胸韜略，何由投其所□？○曦案：以見占隱，意即能從表象推測隱情。以往察來，意即能由往事察知未來。「臣以見占隱」兩句，表明了吴起對自己身爲戰國前期一流思想家的自信，認爲自己具備由表及裏、以古察今、思往事知來者的能力。

〔四〕「今君四時斬離皮革」四句

施子美曰：此吴起指文侯所作之事實而言之也。斬離皮革，掩以丹漆，爍以犀象，此正周官函人爲甲也。斬，斷也。離，折也。斷折其皮革以爲用，而籠以朱漆，堅以犀象，此非爲甲而何？○劉寅曰：今主君於春夏秋冬四時，斬離衆獸之皮革，掩之以朱漆之飾，取其光澤也；畫之以丹青之色，取其嚴麗也；爍之以犀象之形，取其威猛也。朱，赤色。漆，木之液也，粘可飾器。丹青，畫工所用之色，幾遠視之明，莫若丹與青也。犀、象，皆獸名。犀，一角，形如水牛，頭如豬，居海中。海人於路傍植木犀，犀來依水而立，木爛犀倒，因格殺之，退角埋於土中，人潛作木角易之。象有齒，潔白可用，其頭不可俯，運用皆以鼻。今交趾、平緬皆有之。○趙光裕曰：言其以革爲甲如此。○歸有光曰：掩之以朱漆之飾，取其光澤也。畫之以丹青之色，取其華麗也。爍之以犀象之形，取其威猛也。○黄獻臣曰：斬離，開剥。皮革，以爲衣甲。掩，塗飾。○茅元儀曰：斬離，猶言裁制以爲衛身之衣甲也。○王士騏曰：爍以犀象，飾以犀象之形，示威武也。○朱墉曰：皮革，衆獸之皮也。爍，光采閃爍也。○曦案：掩以朱漆，意即在甲胄盾牌上塗抹紅漆。畫以丹青，意即把各種顔色圖在甲胄盾牌上。爍以犀象，意即甲胄、盾牌裝飾以犀牛和大象的圖案。爍，裝飾，其詞義非朱墉所謂「光采閃爍也」。何晏景福殿賦：「點以銀黄，爍以琅玕。」吕延濟注：「爍，亦飾也。」

〔五〕「冬日衣之則不温」兩句

劉寅曰：冬寒之日，衣之於身則不温暖。炎夏之日，衣之於身則不清涼。蓋言朱漆丹青之皮革也。○朱墉引大全曰：「不温」數句正破他「不好軍旅」之言。見得製服，原以圖温涼；製車，原以悦目輕便也。而戰攻器具非爲此也。既備戰具，而曰「不好軍旅」，此言之所以與心違也。○曦案：吴起以魏文侯熱衷兵器製造的事實，説明他所謂「不好軍旅」的言不由衷。

〔六〕爲長戟二丈四尺，短戟一丈二尺

施子美曰：長戟、短戟，此乃周官廬人爲廬器之制也。攻國之兵欲長，故長戟以二丈四尺。

守國之兵欲短，故短戟以一丈二尺。○劉寅曰：戟有枝兵也。二與四皆陰數，陰主殺，故兵器皆用陰數也。○曦案：據吴承洛的中國度量衡史第一五表中國歷代尺之長度標準變遷表，周制一尺合19.91釐米，故二丈四尺的長戟約爲今4.78米，一丈二尺的短戟約爲今2.39米。

〔七〕革車奄户，縵輪籠轂

施子美曰：革車奄户，縵輪籠轂，此正輿人爲車之制也。革車，則有革以爲固。奄户，則掩其門也。縵輪，則致飾於輪。籠轂，則以物掩轂也。○韓琦曰：又以民車之箱，增爲重箱，高四尺四寸，前後二户，高與箱等，用革輓之，吴起所謂「革車掩户，輓輪籠轂」是也。（續資治通鑑長編卷一百七十八仁宗至和二年）○劉寅曰：革車，兵車也。掩户，言其多也。縵輪籠轂者，以皮革縵其輪，籠其轂，故號爲革車也。輪，車之兩輪也。轂者，外持輻、内受軸者也。○趙光裕曰：縵蔽其輪，籠罩其轂。○黄獻臣曰：掩户，高大故能掩户。内持輻、外受軸者，曰轂，以皮縵籠之，所以備箭石、便戰鬭也。○朱墉曰：掩户，高大遮掩門户也。輪，車之兩輪也。轂，外持輻、内受軸者也。縵、籠，以皮蒙罩於外也，所以備箭石、便戰鬭也。○曦案：「革車奄户」意即用皮革將戰車覆蓋起來，「縵輪籠轂」意即用皮革將戰車輪轂包裹起來。革車，原指重車，裝載輜重，此處泛指戰車。孫子作戰篇曰：「馳車千駟，革車千乘。」曹操注曰：「馳車，輕車也。革車，重車也。」奄，覆蓋。淮南子脩務訓：「萬物至衆，而知不足以奄之。」高誘注：「奄，蓋之也。」户，通「扈」，被，披，遮蓋。屈原離騷：「户服艾以盈要兮，謂幽蘭其不可佩。」劉寅説「掩户，言其多也」，黄獻臣説「高大故能掩户」，朱墉説「掩户，高大遮掩門户也」，均不確。縵輪，指没有花紋裝飾的車子。縵，没有花紋的絲織品。國語晉語五：「乘縵不舉。」

〔八〕「觀之於目則不麗」三句

施子美曰：甲之爲用，以冬日衣之則不温，夏日衣之則不涼。車戟之用，觀之於目則不麗，乘之以田則不輕，此乃攻戰之具。有其具而曰不好其事，果安用此哉？○劉寅曰：觀之於目，則無華麗之色；乘之以田，則無輕疾之功，不知主君將安用此也？○趙光裕曰：言其爲戟爲車如此。以此覘知君欲爲戰守之用矣。○黄獻臣曰：田，田獵。不識主君安用此也，若非好軍旅，不識製此爲何用也？○朱墉曰：不麗，無華采也。不輕，弗便利也。

〔九〕「若以備進戰退守」六句

施子美曰：無善棋有善弈，無勝兵有勝將。兵而無將，是以其卒予敵也。今文侯雖有守禦之備，而不得良將以用之，亦徒然耳。是以宣王修車馬，備器械，非方叔、召虎之徒，則無與成功。晉人秣馬利兵，搜乘補卒，非欒叔、郤缺之徒，則無以全勝。今文侯雖有其備，可以進戰退守，而不能求用之人，宜不猶伏雞搏狸、乳犬犯虎耶？伏雞者，伏而育其子者也。乳犬者，乳而飼其子者也。彼其心慈愛，唯恐物之或傷其子，而狸虎或害之，彼必與之鬭，雖有鬭心，然其勢不敵，死之必矣。吴起此言，欲文侯以己爲將也。○劉寅曰：若以此車載皮革之具備虞進戰退守之用，而不求才能之將而任之，譬猶雌伏之雞與狸相搏，乳字之犬與虎相犯，雖有爭鬭之心，隨之而死矣。犬、狸、虎，皆獸名。狸似貓。講德論云：養雞者不畜狸虎。夜視目有光。脅間及尾端有骨如一字，長一二寸。即其威也。○歸有光引徐子輿曰：此喻弱小之敵强大，正不自量而必敗者。隨引有扈氏虐下悖上，爲夏啓所誅，此不自量之驗也。○茅元儀曰：若以皮革戰車之具備進戰退守之用，而不求能用之將以任之。○黄獻臣曰：此吴起初見文侯，先下一語抉其心苗，且即其日所加意從事者。惕以不得能用之人，而輕試戰鬭，死亡立見，令之膽寒魄喪，不得不委心聽命。此起之善於投機處。首提儒服者，明其得儒者之道也。○朱墉引新宗曰：説個進戰退守，正見兵之不可輕用。若非擇能用之人而任之，烏得保其無虞乎？○又引指歸曰：「伏雞」二句，蓋言物之至難捕難犯者狸與虎也，而況伏雞、乳犬當之乎？見得兵機重任，非得能用之人，雖有備具，只益之敗亡耳。人主烏可不重將擇人？○丁洪章曰：説個「進戰退守」，便見用兵須求萬全，不是兒戲之事。若非選擇能用之人，何以得保無虞？○又曰：伏雞，雛雞。乳犬，小犬。禽獸中之至柔者。狸虎，至剛猛獸也。以伏雞搏狸，以乳犬犯虎，勢必不敵。譬兵事至重，而不得善用兵之人，祇益之敗耳。〇曦案：此吴起用伏雞、乳犬不可以搏狸虎，喻運用軍械、指揮戰鬬必須任用掌握軍機的專門人才。

〔一〇〕「昔承桑氏之君」六句

施子美曰：天下之事，未有偏而無弊者。太剛則折，太柔則瓠，剛柔相濟而德成。寬則民慢，猛則民殘，寬猛相濟而政和。況文武並用，長久之術也，其可偏廢乎？承桑氏之君，一於文而不知武，故滅其國；有扈氏之君，一於武而不知文，故喪其社稷，皆偏而弊者也。承桑之所爲，其宋襄乎？宋襄務行仁義，而反喪其國，偏於文之弊也。有扈之所爲，其州吁乎？州吁阻兵安忍而自取隕身，此偏於武之弊也。〇劉寅曰：承桑氏、有扈氏皆古諸侯也。承桑氏之君但修文德，廢其武備，以滅亡其國家。有扈氏之君但恃衆好勇，不修文德，以喪其社稷。〇趙光裕曰：（承桑氏事）此見武不可廢；（有扈氏事）此言徒勇之害，以見武不可不治。〇黄獻臣曰：此舉古文武偏廢之害，言明王脩治之當豫，文以安内，武以治外，義以威敵，仁以救民，文武合一，仁義兼資，明主之道也。吴子學於曾子，想從大勇教中理會來，洵登壇之正法也。〇曦案：吴起以承桑氏和有扈氏爲例，説明單靠修德或好武，都會滅國喪邦。承桑氏，傳説中神農時代的一個東夷部落。有扈氏，夏禹時代的一個部落。夏啓立，有扈氏不服，起兵伐啓，被滅。書甘誓：「啓與有扈，戰于甘之野。」孔傳：「有扈與夏同姓，恃親而不恭。」

〔二〕「明主鑒兹」三句　施子美曰：示不偏勝也。舜雖敷文，而有苗之征；文雖修政，而有崇之伐。虞周之君，爲能兩盡之也。故以文德則修於内，武備則治於外。蓋愛人者，聖人之本心，而治兵者，禦敵之一術，二者其可偏廢乎？○劉寅曰：明哲之主監此二君之失，必内修文德以撫綏百姓，外治武備以防虞寇攘。○趙光裕曰：文武并用，明主之所爲也。○又曰：吴子意重在武，特帶言文耳。蓋見武侯有尚武之意，故爲此言。其後竟爲文侯立功，不知圖國還宜重文也。○朱墉曰：鑒，視也。鑒兹，以此爲戒也。○又曰：此引古人偏廢之失以及明主兼資之善。○朱墉引醒宗曰：明主以下申言武備之當預治，以足上意。○又引大全曰：明主胸中無刻不注念于安攘事業，流覽往跡，觸目愈加儆惕。○又引胡君常曰：「修」「治」二字有許多作用在内。○又引新宗曰：文以道德禮樂言，武以簡卒搜乘言，惟明哲之君修文以治其内，治武以防其外，文武兼資，國之所以常治也。○又引徐象卿曰：修文德不止是修治具，真有君臣輯睦、中外咸和意在。○又引周魯觀曰：修文德者，使民知孝悌忠信、尊君親上以安其内；治武備者，使三軍進退有方、節制嚴明以防其外，而内外交得矣。○又引郭逢原曰：文所以輔理治化，武所以整敕兵戎，皆是圖國要着。〇又引題矩曰：題面雖平語，脈從寡人不好軍旅説來，側重治武一邊。〇又引陸經翼曰：吴子初見文侯，内外仁義之論，言簡而確，氣壯而正，想從曾子大勇教中理會來。〇丁洪章曰：文以道德禮樂言，武以蒐乘簡卒言，惟明哲之主修文德以治其内，治武備以防其外，則是文武兼資，世之所以常治也。〇又曰：見得内外不可偏廢。内修便要外治，恐文德有餘而武備不足也。又謂文德未必能修耳。若内已修而外猶不治，則内之修亦非寔修。此論大是。大約「修文德」這「修」字，便有許多作用在裏面，決不是一味柔軟不振之氣。「治武備」這「治」字，便有許多收拾在裏面，亦不是一味殺伐不馴之象。此處一線分清，細心研入，主司之眸那得不轉白爲青也？〇丁洪章引彭氏曰：明主修文德，治武備，非徒修徒治已也，蓋有君臣輯睦、中外咸和之意耳。〇又曰：秦皇、漢武築塞登臺，史不絶書，卒促二世之亡而海内虚耗，彼蓋知武備而不知文德者也。唐兵三變之後幾於無兵，而有宋南渡，至於淩夷以敗，彼蓋知文德而不知武備者也。〇曦案：曹操孫子序曰：「操聞上古有弧矢之利，論語曰『足兵』，尚書八政曰『師』，易曰『師貞，丈人吉』，詩曰『王赫斯怒，爰征其旅』，黄帝、湯、武咸用干戚以濟世也。司馬法曰：『人故殺人，殺之可也。』恃武者滅，恃文者亡，夫差、偃王是也。聖人之用兵，戢而時動，不得已而用之。」曹氏這段話可以看成是對吴起「内修文德，外治武備」

思想來源的闡釋，從中可以看出儒家思想對吳起的影響。又，吳起曾提出「在德不在險」的主張，認爲一個國家最應珍視的是「德」而不是「險」。此與「内修文德」的思想如出一轍。據史記孫子吳起列傳載：「武侯浮西河而下，中流，顧而謂吳起曰：『美哉乎山河之固，此魏國之寶也！』起對曰：『在德不在險。昔三苗氏左洞庭，右彭蠡，德義不修，禹滅之。夏桀之居，左河濟，右泰華，伊闕在其南，羊腸在其北，修政不仁，湯放之。殷紂之國，左孟門，右太行，常山在其北，大河經其南，修政不德，武王殺之。由此觀之，在德不在險。若君不修德，舟中之人盡爲敵國也。』武侯曰：『善。』」吳起論「在德不在險」，亦見於戰國策魏策一、揚子法言寡見、説苑貴德，見本书附録二。

〔一二〕「故當敵而不進」四句

施子美曰：然而兵之所用，亦有仁義而已矣。事得其宜之謂義。可爲而不爲，是無斷也。故當敵而不進，則無及於仁義。宋襄之不鼓不成列，非義也。爲民除害之謂仁。坐視其死而不救，是無愛也。故僵屍而哀之，則無及於仁。宋襄之不擒二毛，非仁也。子魚言之，公不之從，而欲竊仁義之名以取信於後世，吾固知宋襄之未仁義也。○劉寅曰：故當敵人之兵而不欲進戰，無及於義矣；見僵屍而哀傷之，無及於仁矣。言遇敵則當進戰，不進而守義，反爲彼所乘；見僵屍而哀之，不忍於戰，而惟恐傷人，守姑息之仁，而反爲敵所敗也。

○趙光裕曰：逮，及也。義主斷制。見敵而不進戰，則不及於義矣。見僵屍而後哀之，則不及於仁矣。此申言武備之當預治，以足上意。○黃獻臣曰：言不能預爲制勝，以救民於未死，雖有仁心，亦何益矣？○朱墉曰：不進，無斷也。逮，及也。僵屍，僵伏之屍也。○朱墉引陳孝平曰：内外修治如是，乃足有爲。不然，是亦承桑、有扈之續耳。「當敵不進」四語爲戒，才是兵機。○曦案：吴起這裏講的是進戰與仁義的辯證關係。當敵而不進，意即應當與敵作戰卻不採取軍事行動。僵屍而哀之，指君主目睹將士的屍骨而哀痛，以致於喪失了與敵作戰的勇氣。告誡統治者摒棄婦人之仁，戰勝脆弱情感，擁有當打則打的決斷力。

〔一三〕「於是文侯身自布席」五句

施子美曰：有非常之禮，而後可以待非常之才。有非常之才，而後可以立非常之功。醮廟之儀，大將之任，此豈常禮哉？君身布席，夫人捧觴，所以致其敬也。醮之於廟，所以告於神也。立爲大將，所以重其權也。觀武王問直將之道，而太公告廟西面北面之禮，則醮之於廟，其儀非輕也。觀高祖之拜韓信，而蕭何則欲以爲大將，則直爲大將之任，非輕也。而吴起之才足以當其任，故大戰七十六，全勝六十四，其他則鈞和解散之，無所損傷也。○劉寅曰：於是魏文侯親身而爲設席，夫人捧持觴酒，告祭於祖廟，立吴起爲大將。○朱墉曰：布席，設坐也。觴，酒器也。捧，執也。醮，禱祭以酒灌地也。西河，魏地，與秦接境者。○朱墉引方虞升曰：立將之道多矣，或致齋推轂，或卜吉授鉞。若文侯此舉，身自布席，夫人捧觴，卑躬折節，真是殊禮曠典。吴子有此遭逢，故得成其大功。○又引大全曰：從來開創之君，天每生賢妃以爲之助，若周之姜嫄、太姒、邑姜，宋之杜后，明之馬后是也。魏雖諸侯，而有此賢夫人，屈體捧觴，以爲内助，宜其保有土宇哉。○又引醒宗曰：立爲大將，正是文侯誠心任用處。一見之頃，便能折節隆賢，委權分閫，較古後車與載者同一好尚。○又引新宗曰：魏處中央之地，四面受敵，其來久矣。今一得吴起而天下莫敵，闢土四面，拓地千里，功何偉哉！○丁洪章曰：「布席捧觴」，言文侯聞吴子之論而敬服之，故親身布席以隆其位，夫人捧觴以申其敬，醮吴起於廟，立爲大將，而隆重之如此。○又曰：此題當描寫當日立將敬心，爲古來人君未有之事。文侯，君也；夫人，小君也。身自布席，夫人捧觴，是何等殷勤，何等尊隆，真千古奇遘也。○曦案：史記孫子吴起列傳曰：「文侯以吴起善用兵，廉平，盡能得士心，乃以爲西河守，以拒秦、韓。」西河，也稱「河西」，約當今陜西東部之黄河西岸地區，當時屬魏。

〔一四〕「與諸侯大戰七十六」六句

施子美曰：故能辟土四面，拓地千里，其功又如何耶？謂之皆起之功也。言起之功，非他人所及也。獨不聞養驥之説乎？騏驥，良馬也，一日千里，是必居之幽閑，豐之芻秣，而後可以責其千里。任將之道，可不厚其禮、重其權而能得其用乎？○劉寅曰：使吴起守西河，秦境之上與諸侯大戰七十六，得全勝者六十四戰，餘十二戰皆與敵平解，無勝無負也。辟土四面，開拓其地千里之遠，皆吴起之功也。此章後人總敘吴起始末，非吴起所自作也。○黄獻臣曰：此言文侯委任吴子而並記其始末，見其非虚談也。○朱墉曰：均解，彼此相持，無勝無負也。拓，充大開闊也。○又曰：此言文侯委任吴子而並及其功勳，以見任賢有效也。○又曰：此章是吴子初出見君，啓以文武之道，即動以不得不用之勢。立身兼文武則治己有全才，立國兼文武則治人有全術。吴起初見文侯，先一語抉其心苗，且即其平日所加意從事者，愓以不得能用之人，而輕試鬬戰，死亡立見，令之心膽俱寒，不得不委心聽命。此起之善於投機處。此章敘述吴子之生平而概括其始終，遇合之隆，功業之盛也。

自大舜起跡厯山，伊尹待聘莘野，太公應兆渭水，帝師王佐出處以正，故其建樹與天地同光，照耀千古。降及春秋，列國無緇衣好賢之君，故雖以尼山大聖，志切生民，不得不勞困於車轍馬跡之間。僅有齊桓、燕昭傾心下士，而管、樂始得立其霸功。此亦升降之一會矣。孟子七篇，首書見梁，特以邦君禮聘，有可往行道之機；卒之所言不合，勳業無成，良可慨哉！所以縱横之流，廷説人主，不得不出於功利誇詐，曲意逢迎，而始得操其國柄。雖詭遇之議有所未免，蓋因經綸難以自展，而姑爲枉己狥人耳。吳起遭逢文侯以顯名，故特冠此于篇首。○丁洪章曰：魏處中央之地，四面受敵，其來久矣。今一得吳起，而天下莫敵，闢土四面，拓地千里，其功何雄偉哉？○又曰：此言文侯委任之誠，併及其吳起闢土開疆之效，以明其所見非虚談也。○曦案：本段文字位列全書第一篇第一節，不僅對圖國篇起着提綱挈領的作用，而且也堪稱吳子全書的總綱。它的内容有如下三點值得重視：一是彰顯了吳起儒者的身份，交代吳起的兵學思想中有着深刻的儒學印記。二是提出了「内修文德，外治武備」的思想原則，精闢地指出了在國家戰略思想的頂層設計中，既要重視政治領域的建設，也要重視軍事領域的建設，政治與軍事二者之間應有很好的平衡關係。對於維護、鞏固國家政權而言，「文」與「武」的作用均至關重要，應妥善兼顧兩者，不可偏廢。三是描述了吳起何以被魏文侯重用以及在魏國立下的卓著功業。從文字的語氣來看，本節當非吳起本人所撰，但作者一定是深諳吳起者，否則不會對吳起思想有如此高屋建瓴的揭示。

吳子曰：「昔①之圖②國家者，必先教百姓而親萬民〔一〕。有③四④不和〔二〕：不和於國，不可以出軍〔三〕；不和於軍，不可以出陳〔四〕；不和於陳，不可以進戰〔五〕；不和於⑤戰⑥，不可以決勝〔六〕。是以有道之主，將用其民，先和而⑦造大⑧事〔七〕。不敢信其⑨私謀，必告於祖廟，啓於元龜，參之天時，吉乃後舉〔八〕。民知君之愛其命，惜其死〔九〕。若此之至，而與之臨難⑩，則士以盡⑪死爲榮，退生爲辱矣〔一〇〕。」

【校記】

①昔：群書治要卷三十六作「古」。

②圖：正義本「圖」下有「謀」字。

③有：群書治要卷三十六「有」上有「民」字。太平御覽卷二七二「有」上有「人」字。

④四：群書治要卷三十六、太平御覽卷二七二作「三」。

⑤於：正義本無此字。

⑥「不和於戰」兩句：群書治要卷三十六、太平御覽卷二七二無。

⑦而：開宗本、朱墉彙解本、全解本、黎利賓彙解本、四庫全書本「而」下有「後」字。劉寅曰：「舊本有『後』字。」

⑧大：劉寅曰：「舊本無『大』字。」

⑨其：二十子全書本無「其」字。

⑩難：朱墉彙解本、全解本作「戰」。

⑪ 盡：講義本、直解本、二十子全書本、兵垣四編本、武備志本、開宗本、朱墉彙解本、全解本、黎利賓彙解本、四庫全書本、平津館叢書本、淩堃評校本、四部備要本作「進」。

【集釋】

〔一〕「昔之圖國家者」二句

施子美曰：堯典曰：「平章百姓，百姓昭明，協和萬邦，黎民於變時雍。」此何説也？教百姓而親萬民之説也。百姓，百官族姓也。萬民，民也。百姓言教而萬民言親者，蓋百官者教文所自出，故以教言；萬民則欲其從上之教，故以親言。禮曰：「以教官府，以親萬民。」正此説也。昔之圖國家者，必先諸此。故於百姓則教之，而人習於戰。於萬民則親之，而人無異情。教之所宜，合上下而言之。故以百姓言，是百官與民皆在其中也。至於親之，則止於萬民而已，故以萬民言之。晉張昭兵法亦舉此以至「退生爲辱矣」，因知吴子之法爲可法也。〇劉寅曰：吴子言古之人君謀治國家者必先訓教百姓而親附萬民。百姓謂畿内之民，萬民通境内之民而言也。百姓曰教，萬民曰親，互文耳，非謂萬民不教而百姓不親也。王者一視同仁，篤近舉遠，無内外之分耳。〇趙光裕曰：先教畿内之百姓，而後親畿外之萬民，此篤近舉遠之意。所以教之、親之者，孝、弟、忠、信是也。斯則民心和順，而可造征伐之事矣。〇又曰：百姓、萬民分遠近看，而教與親宜互見。蓋教之則必親，而親之必先教，此即所謂和也。和則可造大事矣。○歸有光曰：教百姓，教畿内之百姓。親萬民，親畿外之萬民。○朱墉引指南曰：教百姓，親萬民，此是王者一視同仁、篤近舉遠之義，初無内外之分也。教如師保之訓其弟，親如父母之愛其子。以平日言玩，「必先」二字可見。○又引大全曰：教是訓誨他，親是撫摩他，天生民而作之君，作之師，親教之，責原不得委的，安在其百姓獨教而萬民獨親哉？○又引翼注曰：百姓、萬民分遠近看，而教與親宜互見，蓋教之則必親，而親之必先教，此即所謂和也。○又引王漢若曰：教正所以親之也。○又引尤尺威曰：百姓曰教，萬民曰親，互文耳，非謂萬民不教而百姓不親也。○又引句解曰：教是教以孝弟忠信，親是宛如一體，藹然親愛。○又引周魯觀曰：百姓與萬民原無分别，看章旨，不過是教民之不和以歸於和，然後可用耳。「親」字就是「和」字。○又引胡君常曰：有謂教是帝王陶治人群，親是君子物我一體，義雖闊大，而非吴子立言之旨。○曦案：百姓，指百官。萬民，指庶民。百姓與萬民，固然有遠近、親疏、貴賤之分，西周以來的統治者曾規定只有貴族才能享有官方教育的權利，但到了春秋後期，庶民也有了從私學途徑接受教育的機會。孔子提出「以不教民戰，是謂棄之」（論語子路）的思想，認爲統治者應教導民衆如何打仗，否則把他們推向戰場，無異於讓他們去送死。在儒家學者看來，不僅貴族需要接受政治、道德、軍事教育，庶民也是需要的，從儒家仁愛思想出發，統治者對百姓、萬民均應親近。吴起曾向曾子學習儒家理論，劉寅、翼注、尤尺威等以「教」「親」爲互文見義，是合乎吴起思想邏輯的。

〔二〕有四不和

施子美曰：周禮大司馬大閱之法，以旌爲左右和之門，群吏以敘和出。夫旌爲軍門，而名之以和者，蓋師克在和，不在衆。商周之不敵，有自來矣。此軍之所以貴乎和也。○劉寅曰：四不和，謂國、軍、陳、戰也。一不和且不可，況四不和乎？此吴子所以首言之也。○黄獻臣曰：君臣上下離，必將吏士卒不附，行伍布列不整，坐作進退不協。○曦案：四不和，指國家、軍隊可能出現的四種關係不和諧的情況。

〔三〕不和於國，不可以出軍

施子美曰：和於國，而後可以出軍。李、郭在朝，相勉以忠義，此和於國也。乃若趙旃、魏錡求卿求公族不得，而欲敗晉軍，是豈和於國耶？不和於國，其何以出軍？○劉寅曰：不和於國者，君臣上下不相和協也。國既不和，民心乖違，故不可以出軍也。○朱墉曰：不和於國者，君臣上下離心也。○曦案：不合於國，意即國家内部的君臣關係不和諧。

〔四〕不和於軍，不可以出陳

施子美曰：和於軍，而後可以出陣。晉之四軍無闘，八卿和睦，此和於軍也。乃若周瑜、程普俱爲部督，以不睦而幾敗國事，豈和於軍耶？不和於軍，其何以出陣？○劉寅曰：不和於軍者，將吏士卒不相和協也。軍既不和，衆心乖違，故不可以出陣也。○朱墉曰：不和於軍者，將吏士卒不附也。○曦案：不和於軍，意即軍隊内部官兵關係不和諧。陳，同「陣」。

〔五〕不和於陳，不可以進戰

施子美曰：和於陳，而後可以進戰。晉之師乘和，師必有大功，此和於陣也。乃若彘子以偏師陷，而因以敗績，是豈和於陣乎？不和於陳，不可以進戰。○劉寅曰：不和於陣者，行列部伍不相和諧也。陣既不和，行伍乖違，故不可以出戰也。○朱墉曰：不和於陣者，行伍布列不整也。○曦案：不和於陣，意即參戰部隊人心不齊，隊形不整。

〔六〕不和於戰，不可以決勝

施子美曰：和於戰，而後可以決勝。張遼、李典不以私憾忘公義，乃率衆破權，是和於戰也。乃若羊斟怒而陷宋師，豈和於戰耶？不和於戰，不可以決勝。○劉寅曰：不和於戰者，坐作進退不相和協也。戰既不和，進退乖違，故不可以決勝也。○趙光裕曰：此歷言不和之弊。○朱墉曰：不和於戰者，坐作進退乖違也。○曦案：不和於戰，意即在戰鬬中軍士行動不統一。

〔七〕「是以有道之主」三句

施子美曰：不和之害，如此其大，是以有道之主將用其民，豈不先和而後造大事？荀卿曰：「仁人在上，上下一心，三軍同力。」孟子曰：「天時不如地利，地利不如人和。」是以先和其民，而後可以造大事也。武王問鬻子曰：「和可以守而嚴可以守？」曰：「嚴不如(和)和之固也。」又問：「和可以攻而嚴可以攻？」曰：「嚴不如和之得也。」又問：「和可以戰而嚴可以戰？」曰：「嚴不如和之勝也。」牧野之戰，周之所以克商者，蓋以亂臣十人，同心同德，有臣三千，惟一心故也。其視受有臣億萬，惟億萬心者，爲如何？○劉寅曰：是以有道之主將用其民，必先和於國、和於軍、和於陣、和於戰，然後敢造征伐之大事。○趙光裕曰：「先和」，正應前教百姓而親萬民之意。大事謂征伐也。○歸有光曰：將用其民，必先和於國、和於民、和於陣、和於戰，然後可造征伐之大事。○歸有光引魏莊渠曰：此本人和之説來，亦篤近舉遠之意也。○又引羅一峰曰：「先和」，應前教百姓、親萬民意。○朱墉曰：造，作也。大事，征伐之大事也。○朱墉引指歸曰：先和而後造大事，言人君欲有事於天下，而爲征伐之舉，然不遽用其民也，恐人心乖離，不相和協，不能以成天下之事功，乃先爲之省刑、薄斂、撙節、愛養、制田、里教、樹畜，使知孝弟忠信之義，親上死長之方，則上下一心，同讎敵愾，烏有泮涣離叛而事功不可建者哉！○又引劉氏曰：「先和」二字，萬世不刊之論。孫子曰：「令民與上同意。」上略曰：「通志於衆。」皆言和也。

古人每以此論行兵之勝負，是以論魯者曰「上下相和」，策晉者曰「群卿猶睦」。世未有虐用其民而可以圖戰者，亦未有二憾在軍而能以和衷者。和必自上始。昔郤獻子欲止戮人也，馳救無及，轉使之速狗以分謗。荀林父不欲戰楚也，恐陷偏師，速趨之以共罪。捐成心而爲國，委曲以和衷若此。奈何後人不廉藺其交，竟壞天下事耶？○又引鄧伯瑩曰：「先和」二字，要在用兵上着眼。大易云：豫順以動，利於行師。萬物悦乎兑。皆是此旨。○又引醒宗曰：「先和」統承上四項在内。「先和」非專爲「造大事」，而「造大事」決不可以不「先和」。○曦案：在吴起的思想體系中，「和」是一個兼具政治學、倫理學、軍事學的重要範疇。吴起此處將儒家「和」的思想，引入他的軍事學理論。孟子的「天時不如地利，地利不如人和」，當是吴子這一思想的迴響。造大事，指從事戰爭。

〔八〕「不敢信其私謀」五句

施子美曰：斷之於己，不若稽之於神。稽之於神，不若求之於天。私謀之所及，一己之見也。不敢信其私謀則斷於己者，有所不足恃也。告於祖廟，啓於元龜，所以稽之神也。稽之神，亦有所不足恃。故必求之於天，參之天時，所以求之天也。夫如是，既得其告，而後舉而用之，必有成功矣。昔武王之克商也，非武王之私謀也，載木主而行告廟之意也。夢叶朕卜，啓之元龜也。至於白魚入王舟，火流於黄屋爲烏，又天之時也。泰誓曰：「襲於休祥，戎商必克。」兹非吉乃後舉乎？○劉寅曰：不敢聽信衆人之私謀者，恐其謀之不公也。必先告於先祖之廟者，示不敢專也。啓於元龜而問其吉凶者，質之於神明也。參之天時者，驗其天時之順不順也。龜兆曰吉，天時又順，然後乃舉兵而爲戰伐之事。元龜，大龜也，出蔡州。○趙光裕曰：雖和於民矣，猶不敢信其私謀，而必告於祖廟，又啓元龜，參天時，而皆吉焉，然後敢舉其大事也。○黄獻臣曰：書曰：「詢謀僉同，鬼神其依，龜筮協從。」言用兵者既和於衆，又當質之於神。天時皆吉，然後舉兵。○朱墉曰：元龜，出蔡地，占卜吉凶者也，質之於神也。參之天時，驗其天時之順不順也。○朱墉引周魯觀曰：參之天時者，用兵關於生死存亡，所以明主興師全是不得已之心，既撫循其衆，又占驗其神，非吉不舉也。○曦案：孫子兵法用間篇曰：「故明君賢將，所以動而勝人，成功出於衆者，先知也。先知者，不可取於鬼神，不可象於事，不可驗於度，必取於人，知敵之情者也。」吴起此處認爲用兵與否要參驗占卜、天時，固然説明他對動用戰爭這一暴力手段的審慎，但較之於孫子兵法的不信鬼神、占卜之論，畢竟是一種退步。私謀，指人謀，既可指君主個人的謀略，也可指參與戰爭謀劃的大臣們的謀略。

〔九〕民知君之愛其命，惜其死

施子美曰：以愛民爲心者，必不敢輕用其民。以愛君爲心者，必思所以報其君。上以此心待之，則下以此心應之，理之必然也。○朱墉引新宗曰：民知君之愛其命，承上告廟講。不輕用民命，便是愛。蓋君不愛民之命，民所以自愛其命，而不爲君用也。若必告廟啓龜參時而後舉兵，則民皆知上不輕用其命如此，所以感君之德而樂爲君用也。○曦案：吴子此處説明君主應關愛民衆，珍惜他們的生命，這樣他們才會出於對君主恩德的報答，在戰場上捨生忘死，勇敢戰鬭。

〔一〇〕「若此之至」四句

施子美曰：夫處兵戰之場，擁直屍之地，人情之所以甚畏也。今而從役於斯者，乃以進死爲榮，退生爲辱，以上之用我者，愛惜既至，而未嘗敢輕。故士之恩報其上，必死而後已。故寧就死以爲義，而無倖免以偷生也。古之人所以病者求行、棄賞願戰者，皆所以爲報也。而況君之愛惜之至，詎不知所報耶？○劉寅曰：民知君愛我之命，惜我之死如此之至，而與之臨難，則士皆以前進致死爲榮貴，以退後偷生爲恥辱矣。○趙光裕曰：言民之悦於進戰如此。○黄獻臣曰：此言圖大事當親教萬民而愛其命，然後人和而榮其死。惟和可以造事。故春秋傳曰：「師克在和。」論魯者謂「上下相和」，策晉者謂「群卿猶睦」，孫子謂「上下同欲者勝」，上略亦謂「通志於衆者」，皆貴和也。如郤獻子之共分謗，荀林父之圖共罪，使人盡捐成心，以圖國事，又何患不共濟耶？○朱墉曰：言有國者不能不用民，而用民則不能不教民。圖之之道，惟在於親和。君與民日遠，民自與君必違，尚可共大事乎？親之者，視之如子，愛惜之深，有同傷一體之懷，則民之報君，亦如子弟之衛父兄、手足之捍頭目矣。○曦案：本篇第二節認爲君主應重視百姓教化，創建和諧社會。吴起首先指出君主應「先教百姓而親萬民」，重視對百姓的禮義教化與軍事訓練，還要關愛百姓，珍惜他們的生命，這樣他們才會心甘情願地走上戰場，「以進死爲榮，退生爲辱」，奮不顧身地奪取勝利。吴起還在本節提出了「和」的概念，指出營造和諧的社會關係是開動戰爭機器的必要前提，即所謂「先和而造大事」；並概括了四種不「和」的情況，即「不和於國，不可以出軍；不和於軍，不可以出陳；不和於陳，不可以進戰；不和於戰，不可以決勝」，强調了「和」之與否，是統治者在做戰略、戰術謀劃時必須考察清楚的重要指標。

吴子曰：「夫道者，所以反本①復始〔一〕；義者，所以行事立功〔二〕；謀者，所以違害就利〔三〕；要者，所以保業守成〔四〕。若行不合道，舉不合②義，而處大居③貴，患必及之〔五〕。是以聖人綏之以道，理之以義，動之以禮，撫之以仁〔六〕。此四德者，修之則興，廢之則衰〔七〕。故成湯討④桀而夏民喜悦，周武伐紂而殷人⑤不非〔八〕；舉順天人，故能然矣〔九〕。」

【校記】

①本：二十子全書本作「卒」。

②合：開宗本作「命」。

③居：正義本作「福」。

④討：正義本作「伐」，兵垣四編本作「放」。

⑤人：正義本作「民」。

【集釋】

〔一〕夫道者，所以反本復始

劉寅曰：夫道者，所以反求根本，而復還其始初，禀受於天之理。道者，事物當然之理，人之所共由者，如父子之親、君臣之義、夫婦之別、長幼之序、朋友之信是也。人能即所居之位，隨事反求其根本，而復還其始初，禀受於天之理，則道無不盡矣。○趙光裕曰：道者，事物之所當行是也，乃所以反求根本而復還其始初之禀受者耳。○朱墉引方虞升曰：「反本復始」，本即人之性，始即天之命。人只爲氣禀所拘、物欲所蔽而本始遂失。蓋道者是人之所共由者也，原非高遠難行之事，皆人性天所自有，亦惟反本來之性真，還太始之賦子，則道在是矣。反本即所以復始，復始即所以爲道，功無二層，理是一串。○又引周魯觀曰：本始，即理家之性命字也。吴起兵家，何以言本始？蓋此篇言圖國，故首及之，猶云必先明明德也。「反」、「復」二字，該在君身上講。不要説要百姓反其本，復其始，況下「義」、「謀」、「要」三樣俱就君言，如何此句獨説百姓？下文又云「行不合道」，則知此句斷屬君身，至下面「綏之以道」，方是説治百姓。○丁洪章曰：此題斷斷向兵上立見無疑，故後文云湯伐桀，周伐紂，舉順天人，故能然矣。若云不必從兵，則湯、武盡有説處。而乃云伐桀伐紂，這二「伐」字將向以照應也。但本曰反，始曰復，是人原有本，原有始，只因無道之輩如桀如紂，而人之本與始遂失了，今卻遇着湯、武來，雖是用兵，卻是有道之兵。而人之亡其本者可以反，失其始者可以復，如此纔謂之兵，纔謂兵之道。所以吴子不言兵而言道，一言道，而兵亦已在是矣。○曦案：道，爲先秦時期儒家、道家的重要理論範疇之一，但内涵卻各有不同。陳鼓應、白奚在老子評傳中指出老子所標舉的「道」的含義爲：「在老子的學説中，『道』不僅具有宇宙本原的意義，而且還具有規律、原則和方法的意義，不僅是支配物質世界運動變化的普遍規律，而且也是人類社會所必須遵循的基本法則。」楊伯峻在論語譯注中指出，作爲孔子術語的道，「有時指道德，有時指學術，有時指方法」。吴子此處的道，應是對儒、道兩家「道」論的綜合，既有道德思想原則的意思，同時也蘊含了這種思想原則是合乎宇宙運行法則的内涵。反本復始，指返回宇宙萬物的本原，回歸原始人性的善端。

〔二〕義者，所以行事立功

劉寅曰：義者，心之制事之宜也，惟其心有裁制而事皆合宜，所以能行事立功也。書曰：「以義制事。」既能制事而行，則能立功，而義無不盡矣。○趙光裕曰：義者，心之制事之宜，所以行事而立其功者也。○又曰：事功串看，事之成就處爲功。義則如湯、武之舉順天人是也。結宜以保業守成立意。○朱墉引翼注曰：事以方舉行而言；功者，事之已成者也。君孰不欲事功之成？而卒至於傾敗者，昧其所以故也。義則出於天下之公而非一人之私。○又引尤尺威曰：天下不義之事一步也行不得，何況立功乎？惟寸心裁制俱合於事之所宜，則人同此心，動而天下稱快，烏有不立功之理？○又引新宗曰：人君行征伐之事，而立耆定之功於天下者，惟能仗義耳。若行不合義則功無由立，而事之所以難行也。○又引王漢若曰：實實救民水火，去暴除殘，非爲利天下也，方是義。○又引鄧伯瑩曰：若自私自利，雖創千古驚人之事，不過莽、操、温、敦之流，曰逆曰亂而已，何由成乎？「所以」二字不是推廣之詞，乃歸美之詞。○又引周魯觀曰：於其功之未立而言則謂之事，於其事之已行而言則謂之功，義則因時制宜之謂也。○丁洪章曰：此題「義者」二字最重。惟義方能行事立功，亦惟行事立功方徵諸義，所以二字要挑剔，乃歸美之論也。事者，以事之方舉行而言。功者，以事之已成後而言。行事立功原是一串，而義所以行之者也。夫人君孰不欲事功之成？而卒至於傾敗者，昧其所以故也。義者，宜也。以義興師，是出於天下之公，而非一人之私，此事功之所以行立也。專在用兵上講爲是耳。○丁洪章引劉子曰：戰國之士，論仁義道德者孟軻也。吴起兵家者流，亦以仁義道德爲言，何哉？蓋吴起學于曾子，而曾子受之孔子，故其言之相同也。但曾子純乎仁義道德，而吴子雜以權謀功利，此所以母死不奔喪而見絶于曾子，殺妻以求將而見讒于魯君，逃于魏而喪于楚，是起但能言之而不能行之故也。性有四德，而此章首曰仁、義、謀、要，中止曰道、義，而末又言禮、仁者，蓋謀即智也，要亦理也，道散之萬事，德會之一心。吴子之言，有所本歟？○曦案：義，儒家的重要理論範疇之一，指合乎正義或道德規範。論語述而曰：「不義而富且貴，於我如浮雲。」吴起將這一範疇引入軍事學領域，賦予他所宣導的戰爭以儒家的義戰色彩。但在軍事實踐中，他又表現出兵家和法家的務實態度，將戰爭作爲謀求國家利益的手段。行事立功，指實行征伐以建立功業。

〔三〕謀者，所以違害就利

劉寅曰：謀者，智慧籌度也。惟其有智慮，能籌度，所以見害則避，見利則趨也。○朱墉曰：違，背也。遠，去也。利害相爲倚伏，最難分剖，惟善謀者籌度精詳，見其害則遠而避之，見其利即趨而赴之也。○趙光裕曰：惟有智謀，斯能趨利避害。○朱墉引翼注曰：天下事，有利便有害。惟善謀者明燭萬里，研極幾微，灼然分明，故不失於違就。○又引陸經翼曰：害者，所當違之者也。利者，所當就之者也。若不能謀，遂有害不見爲害、利不見爲利者矣。惟其謀之也，而後害之所在以謀而知，所宜違；利之所在以謀而知，所宜就。○又引大全曰：善謀者，洞理審勢，自能遠避於害，親附於利。○丁洪章曰：利害倚伏之機最難分剖。惟善謀者籌度精詳，故見其害即遠而避之，見其利即趨而赴之。就軍事上講方妙。○曦案：孫子兵法謀攻篇曰：「上兵伐謀。」違害就利，意即避害趨利。

〔四〕要者，所以保業守成

劉寅曰：要者，約之以禮也。孔子曰：「以約失之者鮮矣。」惟能以禮約之，所以能保業守成也。○趙光裕曰：要者，要機也。凡事得其要機，斯可保守成業。一云禮是保守之要，亦通。○又曰：守成之日事宜休息，與創業不同，人主但於每事執其要者可矣。○王士騏曰：要，猶言要約，謂凡事中乎機要。○朱墉曰：要，約也，政事樞要也，持其要領也。保業，保全基業也。守成，遵守成法，不敢廢墮也。○朱墉引指南曰：守成之日與創業不同，政事宜得大體，不務紛更。惟持其要領，則保守不難。○又引鄧伯瑩曰：創業之君事務殷繁，不得不博綜兼理。若繼體之主席豐履盛，則可不必綜覈，但須執持大綱耳，即居敬行簡之意。○又引唐順之曰：漢曹參代何爲相，一遵何約束。百姓歌之曰：「蕭何爲法，較若畫一。曹參代之，守而勿失。載其清淨，民以寧壹。」亦得其要也。○又引大全曰：業，先業也。成，成規也。開創之君事務繁劇，不得不馳情役神於建功立業。嗣主則無事於紛更，只持其要領而幹理之，斯業可永保而成可堅守。○又引朱佑華曰：「要」字即文之緝熙，武之敬勝，成之單厥心，非同於黄老無爲之學也。○曦案：此二句意謂要領是用來保全國基、守護功業的。要，要領，綱領，此處指統治者必須把握的政治上的關鍵問題。

〔五〕「若行不合道」四句

施子美曰：聖人爲治於天下，豈一端而足哉？因其時而施其序矣。道以致治，是爲無兵之時；義以制治，是爲有兵之時；謀以圖治，是爲用兵之時；要以保治，是爲寢兵之時。方其時之無兵也，必以道綏之。求其初心，還其固有，逐末者，使之返本；迷終者，使之復始，所以致治也。及時之有兵也，必以義理之。發之於陽，會之以陰，于以行征伐之事，于以立征伐之功，所以制治也。既有兵矣，勝負未可知，而欲用之也。故有謀以決之，以之違害就利，所以圖治也。害既除，利既就，於此而可以寢兵矣。故有要以持之，所以保業守成而以保治也。凡此者，治之有方，用之有序也。昔武王以有道之資而觀兵孟津，欲紂之有悛心，此武王反本復始之道也。不得已而遂有牧野之師，此武王行事立功之義也。謀之太公，所以違害就利也。歸馬放牛，所以保業守成也。不惟武王盡之，至於列國之諸侯，如楚文王者，亦能知之。止戈爲武，亦反本復始之道也。定功之説，亦行事立功之義也。所謂禁暴救亂者，非違害就利之謀乎？所謂保大者，非保業守成之要乎？武有四德，而文王能盡之，其伯諸侯也宜矣。若夫所行而不合於道，所舉而不合於義，以之處大則以大自傲，以之居貴則以貴自驕，曾保守之不思，是自貽患也，故患必及之。此秦始皇所以不再傳而亡也。○劉寅曰：若所行不合於道，舉動不合於義，而處大位，居大貴，不勝其任，患難必及其身矣。○趙光裕曰：不合道義，則其失謀、失要亦可見矣。此言不能修德之害。○朱墉曰：大，大位也。○曦案：「若行不合道」四句意謂如果行爲與道不合，舉動與義不符，卻握有大權，位居顯貴，災患必將降身。

〔六〕「是以聖人綏之以道」四句

施子美曰：天下有四德，聖人不能違。聖人施四德，天下不能違。聖人之兵，聖人之德也。德寓於兵，故人見其德，而不見其兵。是以人之所爲有不合於道者，吾則綏之以道，使之各安其業，而無悖理之憂；有不由於義者，吾則理之以義，使之去逆效順，而無失宜之憂；又且動之以禮，使之少長有序，上下有等也；撫之以仁，使之鰥寡得所，孤獨得養也。凡此者，天下之所以望治於聖人，而聖人所以爲治於天下，非一端而足也。故能道以綏之則民安，義以理之則民治，禮以動之則民化，仁以撫之則民利。是四德烏可偏廢耶？○劉寅曰：是以古之聖人綏安天下必以道，所謂「綏之斯來」是也。治理國家必以義，所謂「以義治之之謂正」是也。動作衆庶必以禮，所謂「齊之以禮」是也。撫安兆民必以仁，所謂「一視同仁」是也。禮者，天理之節；文，人事之儀則也。仁者，心之德、愛之理也。○趙光裕曰：綏安天下必以其所當行之道，理治天下必以義，動作天下必以理，撫字天下必以仁。○又曰：凡事物所當行者爲道。以此綏民，創業守成具是矣。一專指親義序别信之道言，亦通。義爲行事立功之本，故理國家必以義，如湯、武順天應人是也。然必以仁爲本，以禮爲節。動民不以禮，未盡善也，故必以禮節文之，使歸中正，此皆圖治者也。然須以仁爲本。撫以仁，如湯、武之吊伐而不爲暴虐也。然義之斷制，禮之節文，與大道之公，皆不可廢。○朱墉曰：綏，安也。天下與道相背馳，所以相戕賊而不安。聖人把綱常彝倫之道啓迪之，則天下共由於大道之中而相安矣。理，治也。理治國家，必以義爲裁制也。動，鼓舞也。動作天下，必以禮爲與行也，感之以上下尊卑之節文也。撫，愛養也。愛養百姓，必以仁爲推循也，有萬物一體之懷也。○朱墉引吴中吉曰：「綏」義，安之也。以道者使人，人各盡其倫常。父，與父言慈。子，與子言孝。兄友弟恭，朋友有信，夫婦有别，化戕賊之風，爲敦讓之俗也。○又引李敬國曰：道雖是天下共有之道，然不有聖人，而天下終不能自綏。天下之人固日望綏於聖人，然非綏之以道，亦不可以言聖人之綏。○又引王堯年曰：禮以理治國家者必合乎事之宜，如弔伐則應天順人，戰守則隨機應變。○又引陳子淵曰：禮不辨上下，定民志。兵亂之際，民志不定。聖人欲人心胥稟規矩，漸就約束，非動之以禮不可。禮之爲用，所以杜爭教讓，特患不能率先鼓舞之耳。誠動天下以禮，將見人皆有讓無爭。○又引王圻曰：動之以禮，即臨民以莊之意，進退周旋有威可畏、有儀可象也。○又引王漢若曰：愛養百姓，以仁爲本。然苟非以仁心行仁政之聖人，正未必能撫之以仁也。○又引周魯觀曰：天下當離亂之後，人心疑畏，魂夢未安，聖人此時決不以兵傷殘而震驚之。○又引陳大士曰：仁者以天地萬物爲一體，則無一物不在所愛之中。○又引胡君常曰：聖人非必無戰也，即殺一人以生天下處皆是仁。○丁洪章曰：聖人綏之以道：此是大亂之後天下永清，人心漸漸歸復平易，方知聖人綏天下以道也。「道」字是現成字。「綏」者，安之也。「之」字，指天下言。○又曰：聖人理之以義：理即治也。聖人治天下，惟以人所當由之義，則民無偏無黨而無離畔之患矣。聖人動之以禮：兵亂之後民志不定，聖人欲望人心胥稟規矩，漸就約束，非動之以禮不可。夫禮者，所以使民不爭也。唯禮至則不爭，故必動之以禮。聖人撫之以仁：「撫」字亦應從兵凶後講。不然，天下共用熙皥，聖人何以撫爲？但撫處即是仁，似不宜有體用之別。然説明一個「仁」字，竟慈祥愷悌，真是無僞也。大約兵殘之後人心洶懼，不知所從，得一愛民不殺者出以撫之，民歸之真如父母家室一般，較之平時景象寔寔不同。

〔七〕此四德者，修之則興，廢之則衰

施子美曰：湯、武之君，修此四者，故興；若夫桀、紂之主，廢而不能舉，又豈得而不衰哉？○劉寅曰：此道、義、禮、仁四德者，能修而行之，則國家必興。若廢而不行，則國家必衰。道、義、禮、仁，皆性之德。道即事物當然之理，德即行道而有得於心者，其實一也。○趙光裕曰：修道、義、禮、仁之四德，則國家可興。然四德當以道爲綱，而義、禮、仁皆行此者也。○朱墉曰：四德即道、義、禮、仁是也。行之而有得於心之謂德。脩者，脩補其缺也。四者人之身心所自有，本諸身心而施諸政事，非克自修，無以致國家之昌隆。「則興」者，興之速也，興起爲帝王也。○朱墉引李碧蘿曰：「四德」本諸身心而發諸政事，惟人主不克自脩，故無昌熾之景運。誠欲招攜附衆，酌量機宜，鼓舞倡率，愛寡恤孤。舍四者，奚以哉？故務脩之。然脩雖在於一身，而推之則及於天下。○又引王圻曰：綏、理、動、撫，正修之實際處。○又引尤尺威曰：「四德」以道爲經，而義、理、仁皆行此者也。○又引郭逢原曰：「則興」二字，見得一脩即興，急欲人君修之的意思。○又引樊又新曰：「則興」在天命屬人心歸，勃然興起，其勢疾速上説。○丁洪章曰：道、義、禮、仁四德，天下所賴以乎治者。聖人當兵凶之後，既能招攜附衆，酌量機宜，鼓舞倡率，愛寡恤孤，如此其修矣，天下豈有不興者哉？「則興」正言其興之速處。

〔八〕故成湯討桀而夏民喜悦，周武伐紂而殷人不非

施子美曰：建中于民，王道蕩蕩，此湯、武綏之以道也。以義制事，惇信明德，此湯、武理之以義也。以禮制心，重民五教，此湯、武動之以禮也。克寬克仁，大賚四海，此湯、武撫之以仁也。湯、武惟修此四德，故湯伐桀而夏民喜悦，其所以喜悦者，悦其德之備而足以慰其心也；武王伐紂而商人不非，其所以不非者，亦以其德之備而足以慰天下之心也。○劉寅曰：故成湯討夏桀而夏國之民喜説，周武伐殷紂而殷邦之人不非者，舉事順從天命人心，故能如此也。○歸有光引楊升庵曰：王者順天應人之師，先以道義仁禮存心，故舉商、周二王爲證。○朱墉曰：非，議論也。不非，不謂其不合於理也。○曦案：先秦儒家將商湯、周文王、武王等封爲聖人，對他們分别領導的推翻夏桀、殷紂的戰爭稱頌不已。孟子公孫丑章句上曰：「以力假仁者霸，霸必有大國；以德行仁者王，王不待大。湯以七十里，文王以百里。以力服人者，非心服也，力不贍也；以德服人者，中心悦而誠服也，如七十子之服孔子也。」滕文公章句下曰：「萬章問曰：『宋，小國也；今將行王政，齊、楚惡而伐之，則如之何？』孟子曰：『湯居亳，與葛爲鄰，葛伯放而不祀。湯使人問之曰：「何爲不

祀？」曰：「無以供犧牲也。」湯使遺之牛羊。葛伯食之，又不以祀。湯又使人問之曰：「何爲不祀？」曰：「無以供粢盛也。」湯使亳衆往爲之耕，老弱饋食。葛伯率其民，要其有酒食黍稻者奪之，不授者殺之。有童子以黍肉餉，殺而奪之。書曰：「葛伯仇餉。」此之謂也。爲其殺是童子而征之，四海之内皆曰：「非富天下也，爲匹夫匹婦復仇也。」湯始征，自葛載，十一征而無敵於天下。東面而征，西夷怨；南面而征，北狄怨，曰：「奚爲後我？」民之望之，若大旱之望雨也。歸市者弗止，芸者不變，誅其君，吊其民，如時雨降。民大悦。書曰：「徯我后，后來其無罰！」「有攸不惟臣，東征，綏厥士女，篚厥玄黄，紹我周王見休，惟臣附于大邑周。」其君子實玄黄於篚以迎其君子，其小人簞食壺漿以迎其小人，救民於水火之中，取其殘而已矣。太誓曰：「我武惟揚，侵于之疆，則取于殘，殺伐用張，於湯有光。」不行王政云爾；苟行王政，四海之内皆舉首而望之，欲以爲君；齊楚雖大，何畏焉？』」盡心章句下曰：「孟子曰：『有人曰：「我善爲陣，我善爲戰。」大罪也。國君好仁，天下無敵焉。南面而征，北狄怨；東面而征，西夷怨，曰：「奚爲後我？」武王之伐殷也，革車三百兩，虎賁三千人。王曰：「無畏！寧爾也，非敵百姓也。」若崩厥角稽首。征之爲言正也，各欲正己也，焉用戰？』」荀子議兵篇曰：「彼兵者，所以禁暴除害也，非爭奪也。故仁人之兵，所存者神，所過者化，若時雨之降，莫不説喜。是以堯伐驩兜，舜伐有苗，禹伐共工，湯伐有夏，文王伐崇，武王伐紂，此四帝兩王，皆以仁義之兵行於天下也。故近者親其善，遠方慕其德，兵不血刃，遠邇來服，德盛於此，施及四極。詩曰：『淑人君子，其儀不忒。』此之謂也。」吴起此處對湯、武革命的褒揚，反映了他對儒家思想的汲取。

〔九〕舉順天人，故能然矣　施子美曰：是以不惟人與之，而天亦與之。湯、武而不能舉順天人，何以至此哉？易之革曰：「湯、武革命，順乎天而應乎人。」○劉寅曰：易曰：「湯、武革命，應乎天而順乎人。」蓋應天順人者，道、義、禮、仁，修之則興也。桀、紂之亡者，道、義、禮、仁，廢之則衰也。愚按，戰國之世，論仁義道德者，孟軻也。吴起，兵家者流，亦以仁義道德爲言，何哉？蓋吴起學於曾子，而曾子受之孔子，非其言之不同也。但曾子純於仁義道德，而吴起雜以權謀功利，此所以母死不奔喪而見絶曾子，殺妻求將而見讒於魯君，逃於魏而喪於楚，是起但能言之而不能行之故也。性有四德，而此章首曰道、義、謀、要，中正曰道、義，而末又言禮、仁者，蓋謀即智也，要亦禮也，道散之萬事，德會之一心，吴子之言有所本歟？○趙光裕曰：言國家之興衰係於四德之修廢，故湯、武放伐而人悦之者，以其修此四德而舉事一順天人耳。此見四德之當修也。○黄獻臣曰：此言本道義爲權謀而後得其機要。聖人以道義爲綏理群生之本，而又運之以禮、以仁，故能違害就利，保業守成。四德脩，則爲湯、武之應天順人。四德廢，則雖處大居高，必及於患。吴子論行師，而本之夏民喜悦，殷人不非，深於天人之旨矣。○朱墉曰：天人者，上順乎天心，下順乎人意也。能然者，指喜悦、不非而言也。○又曰：言有爲之君必脩四德，以爲創興王業之本，而先推原道、義、謀、要之用。極言處大貴者，不脩之失，能脩之得。蓋天命人心皆歸於有德也。此正圖國之大綱處。○朱墉引新宗曰：用兵，天道惡之，人心怨之，安可言順？而在湯、武則不然。當其舉兵也，上順乎天心，下順乎人意，故一舉而天下咸服，則所處之時勢使然，非容矯强也。○丁洪章曰：此章言道、義、謀、要，而歸重於四德之全修，爲順天應人之舉也。○曦案：本篇的第三節指出君主應效仿聖王，具備「四德」。「四德」指的是道、義、禮、仁。吴起認爲「聖人應綏之以道，理之以義，動之以禮，撫之以仁」，意即用道來安撫百姓，用義來治理百姓，用禮來規範百姓，用仁來愛撫百姓。道、義、禮、仁均爲儒家重要範疇，吴起不僅直接使用這些範疇，還援引了儒家所揄揚的聖王商湯、周武王以闡釋這些範疇的内涵。然從「義者，所以行事立功；謀者，所以違害就利」等句，可知吴起已在儒家慣用的概念中注入了法家重功利的思想。

吴子曰：「凡制國治軍①，必教②之以禮，勵之以義，使有恥也③〔一〕。夫人有恥④，在大，足以戰；在小，足以守矣〔二〕。然戰勝易，守勝難〔三〕。故曰：『天下戰國，五勝者禍，四勝者弊，三勝者霸⑤，二勝者王，一勝者帝⑥〔四〕。』是⑦以數⑧勝得天下者稀，以亡者衆〔五〕。」

【校記】

①軍：武備志本「軍」下有「者」字。

②教：群書治要卷三十六作「設」。

③使有恥也：群書治要卷三十六無此四字。

④夫人有恥：群書治要卷三十六無此四字。

⑤霸：講義本作「伯」。

⑥「故曰」至「者帝」七句：群書治要卷三十六無。

⑦是：群書治要卷三十六「是」下有「故」字。

⑧數：群書治要卷三十六無此字。

【集釋】

〔一〕「凡制國治軍」四句

施子美曰：辭遜之心禮之端也，羞惡之心義之端也，人人皆有是心，即是心而教、勵之，則可以有恥矣。古之人內而制國，無異於治軍；外而治軍，無異於制國。是何也？禮、義無異理也。故教之以禮，則民知遜而可以有恥矣；教之以義，則民知惡而可以有恥矣。一或悖乎禮、義，其誰不恥哉？夫人既有恥，則教、勵之者至，而無所用而不可矣。○劉寅曰：凡制國家，治軍旅，必要訓教之以禮，激勵之以義，使之有恥也。人知禮義，故有羞惡是非之心，而急於尊君親上之道。○趙光裕曰：制國治軍只一意示禮義而使有恥，則必親上死長而可戰可守。○歸有光引袁元峰曰：禮義之師正是一勝處。○又引楊升庵曰：吴子從魏武侯浮西河而下中流，武侯顧謂起曰：「美哉山河之固！此魏國之寶也。」對曰：「在德不在險。君不修德，舟中之人皆敵國也。」論制國治軍，則曰「教之以禮，厲之以義」。起之兵法，能本道德仁義，所以爲正兵也。○朱墉曰：教，訓導也。禮，天理之節文、人事之儀則也。勵，勸勉也。義，忠貞節行也。恥，羞愧也。人知禮，故有羞惡是非之心，而急於尊君親上之道。○朱墉引指歸曰：人心原有不容踰越之品節。在上者誠能教以尊卑上下之禮，則下自感動其本原而相安於節制，又何軍之難制哉？○又引王漢若曰：刑威法令可以束手足而不可以一性情，惟禮教之入人深也。「必」字有斷然不可易之意。禮只在君臣上下尊卑貴賤相接之等上看。○又引方虞升曰：兵是逆物，今教以禮，有斂逆於順的意思。

○又引金東寀曰：軍之所以親上死長，勇往直前，進生退死，一惟禮有以致之。○丁洪章曰：教者，教訓也。言教以上下尊卑之禮，使知上下之分也。蓋兵凶戰危，人必易至踰越，若非上人將寔禮教講之訓之，明於尊卑上下之分，安能臨難不苟？○又曰：勵者，激勵也。言勵以親上死長之義，使知親上之方也。蓋世之治軍者，類以刑威，不知刑威只能束手足而不可以感性情。惟勵之以死忠、死孝之義，而後可使之知義也。○曦案：論語爲政曰：「子曰：『道之以政，齊之以刑，民免而無恥；道之以德，齊之以禮，有恥且格。』」禮記中庸曰：「子曰：『好學近乎知，力行近乎仁，知恥近乎勇。』」吴起此處論及對民衆、士卒的思想加以道德教化的内容，其中不僅有前述「四德」的「禮」與「義」，還有「恥」，這些概念均源自儒家思想。

〔二〕「夫人有恥」五句　施子美曰：故以之大則可以戰，以之小則可以守，此教勵之效然也。晉文公大蒐以示民禮，出定襄王以示之義。文公所以教之勵之者至矣。城濮之役，軍吏以避楚爲辱，欒枝謂思小慧而忘大恥，則不如戰。區區一晉，猶以此可伯，況君天下者乎？張昭兵法曰：「軍國之大者，令士知禮義廉恥。士不知禮，則寧識君臣貴賤之等？士不知義，則寧識忠於國、孝於家？士不知恥，則苟且朋黨，敗軍亂國，動無所畏。」昭之此言，亦知治體也。惜其分禮義廉恥而爲四，夫豈知教以禮、勵以義，而民必知恥也哉？柳子曰：「廉恥，義之小節也，不得與義抗而爲維。」由是而觀，則昭説不無失之一偏也。昭之所言，非昭失也，管仲實開其端也。○劉寅曰：夫人有羞恥之心，在大足以進戰而致死，在小足以固守而一心也。○趙光裕曰：此言教民禮義而使知有恥，則必親上死長而足以戰守矣。○朱墉曰：在大者，力大可以死戰。在小者，力小可以死守。

〔三〕然戰勝易，守勝難

施子美曰：古今固有戰勝而亡、敗而興者。殽函之敗，而繆公伯秦；會稽之棲，而勾踐伯越，由敗而興也。虢有桑田之勝而虢公亡，晉有鄢陵之勝而厲公死，由勝而亡也。蓋既敗之後，必能赫然興怒，以求償前日之恥，故其心懼，懼則興。既勝之後，偃然自大，不復知有所戒懼，故其心驕，驕則敗，此其所以亡也。小民之家，無故而得百金，非有大福，必有大咎。何則？彼之所獲不過數金，其所得者微而所用者狹，無故而得百金，則驕其志而喪其所守，雖得之，必失之。秦有六國，競競以强，六國既滅，訑訑而亡，此戰勝之所易，而守勝之所以難也。湯、武之興，身致太平，得乎守勝者也。至若唐太宗，嘗謂侍臣曰：「勝思平定天下，其守之其難。」魏鄭公曰：「戰勝易，守勝難。陛下此言，社稷之福也。」以太宗之所言與鄭公之所答，宜其謹守盈成，不圖遠略可也，奈何好大喜功之心至老不忘。遼東之敗，乃曰：「鄭公若在，不使我有此行。」烏在其爲守勝耶？太宗非不之知，而反蹈此者，無他，知之非難，行之惟難。○劉寅曰：然交兵接刃與人力戰而取勝者易，所謂其次伐兵者也；固軍深壘自用堅守而取勝者難，所謂不戰而屈人之兵者也。○歸有光曰：然交兵接刃與人力戰而取勝者易，固軍深壘自用堅守而取勝者難。○茅元儀曰：交兵接刃而勝乎人者，比守較之爲易。堅壁固壘而勝乎人者，比戰較之爲難。○朱墉曰：戰勝易者，兩軍相對，奮勇力鬬，或可倖勝，猶爲易事。守勝難者，深溝高壘，自用堅守，彼方百計圖我，多方乘我，竭智殫力於此而取勝最難。○朱墉引王漢若曰：此爲能戰而不能持勝者著戒也。守勝謂既勝而無驕盈之心，故云難。與前解稍異。○丁洪章曰：兩軍交鋒，勇力相尚，或可僥倖，此事之易者。惟我守而敵攻，敵方盡心竭力以求勝我，我乃防禦周密，不特不能勝我，我反有以勝敵，是爲難耳。一説敵我交戰，將勇兵强，一戰而勝，事屬容易。若既勝之後，精力疲而驕心生，我恃其深慮，使敵不得乘釁以入，是戒者雖克如始戰的精神，豈不爲難？○又曰：兩解都可從。後説更好。此乃爲能戰而不能持勝者戒也。○曦案：荀子議兵篇曰：「兼併易能也，唯堅凝之難焉。」與吳起「戰勝易，守勝難」同調。

〔四〕「天下戰國，五勝者禍」六句

施子美曰：聖人有心於愛民，無心於用兵。惟無心於用兵，故一之爲甚，其可再乎？一舉而勝，此無心之舉，帝者之兵也。再而勝之，則爲有心矣，故不及於帝，亦足以王矣。至於三勝，則是有求勝人之心，未免於勞民也，故特可以伯。舜之格有苗，一勝而帝也。湯之征葛、伐夏，二勝而王也。晉文公春侵曹伐衛，夏敗楚師於城濮，三勝而伯也。雖然，黄帝之起，戰炎帝於阪泉，戰蚩尤於涿鹿，何一勝而帝乎？文武一怒而安天下之民，何二勝而王乎？一戰而伯，文之教也，何三勝而伯乎？吴子之意，非構其數而言也，蓋以其勝之難易而定其功之高下，以爲後世數勝者之戒，故先之以五勝者禍，四勝者弊，其此意歟？是故數勝者不足以得天下，乃以亡天下。項王雖有百戰百勝之功，不免垓下之辱。高祖雖屢敗，而卒成漢家之業。若是，則數勝之不足以得天下也明矣。不然，孫子何以曰「百戰百勝，非善之善者也」；「不戰而屈人之兵，善之善者也」？○劉寅曰：故曰天下戰國諸侯，五勝於敵者，必自取敗。四勝於敵者，必自弊其力。三勝於敵者，必立霸功。二勝於敵者，必開王基。一勝於敵者，必成帝業。○王士騏曰：一勝一勝，即孫子所云不戰而屈人兵，能伐謀之謂也。○朱墉曰：五勝者禍，窮兵黷武，必有禍患也。弊，疲也。四勝者弊，久暴於外，轉輸不絶，自取虚耗也。三勝者霸，威權加於敵國，必立霸功也。二勝一勝者，不得已而用兵者也。○朱墉引郭逢原曰：「一勝者帝」，是吴子因當時列國紛爭好戰，慨然追想五帝以德服人，用兵爲不得已之兵，一舉不欲再舉之念。○又引陳子淵曰：「一」字不必太拘，只説帝心主於仁，天下一勝之後，則其仁心足慰，豈肯黷武而復以兵逞乎？○丁洪章曰：帝王之心主於仁天下。惟天下有强暴出，不得已而用兵，故一勝之後，則其仁天下之心已慰，豈肯黷武而復以兵逞乎？切記作此題只就帝身上講，不可將三王之事情填塞。一勝者帝，乃是描寫帝當時不欲用兵的光景，作文不可將「一勝」二字看死煞了。蓋「二勝」、「一勝」不過信口拈來，語若謂帝止一勝，則軒轅與榆罔戰於阪泉，就不該三戰了。可見善作文者，必能將題目看活。○曦案：此六句意謂天下征戰的國家，五戰五勝的會招來災禍，四戰四勝的會國力疲弊，三戰三勝的會稱霸諸侯，兩戰兩勝的會成就王業，一戰一勝的會成就帝業。這段話較爲集中地體現了吴起的慎戰思想，也顯示了吴起的最高政治理想不是輔佐君主稱霸，而是助其稱王天下。「五」、「四」、「三」等數字，均非確指。

〔五〕是以數勝得天下者稀，以亡者衆

劉寅曰：是以數勝而得天下者甚少，以亡者甚多。如闔閭數勝而敗於檇李，夫差數勝而死於姑蘇。晉厲公勝楚，范文子憂曰：「君驕侈而克敵，是天益其疾也，難將作矣。」鄭侵蔡，獲司馬公子燮，子産曰：「小國無文德而有武功，禍莫大焉。」此皆所謂五勝者禍，四勝者弊，數勝而亡者也。齊桓合諸侯，匡天下，不以兵車，非三勝而霸者乎？武王誅紂、伐奄，一戎衣而天下定；舜、禹之世止於興師征伐有苗，非二勝而王、一勝而帝者乎？後來如項羽數勝而亡，漢高一勝而帝，亦其驗也。吴子蓋知戰國之先數勝而亡之禍，故以此言之，以戒後人也。○趙光裕曰：此言戰勝之易，而因著數勝之害也。○黄獻臣曰：數勝則君驕民疲，所以亡也。○又曰：此言圖國者能使民有恥，自有不戰而屈人兵之勢。蓋禮義明而廉恥興，則大足戰，小足守，不惟恥屈於敵，且恥無故而動敵人之兵，故曰守勝者難也。如嚴顔自謂吾蜀無降將，周覬脩位將相，不向草間求活，皆恥心所激也。雖然九合諸侯，不以兵革，不迴爲霸。伐崇遏密者王也，戰涿鹿、征有苗者帝也。彼闔閭數勝而敗於檇李，夫差數勝而敗於姑蘇，楚項七十餘戰未嘗敗北，而卒以亡，此其故何哉？吴子此言，其惕善戰者深矣。○朱墉曰：見圖國者當明禮義以動民恥心，而不在貪戰勝以生禍患。羞惡之心，人所同具，是有爲根本。惟在上之人能開導激發之，便足以致勇作忠，戰守皆得，何必驅民鋒鏑，肝腦塗地，而以爭霸圖王乎？○丁洪章曰：此言教民禮義而使知有恥，則必親上死長而足以戰守矣。○淩堃曰：項王數勝，一敗遂亡。○曦案：數戰數勝反能招致敗亡的思想，又見於管子以及吕氏春秋、韓詩外傳、淮南子、新序等所載李克的論述。管子幼官曰：「數戰則士疲，數勝則君驕，驕君使疲民則國危。至善不戰，其次一之。」管子兵法亦曰：「數戰則士罷，數勝則君驕，夫以驕君使罷民，則國安得無危？故至善不戰，其次一之。破大勝强，一之至也。」吕氏春秋適威曰：「魏武侯之居中山也，問於李克曰：『吴之所以亡者何也？』李克對曰：『驟戰而驟勝。』武侯曰：『驟戰而驟勝，國家之福也，其獨以亡，何故？』對曰：『驟戰則民罷，驟勝則主驕。以驕主使罷民，然而國不亡者，天下少矣。驕則恣，恣則極物；罷則怨，怨則極慮。上下俱極，吴之亡猶晚，此夫差之所以自殁於干隧也。』」驟，數也。韓詩外傳卷十、淮南子道應訓、新序雜事五「驟」均作「數」。李克，韓詩外傳卷十作「里克」。又，本篇第四節拓展了前文「必先教百姓而親萬民」、「四德」等思想，指出在對民衆、士卒開展思想道德教育時，除了要講「禮」、「義」，還要講「恥」。此外，這一節還較爲集中地表現了吴起反對窮兵黷武的慎戰思想。

吴子曰：「凡兵之①所起者有②五〔一〕：一曰爭名，二曰爭利，三曰積③惡，四曰內亂，五曰因饑〔二〕。其名又有④五：一曰義兵，二曰彊兵，三曰剛兵，四曰暴兵，五曰逆兵〔三〕。禁暴救亂曰義，恃衆以伐曰彊，因怒興師曰剛，棄禮貪利曰暴，國亂⑤人⑥疲、舉事動衆曰逆〔四〕。五者之數⑦，各有其道〔五〕：義必以禮服〔六〕，彊必以謙服〔七〕，剛必以辭服〔八〕，暴必以詐服〔九〕，逆必以權服〔一〇〕。」

【校記】

① 之：群書治要卷三十六無此字。

②有：群書治要卷三十六無此字。

③積：底本「積」下有「德」字。群書治要卷三十六、講義本、直解本、二十子全書本、兵垣四編本、武備志本、開宗本、朱墉彙解本、黎利賓彙解本、四庫全書本、平津館叢書本、淩堃評校本、四部備要本無「德」字，據刪。

④有：群書治要卷三十六無此字。

⑤亂：群書治要卷三十六作「危」。

⑥人：群書治要卷三十六作「民」。

⑦數：正義本、兵垣四編本、朱墉彙解本、全解本、黎利賓彙解本、四庫全書本作「服」。

【集釋】

〔一〕凡兵之所起者有五

施子美曰：天生五材，誰能去兵？師出無名，事故不成。此五兵之所起必有因也。○劉寅曰：吴子曰凡兵之所由起者有五等。○丁洪章曰：「五」即下文五事，言兵之用必有所由，未有無因而起者，故云兵之所起者有五。

〔二〕「一曰爭名」五句

施子美曰：一則爭名，謂名之所在不得不爭，如秦穆公伐趙，欲其尊己爲帝是也。二則爭利，謂利之所在不得不爭，如楚將北師曰「敵利而進」是也。三則積惡，謂因釁而興師，如鄭、息有違言，息侯伐鄭是也。四曰內亂，謂其國自亂，吾則伐之，如鄭五公子爭立，諸侯伐鄭是也。五曰因饑，謂彼之國饑，吾因而伐之，如秦伐晉，晉饑不能報是也。此五者，兵之所由起也。○劉寅曰：一曰因爭名而起兵相攻，如吴與齊盟于黄池是也；二曰因爭利而起兵相攻，如晉、楚之於鄭是也；三曰因其君臣積惡而起兵征之，如越勾踐之於吴是也；四曰因其內亂而起兵滅之，如楚人之於夏徵舒是也；五曰因其饑而起兵襲之，如庸人之於楚是也。○趙光裕曰：爭名，圖王霸。爭利，取土地。積惡，二國交惡。內亂，弑逆。因饑，民窮思亂。此言其起兵有五事。

〔三〕「其名又有五」六句

劉寅曰：其兵之名又有五等。一曰義兵，謂以義服人也；二曰强兵，謂以力勝人也；三曰剛兵，謂以剛忿而制人也；四曰暴兵，謂以暴虐而無禮於人也；五曰逆兵，謂上逆天道下逆民心也。○趙光裕曰：義兵，即爭名者。强兵，即爭利者。剛兵，即積惡者。暴兵，即內亂者。逆兵，即因饑者。

〔四〕「禁暴救亂曰義」六句

施子美曰：義兵者所以禁暴救亂也，如齊責楚不貢之師也。强兵者恃衆以伐人也，如楚人伐許之師也。剛兵者因怒而興師也，如晉郤克以婦人笑而伐齊也。暴兵者棄禮貪利也，如北戎侵鄭是也。逆兵者則國亂人疲，舉師動衆，苻堅伐晉是也。○劉寅曰：禁人之暴，救人之亂，是名曰義，湯、武是也，其下則齊桓爲近之。恃兵之衆以伐鄰國，是名曰强，秦楚是也。因其私忿興師伐之，是名曰剛，如郤至因怒蕭同叔子之笑而興兵伐齊是也。篾棄典禮，貪人之利，是名曰暴，如闔閭聞允常死而伐越是也。國中自亂，人民疲困，又舉事動衆，征伐不已，是名曰逆，如夫差國已亂，民已疲，尚有事齊、晉是也。○黄獻臣曰：此因上言五者，而言其名與義如此。○朱墉曰：恃衆以伐，恃其衆盛，肆伐與國也。因怒興師，因緣忿怒，興舉師徒，惟恃剛很也。棄禮，滅棄禮法。貪利，貪圖利欲，勢必酷虐也。國亂，國内擾亂。人疲，人民疲困。舉大事，動大衆，皆拂逆人心也。○丁洪章曰：暴虐之事原宜禁絶，然非義兵則不能戢之。蓋義兵者所以禁暴救亂也，故謂禁暴救亂曰義。○曦案：三國志魏書董二袁劉傳裴松之注引獻帝傳載沮授語曰：「蓋救亂誅暴，謂之義兵；恃衆憑彊，謂之驕兵。」「蓋救亂誅暴」四句，當是對「禁暴救亂曰義，恃衆以伐曰彊」的化用。

〔五〕五者之數，各有其道

劉寅曰：五者之數，各有服之之道。○歸有光引楊南峰曰：義兵即爭名，强兵即爭利，剛兵即積惡，暴兵即内亂，逆兵即因饑。五兵所起，服之各有要道也。○朱墉引金千仞曰：

五者之服，各有其道。「各有」二字是一樣有一樣服他的道理，不可參錯紊亂意。○又引陳孝平曰：除義兵一種，其剛、强、暴、逆者已具敗形，我何難服？

〔六〕義必以禮服

施子美曰：興師之名雖則不同，制敵之術亦隨以異。故以義師至者，吾則以禮服之。楚人對齊侯曰：「貢之不入，寡君之罪也。」是禮也，齊安得不退而同盟乎？○劉寅曰：義者果斷，禮者辭讓，故禮可服義。○朱墉曰：禮服，以禮接之也。○朱墉引黄皇肱曰：禮服，如撤樽以悔其罪，解組以迎其師，晏子之所以刼晉也。聲大義者必責人之無禮，行之以禮，雖義必屈。○又引張泰岳曰：屈於包茅之不貢，楚以禮而盟召陵也。○又引大全曰：彼既能禁暴而救亂以行其義，必不敢動以非禮，我則修飾典禮，使之聞之，自然罷兵，是以禮服之也。

〔七〕彊必以謙服

施子美曰：彼以强兵，吾則以謙服之。許男面縛含璧，是謙也，楚安得而不釋之乎？○劉寅曰：强者恃力，謙者遜順，故謙可服强。○朱墉曰：謙服，卑以自牧，遜讓和順也。○又引黄皇肱曰：謙服，如謝罪鴻門而不爲恥，退居巴、蜀而不爲辱，漢高之所以殞楚也。恃强力者必制人之强者也。守之以謙，而强自柔。○又引張泰岳曰：甘肉袒而服罪許，以謙而謙服强也。

解楚圍也。○又引大全曰：彼既恃其强暴，我則示以謙卑，彼必輕我，然後乘隙破之，是以

〔八〕剛必以辭服

施子美曰：以剛兵來，吾則以辭服之，如賓媚責以辭是也。○劉寅曰：剛者忿怒，辭者婉曲，故辭而服剛。○朱墉曰：辭服，執辭嚴正也。○朱墉引黄皇肱曰：辭服，如卑詞行成以長其驕，生聚訓練以乘其懈，勾踐之所以沼吴也。又云剛愎自用，正辭可止。○又引張泰岳曰：受於子産之犒詞而剛不得逞。○又引大全曰：彼既因怒而來，必剛忿性疾，我則以惡辭激之，使其愈怒而速戰，我則設奇伏之兵，堅壁自守，不與之鬬，俟其怠歸，發伏運謀夾擊之，此謂剛以辭服也。

〔九〕暴必以詐服

施子美曰：以暴兵而來，吾則以詐服之，鄭公子突爲三覆以殪戎是也。○劉寅曰：暴者猛烈無謀，詐者詭之以計，故詐可服暴。○朱墉曰：詐服，發伏運謀，設奇制勝也。○朱墉引黄皇肱曰：詐服，如公瑾之縱火，僞降以褫老瞞之魄是也。○又引張泰岳曰：先于弦高之設詐，而暴不得行。○又引大全曰：棄禮貪利凶暴之兵必無深謀，我則以詭詐之計服之。

〔一〇〕逆必以權服

施子美曰：以逆兵來，吾則以權服之，謝玄權其利害以勝堅是也。○劉寅曰：逆者反常失道，權者因變制宜，故權可服逆。○黄獻臣曰：此言五兵所起之繇與其所服之道。爭名，如吴、晉之盟黄池是也。爭利，如晉、楚之伐鄭是也。積惡，如句踐之滅吴是也。内亂，如楚人之殺夏徵舒是也。因饑，如庸人之叛楚是也。以義服人，如齊、晉之師是也。以强制人，如秦、楚之兵是也。以剛忿加人，如郤克怒蕭同叔子之笑而伐齊是也。以暴虐加人，如闔閭聞允常死而伐越是也。逆天道民心，如夫差國亂人疲，尚有事於齊、晉是也。大凡聲大義者，必責人之無禮也。行之以禮，雖義必屈。恃强力者，必制人之彊者也。守之以謙，而强自柔。剛愎自用，正辭可止，所謂一紙書賢於十萬師者也。暴戾寡謀，詭詐可使，所謂奇謀運而奸雄坐困者也。逆節竊權，秉權可奪，所謂太阿淬而篡逆自銷者也。凡言服者，必有以大服乎人之心也。誠能守之以禮而承之以謙，雖辭鋒詐權，不用可也。知其所以服，無不可相與於不爭，兵亦可以不起矣。○朱墉曰：權服，秉權可奪，所謂操太阿之柄，而篡逆自銷也。又云出我之機權變幻也。○又曰：言因兵起之不同，當得制服之道。我有其具，則不患人之不爲我制。知其所以服，無不可相守于不爭，即兵亦可以不起矣。○朱墉引黄皇肱曰：暴戾寡謀詭詐，可使權服，如幼度之陣後大呼，以喪符堅之膽是也。一説「權」爲「權柄」之「權」，逆節横行，秉是可奪也。○又引張泰岳曰：乘驛會師，則以權而遏逆也。○又引大全曰：彼既國亂民疲，復舉兵革之事，動起大衆而來戰，我則制爲權變以服之。○丁洪章曰：此言五兵所起之由與所名之義，而更及其所服之道，以見一兵之起有一兵之制，洵非虚言也。○曦案：本篇第五節表現出吴起對戰爭發生的根源與各種戰爭類型所作的深入思考。在吴起之前的兵家文獻裏，人們尚未看到這方面的思想成果。吴起前無古人地將戰爭根源概括爲五種情況，即「爭名」、「爭利」、「積惡」、「内亂」、「因饑」。他能從人性爭名、爭利的欲望，從政治集團之間的矛盾關係，從國内政治、經濟發展的狀況，去探究各類戰爭爆發的根源。他還將戰爭分爲五種類型，即「義兵」、「强兵」、「剛兵」、「暴兵」、「逆兵」，説明他對戰爭的正義與非正義的性質也有了初步揭示。這些見解標誌着吴起戰爭理論的深度，標誌着吴起對孫武戰爭觀的彌補與超越。

武侯問曰〔一〕：「願聞治兵、料人、固國之道〔二〕。」起對曰：「古之明王，必謹君臣之禮，飾上下之儀〔三〕，安集吏民，順俗而教，簡募良材，以備不虞〔四〕。昔齊桓募士五萬，以霸①諸侯。晉文召爲前行四萬，以獲其志。秦繆置陷陳三萬，以服鄰敵〔五〕。故强國之君必料其民，民有膽勇氣力者聚爲一卒，樂以進戰效力以顯其忠勇者聚爲一卒，能踰高超遠輕足善走者聚爲一卒，王臣失位而欲見功於上者聚爲一卒，棄城去守②、欲除其醜者聚爲一卒〔六〕。此五者，軍之練鋭也〔七〕。有此三千人，内出可以決圍，外入可以屠城矣〔八〕。」

【校記】

① 霸：講義本作「伯」。

② 棄城去守：兵垣四編本作「棄其城守」。

【集釋】

〔一〕武侯問曰

曦案：在本章與吴起展開對話的除魏文侯外，還有魏武侯。吴起在魏，經歷了魏文侯、魏武侯兩代君主。武侯，即魏武侯，魏文侯之子，姬姓，魏氏，名擊。公元前三九六至前三七〇年在位，期間魏國較爲强大，曾攻鄭、伐齊、侵趙，屢敗秦，攻取楚之魯陽（今河南魯山），略地至楚方城北。又在安邑（今山西夏縣西北）、洛陰（今陝西大荔）、王垣（今山西垣曲東南）、酸棗（今河南延津西南）等地先後築城。

〔二〕願聞治兵、料人、固國之道

劉寅曰：武侯，魏文侯子，名擊，問於吴起曰：願聞整治師旅、料度敵情、固守國家三者之道。○黄獻臣曰：治兵，整治師旅。料人，料理人民。固國，固守國家。○朱墉引大全曰：整治其兵之行伍，料理其人民之衆寡，固守其國之疆宇，此皆有道焉，不可不知也。治兵在料人，而治兵、料人即所以固國，非截然三項也。○又引汪殿武曰：固國必謹禮及安吏民，是大頭腦處。○又引王漢若曰：兵不治則紛而無紀，人不料則其才不見，國不固則瑕釁易生。○丁洪章曰：治者，整治也。料者，料理也。固者，固守也。言整治其兵之强弱、料理其人之衆寡、固守其國之瑕釁也，皆有道焉，不可不知也，故武侯問及之。○曦案：此句意即我願意聽您闡述治理軍隊、徵調兵員以及鞏固國家的道理。料人，即料民，調查人口數量，以作爲徵兵的依據，這裏引申爲徵調兵員。或指考察敵情，如劉寅；或指料理人民，如黄獻臣；或指考慮人才以合理使用，如王漢若，均不確。國語周語上曰：「宣王既喪南國之師，乃料民於大原。」徐元誥國語集解曰：「料，數也。」徐喜辰、斯維至、楊釗主編中國通史（第三卷上古時代上册）曰：「宣王料民雖然是由於南國之師損失以後爲補充軍隊采取的措施，但也反映了西周末年由於公社内部有了一些變化，必須將公社内部的户口、土地數字寫成清册，以便作爲對公社農民徵税和力役的根據。」

〔三〕「古之明王」三句

施子美曰：吴起對之以謹君臣之禮，至於以備不虞者，蓋有以明其分，而後可以因民而設教；有以教其民，而後可以選士而設備。君尊如堂，臣卑如陛，其禮固不同也。以儀辨等，則民不越，其儀不一也。禮，其本也；儀，其用也，因是禮而後可以定是儀。謹其禮則尊卑有異等，貴賤有異位；飾其儀則金鼓有異制，旗物有異章。以此而治兵，亦足以明其分矣。○劉寅曰：古昔明哲之王，必謹慎君臣之禮，修飾上下之儀，君有爲君之禮，臣有爲臣之禮，居上處下，皆有儀則也。○趙光裕曰：君臣，國之主，禮度不亂則體統正，政事理矣，故明王謹之，而簡良材以備不虞，又其要務也。○又曰：上下，不止君臣。○黄獻臣曰：謹君臣之禮，辨别尊卑。飾上下之儀，修飭儀文。安集吏民，使各得其所。順俗而教，不强所不能。○朱墉曰：謹者，辨别尊卑，謹守而不亂也。飾，修也，居上處下皆有儀則脩飾之，而不至於廢墜也。○朱墉引葉伯升曰：未有體統之陵夷能經國而詰戎者，惟深於禮者始可與談軍旅。○又引新宗曰：君尊臣卑，其禮自不可易。惟明王知其故而必謹之，使君臣各盡其道，而不至於混淆矣。○又引王漢若曰：以禮爲治國之大經，必謹其禮，使尊卑之等明，上下之分定，然後治兵料人可以次第舉行，而固國不難耳。○又引大全曰：上下之儀，這儀非粗跡君尊臣卑之禮，咸合其則方爲飭儀。不然，名分倒置，度數僭越，又安得言上下之儀耶？又安得言飭耶？「儀」字從「禮」字來，「飭」字從「謹」字來。○又引句解曰：立綱陳紀，禮爲之範也。上下，凡卿士、將帥、士卒皆是。

〔四〕「安集吏民」四句

施子美曰：惟有以明其分，而後民安其俗，而無苟且之心，故吏民可以安集，而教之所施，可以因俗而化矣。吏稱其職，民安其業，此吏民之所以安集也。修其教，不易其俗，此教之所以順俗也。安而順之，則秦人之性勁，齊人之性剛，燕人之性慤，楚人之性輕，與夫蕃長於馬，漢長於弩。以此而料人，亦足以教矣。惟有以教之，而後人材有成，而有可用之實。故良材可得而簡募，而不虞之患亦可以有備矣。簡募良材，則有智者可以主謀，有勇者可以制敵，有嚴者可以制軍。既簡募之矣，一有不虞之患，豈不足以備之乎？成周之際，正之以九儀，辨之以旗物，凡若此者，所以謹禮飾儀也。安之以本俗，教之以時田，凡此者，所以安集而教也。一有用焉，會其卒伍以起軍旅，頒其士庶以備所守，又豈不足以爲備乎？○劉寅曰：安集吏民，順其風俗而教之。簡選召募良能材勇之人，以防備不測之事。○趙光裕曰：安集吏民，使各得所。順俗而教，使各歸正。○又曰：此上五者皆固國之道。下文又因所問重在料人，故申言其事。○又曰：順俗而教，使歸正道，亦固國之一事也。又兼謹君臣，飾上下，安吏民，則内順治矣。又簡良材，則外威嚴矣。何國之不固乎？○朱墉曰：吏，官吏也。安集者，安寧聚集，使各得其所也。俗，風俗也。順俗者，順民俗而施教，不强其所不能也。簡，選也。募，召募也。良材，有用之材，精鋭驍勇之人也。不虞，不測之變也。○朱墉引汪殿武曰：有國必有俗，明王知其俗之不可拂也。必順俗而教之，使民各適其性。○又引大全曰：四方風俗自不一尚，所以明王御世不拂情，不逆性，隨人心之好尚而訓習之，因世風之醇囂而開導之，天下自遵循於教化之中。○又曰：良才，即下文五者練鋭之材也。不簡而溷于儕伍之中則真僞難辨，不募而阻于方隅之限則搜羅不廣。如杜伏威募敢死之士五千，唐太宗檢選精鋭號爲奇兵，柴世宗謂朘民膏血，奈何食此無用之物，且羸弱既無用，使健懦不分，衆無所勸。○又引王漢若曰：人之剛柔愨詐奮志滅恥各有不同者，俗爲之也。明王因其俗而練之，不拂其所能，不强其所不能，便是順俗而教。○又曰：「良材」不主英雄豪傑説，泛指有用之士，即下所謂卒也。「簡募」從「料」字來，並宜重看。「不虞」，謂意外之變，有以備之，則國固矣。此正對料人以固國之問。簡而不募則網羅不廣，募而不簡則甄别不精，故必簡募兼盡，斯良材爲我用，而國可於此固也。○又引陸蘿雨曰：簡募，看下文齊桓募士數句，此簡募者兵也，非將也。

〔五〕「昔齊桓募士五萬」六句

劉寅曰：昔齊桓公募材勇之士五萬，以霸長諸侯。晉文公召爲敢勇當前行者四萬，以得志天下。秦穆公設陷陳之士三萬，以服鄰之敵國。齊桓公，姜姓，名小白；晉文公，姬姓，名重耳；秦穆公，嬴姓，名任好，皆霸君也。○王士騏曰：此三君乃簡募良材以備不虞之明驗也。○黄獻臣曰：陷陣，力能摧陷敵陣者。前行，勇敢當先者。

〔六〕「故强國之君必料其民」六句

劉寅曰：故强國之君必料量民力而簡選之。民有膽勇氣力，能搴旗斬將者，聚之爲一卒。能樂於進戰，效用其力，以顯著忠勇者，聚之爲一卒。能逾高城，越遠境，輕足善走者，聚之爲一卒。王臣有過而失其職位，心欲赴敵立功見之於上者，聚之爲一卒。棄所守之城而逃去，心欲力戰取勝，除其前日之醜者，聚之爲一卒。○黄獻臣曰：料其民，計民爲兵也。○朱墉曰：聚，集也。一卒，百人也，聚之别爲一列也。踰高，踰越高峻也。超遠，超涉遠道也。王臣失位，王者之臣喪失爵位。見功者，欲立功名以復其舊也。棄城，逃棄城守之士。除醜，欲雪恥也。○朱墉引王漢若曰：「其民」指下膽勇等五鋭言，「料」即指察度其膽勇與否。古者籍民爲兵，民即兵也。蓋固國捍衛，恃在簡閲士卒。然苟非英明果鋭、稱雄獨霸、有意强國之君不能。○又引左傳曰：周宣王料民於太原。仲山甫諫曰：「古者搜於農隙，耨獲千籍，獮於既烝，狩於畢時，是皆習民數者也，又何料焉？」○又引尤尺威曰：治民之官各盡其職，治民之事各得其理，則民固不待料而自知。○又引大全曰：料指聚爲一卒言。惟賢愚混淆，無以分别，故不能固國扞圉。惟拓土開疆之君甄辨簡募，豫料於平日，而務爲可用之材，不特强者固强，即弱者亦可轉而强，謂非强國之君乎？○曦案：卒，古代軍制單位之一，周制百人爲卒。這裏指一支部隊。周禮地官小司徒曰：「乃會萬民之卒伍而用之。五人爲伍，五伍爲兩，四兩爲卒。」鄭玄注曰：「卒，百人。」

〔七〕此五者，軍之練鋭也

施子美曰：此又申言古之强國者，未有不料人而用之。齊桓之募士五萬，晉文之前行四萬，秦穆之陷陣三萬，是皆料人而用之也。或五萬，或四萬，或三萬者，其所得之數有多寡也。且以湯之伐夏也，尚有必死之士六千人；武王之伐商也，尚有虎賁之士三千人，況於列國之伯者，可不料人而用之乎？强國之君所以料其民者有二法：有因其材而用之者，有因其志而用之者。膽勇氣力，樂以進戰，逾高超遠，輕足善走者，此因其材而用之也。王臣失位而欲見功於上，棄城去守而欲除其醜，此因其志而用之。此五者既因其材、因其志，則人皆可用之人矣，真所謂練鋭之士也。有此三千人，自内而出，可以決圍；自外而入，可以屠城，況又不止於三千者乎？其在太公練士之法，有所謂冒刃之士，有所謂陷陣之士，有所謂冠兵之士，有所謂倖用之士，是亦吴起料民之意也。故太公繼之曰：「此軍之練士，不可不察也。」○劉寅曰：此五者，軍之練習精鋭也。○趙光裕曰：此簡募良材之實，正所謂料人者也。○朱墉引鄧伯瑩曰：練是訓練，鋭是人人各具一鋭，但不能使之奮發，故不敢用於臨時耳。惟不棄其所長，不暴其所短，如膽勇氣力，練之以膽勇氣力，則協力宣威，坐收勇往直前之用矣。○又引王漢若曰：此五項皆銳也。有膽勇氣力之人，雜一無膽力者在其中，即有膽力者亦沮喪矣。惟聚在一處，則比權量力，勇而益勇，鋒芒自不可當。聚爲一卒，便是練處。○又引胡君常曰：五者一以取膽氣，一以藉忠勇，一以備覘諜追逐。若見功除醜者則使過之條。○又引大全曰：皆是使人自爲奮勵之意。這個鋭，不是要我去鋭他，他已自具一鋭在那裏，但我使他各爲一卒，便是練處。○曦案：軍之練鋭，指軍隊中高素質的精鋭之士。

〔八〕「有此三千人」三句

劉寅曰：若能有此三千人，内奮而出則可以決人之圍，外馳而入則可以屠人之城矣。○黄獻臣曰：決，開也。潰圍，自内而出。攻城，自外而入。○又曰：此言固國在料人，料人正所以治兵，而必本之以禮。自古未有綱紀陵夷，能使吏民和集、教行俗美、師中節制、國奠苞桑者，未之前聞。誠謹之以禮，則雖脩飭儀文，亦關精意，安民順俗，皆本禮教，而簡募良材，則又以防維禮教之所不及，正料人以爲治兵之本。是故杜伏威募敢死士五千，署上籍，每戰以爲先鋒。唐太宗選精鋭，號奇兵，親統之，遇敵候機而進。周世宗以健懦不分，衆無所勸，乃大簡閱，選驍勇，不欲浚民膏血，供羸弱無用之物，則不獨齊桓、晉文、秦穆爲然矣。從此而牧其膽氣者爲一，牧其願效忠勇者爲一，牧其足脩覘望追奔者及失位而思見功、失守而思雪恥者各爲一，練爲精鋭之軍，則人人皆知報國之禮。人料而兵治，兵治而國固矣，又何決圍屠城之足云？○朱墉曰：言圖國者必先練兵于平日，乃可防患于一朝。春秋于大閲必書，不忘武備也。欲求安集，早思捍禦。料人正所以治兵，治兵正所以固國。事有相因而起，但訓練有道，當使之各見所長，因材而用，便是訓練之方。○淩堃曰：王者不料民，霸者不屠城。○曦案：本篇第六節針對魏武侯何以治兵、料人、固國的問題，吴起的回答主要從兩個方面展開。一是認爲君主應效仿「古之明王」，在治國治軍時自身要恪守禮法，整頓好上下等級之間的禮儀，以順應習俗爲前提團結官吏，教導民衆。二是以齊桓、晉文等春秋霸主爲例，説明必須挑選、招募勇武之士以建立一支强大的軍隊，提出了「簡募良材，以備不虞」的至理名言。吴起根據「良材」的不同特點，將他們分爲五種類型，還將他們分别集中起來編製成五支隊伍，以最大限度地發揮每類「良材」的特長。本節出現了「屠城」一詞，客觀顯示了吴起生活時代戰爭的殘酷，不能以該詞爲依據簡單判定吴子一書主張「殘暴」。

武侯問①曰：「願聞陳必定、守必固、戰必勝之道〔一〕。」起②對曰：「立見且可，豈直聞乎〔二〕？君能③使賢者居上，不肖者④處下，則陳已定矣〔三〕。民安其田宅，親其有司，則守已固矣〔四〕。百姓皆是吾⑤君⑥而非鄰國，則戰已勝矣〔五〕。」

【校記】

①問：群書治要卷三十六、直解本、武備志本、全解本無此字。

②起：群書治要卷三十六無此字。

③能：群書治要卷三十六無此字。

④者：群書治要卷三十六無此字。

⑤吾：開宗本無此字。

⑥君：群書治要卷三十六作「居」。

【集釋】

〔一〕願聞陳必定、守必固，戰必勝之道

施子美曰：用兵有當然之理，故不可不之求。人君有樂聽之心，故求之爲甚切。陳守必定必固，戰必勝，用兵之理當然也。武侯欲必其然，故以是而求之吴起，而欲願聞之。是三者爲之必有其道。○朱墉引方虞升曰：陳定、守固、戰勝之道，道字扼定任賢以安百姓作主。蓋人君誠能任賢以安百姓，使百姓固結，則爲陣、爲守、爲戰無所不可矣。○又引尤尺威曰：用得其人則行陣自定，民安其業則所守必固，百姓視君如父母則攻戰自勝。○丁洪章曰：此武侯問語也，須作三段講。蓋陣之定不定在用人之得不得，守之固不固在民之安不安，戰之勝不勝又在民心之向背。本旨在任賢以安百姓，百姓固結，則爲陣、爲守、爲戰無所不可矣。

〔二〕立見且可，豈直聞乎

施子美曰：其爲道無甚難言者，立則見其參於前，殆可以立談判矣，豈直聞之而已乎？○劉寅曰：立衆人之所易見者猶之可也，豈欲直聞陣之必定、守之必固、戰之必勝乎？○趙光裕曰：此道可立見，豈但可聞知乎？○茅元儀曰：可立而見，豈但聞之而已乎？○朱墉曰：立見，立時可見也。豈直，猶豈但也。○曦案：吳起接下來要給武侯闡釋「陣必定、守必固、戰必勝之道」，他認爲要讓魏武侯立即見到成效姑且才算可以，豈能只是讓他聽聽而已。

〔三〕「君能使賢者居上」三句

施子美曰：夫貴足以馭賤，則其勢不亂。下樂以從上，則其心不散。道可以得民，則其功可成。所謂陳定、守固、戰勝之理，於此可必矣。賢而尊之於上，不肖者屬之於下，則貴可以馭賤矣。孰謂陳不定乎？○劉寅曰：君能使國中之人賢有德者居上位，不肖者處下位，賢不肖有等，上與下不亂，則陳已先定矣。○趙光裕曰：用人得宜，則行陣自定矣。○朱墉曰：不肖者不得與賢者爲伍，則行陣自定。民守本業，親愛有司，則守必堅固。

〔四〕「民安其田宅」三句

施子美曰：民安其俗，樂其業，服其上而循其教，則下樂於從上矣。孰謂守之不固乎？○劉寅曰：使吾民皆安居其田宅，親愛其有司，則守已先固矣。安其田宅，民不失業矣。親其有司，民知愛其上，死其長矣。○趙光裕曰：民安業而親上，則守必固矣。○朱墉引大全曰：民者國之根本，本固邦寧，但民不能自安，是在上者有以使之安，則民始安也。○丁洪章曰：民者邦之本，故欲固守，必先安民，民安則守自固。然民不能自爲安，在爲上者有以使之安也。

〔五〕百姓皆是吾君而非鄰國，則戰已勝矣

施子美曰：是其君則直在我，非鄰國則曲在彼，是道可以得民也，孰謂其戰之不勝乎？昔晉之伯也，舉不失職，官不易方，是賢不肖得其所。農工皂隸不知遷業，則安其居而親其上也。民無謗言，是其君也。此晉之所以强。○劉寅曰：百姓皆以吾君爲是，而以鄰國爲非，則戰已先勝矣。以吾君爲是，以鄰國爲非，則可與之同死，可與之同生，而不畏危也。○趙光裕曰：是君非鄰，則必樂戰而勝矣。○又曰：武侯問治人之道，而起皆以自治者告之，可謂知治本矣。○歸有光引殷棠川曰：此人和之本也。子輿氏論人和，曰得道者多助，多助則天下順之是也。○又引宗方城曰：百姓不畏兵凶，乃是吾君而非鄰國，是勇於公戰也。○王士騏曰：是君非鄰，則民必樂戰，故勝也。○黃獻臣曰：此言定陣、固守、戰勝之道，只在用賢親民之間。「立見」二語是寔語，不是機語。三「已」字是斬釘截鐵語，真有仁者無敵、不戰而屈人兵之意。如云不肖者不得與賢者爲伍，則陳已定，更有何陳？民守本業，親賢有司，則守已固，更有何守？百姓視君如父母，而仇鄰國，則戰已勝，更待何戰？若常説謂用人得宜，則行陣自定；民安業而親上，則守必固；是君非鄰，則必樂戰而勝，猶是可聞不可見之事矣。此節與六韜農器篇相表裏。○朱墉引新宗曰：最難調攝者，百姓是非之口也。今百姓皆以吾君爲是，而自效死力於君，樂爲之戰矣，焉有不勝者乎？○朱墉曰：言陣定、守固、戰勝之效。其理頂立之于賢民圖國而能自治。使賢民各得，則不期其效而效已收。○丁洪章曰：本旨在任賢以安百姓。百姓固結，戰、攻、守無所不可。不憂陣不定而憂人不得，不憂守不固而憂民不安，不憂戰不勝而憂民背吾君而向鄰國。○又曰：不言陣定之事而言國家用人之事，不言固守之事而言國家安民親上之事，不言戰勝之事而言國家得百姓、是君非鄰之事，何其議論宏偉。○曦案：本篇第七節針對魏武侯如何才能實現「陳必定、守必固、戰必勝」的問題，吴起强調了賢才與民心的重要。吴起從法家立場出發，反對「世卿世禄」的世襲制度，提倡選賢使能，「使賢者居上，不肖者處下」。

他還認爲統治者應讓百姓安居樂業，親近管理他們的官員，這樣他們就會認可、支持自己的國君，打起仗來就一定能獲勝。本節是對前文「親萬民」、「簡募良材」等題旨的進一步拓展。

武侯嘗謀事，群臣莫能及，罷朝而有喜色〔一〕。起①進②曰：「昔楚莊王嘗③謀事，群臣莫能及，退朝④而有憂色。申公問曰〔二〕：『君有憂色，何也⑤？』曰：『寡人聞之，世不絶聖，國不乏賢〔三〕，能得其師者王，得⑥其友者霸〔四〕。今寡人不才，而群臣莫及者⑦，楚⑧國其殆矣〔五〕。』此楚⑨莊王之⑩所憂，而君説之，臣竊懼矣〔六〕。」於是武侯有⑪慚色⑫〔七〕。

【校記】

① 起：群書治要卷三十六「起」上有「吳」字。

② 進：四庫全書本作「對」。

③ 嘗：群書治要卷三十六無此字。

④ 退朝：黎利賓彙解本、四庫全書本作「朝罷」。群書治要卷三十六、講義本、直解本、正義本、二十子全書本、兵垣四編本、武備志本、開宗本、朱墉彙解本、全解本、平津館叢書本、淩堃評校本、

四部備要本「退」作「罷」。

⑤「申公問曰」至「何也」三句：群書治要卷三十六無。

⑥得：群書治要卷三十六、講義本、直解本、正義本、二十子全書本、兵垣四編本、開宗本、全解本、黎利賓彙解本、四庫全書本、平津館叢書本、淩埜評校本、四部備要本「得」上有「能」字。

⑦及者：群書治要卷三十六作「之過」。

⑧楚：群書治要卷三十六無此字。

⑨此楚：群書治要卷三十六無此二字。

⑩之：群書治要卷三十六無此字。

⑪有：群書治要卷三十六作「乃」。

⑫色：群書治要卷三十六無此字。

【集釋】

〔一〕「武侯嘗謀事」三句

施子美曰：人莫不有求勝人之心。人之所以求勝人者，矜也，忌也。矜則欲誇己之長，忌則惡人之出其右。人孰無是矜忌之心？人而無矜忌之心，則無勝人之心矣。是心也不獨衆人有之，雖君乎人上者，亦有所不免。隋煬帝善屬文，不欲人出其右。薛道衡以諫死，帝曰：「更能作『空樑落燕泥』否？」王胄以罪誅，帝誦其嘉句曰：「庭草無人隨意緑。」胄復作此語耶？」文章末技耳，豈人君所宜與臣下爭能？今隋帝知其不如而幸其死，此其求勝人之心爲如何耶？隋帝亡國之君，固不責，乃若唐太宗與臣言事，引古人以折之，使之愧恐而後已。太宗且爾，況其他乎？○朱墉曰：謀事，籌度國事也。莫能及者，臣下之智慮皆不及武侯之謀也。罷，退也。喜色，自驕其能也。○朱墉引汪殿武曰：罷朝而有喜色者，在朝之臣豈無智慮過武侯者？由武侯好諛惡直，群臣罔敢與衡，甘爲退遜耳。武侯不以爲憂，反以爲喜，即此愈足以證其驕矜之念矣。○曦案：本節敘述的小故事，又見載於荀子堯問、新序雜事一，見本書附録二。吕氏春秋恃君覽第八驕恣篇的如下文字，將此故事中的吴起記爲李悝，即：「魏武侯謀事而當，攘臂疾言於庭曰：『大夫之慮莫如寡人矣！』立有間，再三言。李悝趨進曰：『昔者楚莊王謀事而當，有大功，退朝而有憂色。左右曰：「王有大功，退朝而有憂色，敢問其説？」王曰：「仲虺有言，不穀説之。曰：『諸侯之德，能自爲取師者王，能自取友者存，其所擇而莫如己者亡。』今以不穀之不肖也，群臣之謀又莫吾及也，我其亡乎？」』曰：『此霸王之所憂也，而君獨伐之，其可乎？』武侯曰：『善。』人主之患也，不在於自少，而在於自多。自多則辭受，辭受則原竭。李悝可謂能諫其君矣，壹稱而令武侯益知君人之道。」

〔二〕昔「楚莊王嘗謀事」四句

劉寅曰：楚莊王，芈姓，名旅。申公，申叔時也，蓋楚申縣尹而僭稱公者也。楚子爵而僭稱王，故其臣皆僭公，如葉公、白公之類是也。○曦案：楚莊王，春秋時楚國國君，芈姓，名熊侶。侶，一作「吕」、「旅」，又稱「荆莊王」、「嚴王」。公元前六一三到前五九一年在位。即位之初耽於淫樂，不理政事，經伍舉、蘇從屢諫，乃省悟，委伍舉、蘇從以國政，伸張王權。重用孫叔敖改革内政，興修水利，平定若敖氏之叛亂，連年出兵北伐，力圖稱霸中原，先後伐宋、陸渾之戎（在今河南嵩縣北）。周定王元年（前六〇六），陳兵於周郊，問周王九鼎之輕重，大有取周而代之之勢。先後滅庸、舒、陳諸小國，將楚國推向全盛時期。又大敗晉軍於邲（今河南滎陽東北），成爲代晉而起的中原霸主。

〔三〕「寡人聞之」三句

劉寅曰：莊王曰：「寡人嘗聞古之有言：『世不絶聖人，國不乏賢者。』」○朱墉曰：聖者，神明不測之號。賢者，才德出衆之稱。○曦案：「世不絶聖人」二句意即世上的聖人不會斷絶，國中的賢人不會缺乏。

〔四〕能得其師者王，得其友者霸

劉寅曰：得師者王，成湯之於伊尹；得友者霸，桓公之於管仲是也。楚莊此言真可爲萬世法。書曰：「能自得師者王。」謂人莫己若者亡。好問則裕，自用則小。楚莊其亦知此道歟？○王士騏曰：以聖賢爲師友，則王伯之業可成。○朱墉引劉拱辰曰：從來聖賢其道德足以爲君之師表者，决不肯屈節求售，必人主有德以感召之，又盡其禮以尊崇之，彼方動其澤民之志而翻然樂出，斯之謂能得。○又引大全曰：降君臣爲師友，其器量識見自非世主可及，爲其所得者，自不同於逢迎將順之流。

〔五〕而群臣莫及者，楚國其殆矣

趙光裕曰：群臣莫及者，是不得師友。楚國其殆矣，況王霸乎？○朱墉引李卓吾曰：吴子所引之言似爲拂君，而不知實爲愛君，即古良臣進規當不過此。

〔六〕「此楚莊王之所憂」三句

施子美曰：賢矣哉，楚莊王也！謀事而群臣莫及，是可憂也。莊王之所以憂者，謂其世不絶聖，國不乏賢也。得其師而後可以王，得其友而後可以伯。若此者，蓋其所得之材不同，故其所成之功亦異。才可以爲師，則可以王。才可以爲友，則可以伯。吕望之爲文、武師，干木之爲文侯友，此王、伯之所由分也。今以莊王之材，而群臣莫之及，則是楚國無材也，豈不殆哉？楚王之所憂，而武侯之所喜，宜吴起舉是以諫之。然嘗論之，湯之於伊尹，學焉而後臣之；桓公之於管仲，亦學焉而後臣之，則伯者之於臣，未嘗不以爲師也。此之所言，以其才之小大也，非師而後王、友而後伯也，不然，書何以言「能自得師者王」？〇朱墉曰：懼，懼國危也。

〔七〕於是武侯有慙色

黄獻臣曰：此言人主當寤寐求賢以廣益，不可有自聖自賢之想。自古興王未有不得人而可成大業者。此楚莊王所用以爲憂，而武侯何喜之也？觀吴子此言，及舟中之對，不特可將可相，且可參諫垣一位矣。〇王士騏曰：凡制國治軍，其戰守之本在乎和民，是故弓矢不調則羿不能中鵠，六馬不馭則造父不能致遠，士民不親附則湯、武不能以制勝也。是以造大事者能料民而善用之，其内修外治爲兢兢云。〇朱墉曰：慚色，聞言而愧悔也。〇又曰：言敬怠謙滿之旨。借楚莊相形，勉君以憂勤師賢，嚴切婉巽，一片拳拳忠懇溢于言外，武侯安得不動心？吴起不失爲善諫，惜武侯不能樂受也。〇朱墉引王圻曰：武侯徒有慚色，亦非樂受，宜起終不免也。〇丁洪章曰：此言武侯有自驕之萌，起能格君心之非而動其悔過之誠也。〇又曰：吴子所引之言似爲拂君，而不知寔爲愛君，即古良臣進規當不過此。所以吴子當日隨處建功，亦隨處被讒，皆因如此之故。何也？群臣莫及。豈真莫及哉？諂阿之臣託以諛君耳。聞起之言，有不忌者乎？武侯徒有慙色，亦非樂受，宜起不免。〇曦案：本篇的第八節記述了楚莊王因「群臣莫能及」而面有「憂色」的故事。楚莊王充分認識到賢才對於君主治理好國家的重要意義，指出「世不絕聖，國不乏賢，能得其師者王，能得其友者霸」，只有拜賢才爲師，得賢才爲友，才能成就其稱王稱霸的事業。吴起以這個故事啓發魏武侯不要唯我獨尊，沾沾自喜，要謙虚謹慎，廣納賢才，勵精圖治。

料敵第二

【解題】

劉寅曰：料敵者，料敵人强弱虚實之形也。上篇言圖國知己者也，此篇言料敵知彼者也。以篇内有「料敵」二字，故取以名篇。凡四章。○趙光裕曰：此篇言料度敵人之事。○朱墉曰：此章大意在籌度敵情，即孫子知彼之旨。蓋敵之强弱不知，虚實不明，或以輕待重，或以怯待勇，或以散待整，或以懈待嚴，或以亂待治，未有能取勝者也。惟知敵之所長，更知敵之所短，長者從而避之，短者從而攻之，伺隙搗虚，以我之長乘彼之短，敵無不爲我所敗者。然敵雖有可擊之機，使我無可用之卒，亦不能取勝，是在厚養勇士而爲擊敵之資。乃敵情多端，因應不一，由於方隅土俗者，此固平日之大概。而由於將不知兵者，或强變爲弱，實變爲虚，則有一時之機宜，必剖決分明，然後進退無愆，舉止不誤，不然，事會一失，當面錯過，奚能以制勝乎？而敵情之顯露，又有不能掩飾者，在我有觀察之明，則虚實自呈。吴子又發出「趨危」二字，正兵貴神速之道也。十三可擊，約舉示人，皆愚將所致。偶然遭逢，烏可視爲易得之事？故以「急擊」斷之。此章前段言料敵，後段言選士。料敵者，知彼也。選士者，知己也。然必先選士養己之勢力，然後料敵有可乘之隙而取勝也。○丁洪章曰：此篇言料度敵人虚實强弱之形，而簡擇虎賁之士，以爲三軍司命，可以出而決戰。中言見可而進、知難而退、觀外知内、察進知止，以及急擊勿疑，正是料敵切寔處也。○黎利賓曰：料，逆料也。料敵者，料算敵人之虚實强弱也。夫敵人有虚實强弱，使不能一一逆料之，豈能因應咸宜，而收戰勝攻取之效乎？故繼圖國而言料敵。○曦案：本篇題爲「料敵」，着重於研討如何分析、判斷敵情，以及立足於「料敵」的治軍用兵之術。本篇文字共分四節。

武侯謂吴起曰：「今秦脅吾西〔一〕，楚帶吾南〔二〕，趙衝吾北〔三〕，齊臨吾東〔四〕，燕絶吾後〔五〕，韓據吾前〔六〕。六國①兵四守，勢甚不便，憂此，奈何〔七〕？」起對曰：「夫安國家之道，先戒爲寶。今君已②戒，禍其遠矣〔八〕。

「臣請論六國之俗〔九〕：夫齊陳重而不堅，秦陳散而自鬭，楚陳整而不久，燕陳守而不走，三晉陳治而不用〔一〇〕。

「夫③齊性剛，其國富，君臣驕奢而簡於細民，其政寬而禄不均，一陳兩心，前重後輕，故重而不堅〔一一〕。擊此之道，必三分之，獵其左右，脅而從之，其陳可壞〔一二〕。

「秦性强④，其地險，其政嚴，其賞罰信，其人不讓，皆有鬭心，故散而自戰〔一三〕。

擊此之道，必先示之以利而引去之，士貪於得而離其將，乘乖獵散，設伏投機，其將可取〔一四〕。

「楚性弱，其地廣，其政騷，其民疲，故整而不久〔一五〕。擊此之道，襲亂其屯，先奪其氣，輕進速退，弊而勞之，勿與戰爭⑤，其軍可敗〔一六〕。

「燕性慤，其民慎⑥，好勇義，寡詐謀，故守而不走〔一七〕。擊此之道，觸而迫之，陵而遠之，馳而後之，則上疑而下懼，謹我車騎，必避之路，其將可虜〔一八〕。

「三晉者，中國也，其性和，其政平，其民疲於戰，習於兵，輕其將，薄其祿，士無死志，故治而不用〔一九〕。擊此之道，阻陳而壓之，衆來則拒之，去則追之，以倦其師。此其勢也〔二〇〕。

「然則一軍之中必有虎賁之士，力輕扛鼎，足輕戎馬，搴旗斬⑦將，必有能者〔二一〕。若此之等，選而別之，愛而貴之，是謂軍命〔二二〕。其有工用五兵，材力健疾，志在吞敵者，必加其爵列，可以決勝⑧〔二三〕。厚其父母妻子，勸賞畏罰〔二四〕。此堅陳之士，可與⑨持久。能審料此，可以擊倍〔二五〕。」武侯曰：「善⑩〔二六〕！」

【校記】

①國：直解本、正義本、二十子全書本、諸子彙函本、兵垣四編本、武備志本、開宗本、朱墉彙解本、全解本、黎利賓彙解本、四庫全書本「國」下有「之」字。

②已：黎利賓彙解本、四庫全書本作「先」。

③夫：武備志本無「夫」字。

④强：武備志本作「剛」。

⑤戰爭：講義本、直解本、正義本、二十子全書本、諸子彙函本、兵垣四編本、武備志本、開宗本、朱墉彙解本、全解本、黎利賓彙解本、四庫全書本、平津館叢書本、淩堃評校本、四部備要本作「爭戰」。

⑥慎：講義本作「謹」。

⑦斬：講義本、直解本、二十子全書本、平津館叢書本、淩堃評校本、四部備要本作「取」。

⑧勝：正義本作「戰」。

⑨與：朱墉彙解本、黎利賓彙解本、四庫全書本作「以」。

⑩善：講義本「善」下有「哉」字。

【集釋】

〔一〕今秦脅吾西

劉寅曰：今秦脅吾國之西。秦，嬴姓，伯益之後。有非子者，善養馬，周孝王封爲附庸，而邑之秦。至襄公能逐犬戎，平王始與周西都畿内八百里之地，都咸陽。秦大國，而居其西，故曰脅，謂迫脅於西秦之國，勢之逼也。○朱墉曰：脅，迫脇也，猶言威勢之，逼也。○又曰：秦自襄公救周，列爲諸侯，修其車馬，繆公始作三軍。殽之戰，三師三百乘，遂霸西戎，置陷陣。哀公救楚，車五百乘。獻公爲户籍，相伍。及孝公用商鞅，初爲轅田，遂破井田，開阡陌，大率半爲農，半習戰，民年二十以上傳之，而始有吏卒、正卒、戍卒之名。昭王有鋭士虎賁八百萬。長平之役，年十五悉發之，非商鞅之舊矣。○又曰：此一節言六國雖有環魏形勢，而兵陣皆有可乘襲之處，惟在人君之先戒。

〔二〕楚帶吾南

劉寅曰：楚帶吾國之南。楚，芈姓，熊繹之後，都於郢，在魏之南，如衣帶之相連接也。○朱墉曰：楚自武王伐隨而爲三軍，成王城濮之敗左右師，中軍猶武之舊。又有東宫之甲，若敖之六卒，申息之子弟。然莊王自克庸以來，無日不訓國人、討軍實。逮邲之役，軍制備矣，於是楚莊得列爲五霸。公子嬰齊爲簡之師，祖甲被練，皆創名之。後蔿掩賦車籍馬，以漸及靈、平之世，乃有五師，又製爲舟師矣。○曦案：帶，環繞，毗連。戰國策楚策一：「秦地半天下，兵敵四國，被山帶河，四塞以爲固。」

〔三〕趙衝吾北

劉寅曰：趙衝吾國之北。趙籍本晉大夫，與韓、魏共分晉地，爲諸侯，都邯鄲，與魏最近，故曰衝，言爲魏之衝要也。○曦案：意即趙國正對着我國的北部。衝，向着，對着。山海經海外北經：「臺西方，隅有一蛇，虎色，首衝南方。」

〔四〕齊臨吾東

劉寅曰：齊臨吾國之東。齊本姓姜，太公之後，後爲田氏所篡，都臨淄。齊爲大國，故曰臨，言勢之大，如居上而臨下也。○王士騏曰：齊大魏小，若相臨然。○朱墉曰：愚考齊桓公相管仲，作内政，寄軍令，軌里連鄉之法，具載管子書。大略仿周制，變從輕便，故爲五霸首。

〔五〕燕絶吾後

劉寅曰：燕絶吾國之後。燕，姬姓，召公之裔，都於薊。絶吾後者，謂斷絶其後，退無所往也。○朱墉曰：燕東有朝鮮、遼東，北有林胡、樓煩，西有雲中、九原，南有呼沱、易水。至戰國時，以耕戰自守，安樂無事，未嘗被兵。自蘇秦入燕，始以縱横之事説之。自是兵交中國，無復寧歲矣。

〔六〕韓據吾前

劉寅曰：韓據吾國之前。韓亦晉大夫，韓虔之後，都宜陽。據於前者，謂據抗於前，進無所之也。○朱墉曰：韓北有鞏、洛、成皋之固，西有宜陽、常阪之塞，東有宛、穰、洧水，南有涇山，地方千里，帶甲數十萬。天下之强弓、勁弩皆自韓出。

〔七〕「六國兵四守」四句

施子美曰：魏大梁之墟，故晉之都也。秦居其西，楚居其南，燕、趙在其北，齊居其東，而韓據其前，此古戰場之地也。惠王嘗曰：「及寡人之身，東敗於齊，西喪地於秦，南辱於楚。」是魏之見陵於六國也爲有日矣。今以武侯庸僻之材而當六國之沖，得無憂乎？是固可憂也。○劉寅曰：六國之兵四面與吾相守，其勢甚有不便者，憂此，將爲之奈何？魏都安邑，至惠王，遷都大梁。宜陽，即弘農也。韓故都亦曰宜陽，城在洛州福昌縣東。○趙光裕曰：四守，四面相守。○朱墉引大全曰：魏之形勢在天下之中，左右前後皆屬鄰封，四面受敵，日無寧息，不可不預爲防備。武侯之意實以發奮圖霸以爲雄於天下，正見其憂深慮遠，與他人苟安目前者迥異。○丁洪章曰：魏都大梁，四鄰皆强國，觀釁乘隙者殆無虛日，其勢甚不便利，每憂之於心，未知何策可以自强。四守，言四處皆要防守也。以一魏之兵而爲六國之備防，單弱之勢在所不免。即此一問，可見武侯憂深慮遠，與他主苟安目前者迴異。

〔八〕「夫安國家之道」四句

施子美曰：而有不足憂者，以知所戒也。何者？有備則無患。居山者慮虎豹之爲患，則必謹陷穽以爲戒。居市者慮穿窬之爲患，則必修垣牆以爲戒。苟知所戒，禍不及之。在易之萃曰：「君子除戎器以戒不虞。」而范文子之告楚子亦曰：「君其戒之。」是知戒之所以爲寶也。燕惟不虞制，故亡。魯惟不備邾，故北。今武侯既知所戒，六國雖强，吾何畏彼哉？○劉寅曰：夫安定國家之道，先戒謹而預防之，爲國之寶也。今君以能戒謹預防，禍患其遠矣。○黄獻臣曰：憂在六國，已有戒懼之心。○朱墉引尤尺威曰：先戒當就君心言。戒者，心中儆惕，不敢自安之意。禍患至而始戒，雖戒無益也。惟人君先存此心，綢繆於未雨，則安國家之道不外是，豈不爲寶？○又引趙克榮曰：聖智之心，如臨深履薄，故於國家之事思患預防，無一不周，則動静俱獲安全，非國家之寶而何？○又引周魯觀曰：能常存戒懼之心，則所以謹設戰守，預備提防，自無不嚴密强大，無隙可乘矣。○丁洪章曰：此題「先戒」二字當就君心言，乃心中警戒，有未安而必求安、已安而不敢自以爲安之意。人君先存心若此，則安國家之道不外是，豈不爲寶乎？一説國家之安，不安於佚豫而安於憂虞，此從古帝王第一着功夫，故下個「先」字。見凡事皆處其後，獨此爲喫緊耳。若以珍禽玩好爲寶，珠玉狗馬爲寶，則求安而反得危矣。

〔九〕臣請論六國之俗

施子美曰：廣谷大川異制，民生其間異俗。因其俗而以求其性，則其臨陣搏戰之機，皆可得而預言之矣。齊，東國也；楚，南邦；燕爲幽、薊之都；秦乃山西之地，而韓、趙又晉之遺壤也。彼其所處之地、所習之性有不同，則及其用之，亦必各從其性之所欲。故或重而不堅，或散而自鬬，或整而不久，或守而不走，或治而不用，皆其俗之所習也，烏得同？〇趙光裕曰：先論六國之俗之異，以爲待之之策。〇朱墉引李碧蘿曰：昔日蘇秦揣摩成，不過將七國山川形勢土俗人情了然於心。吴起亦能一一指陳，宜其稱爲名將。惜乎吴子既知先戒，只以六國之俗言之，其于安國家之道，究未得其本原也。〇又引鄧伯瑩曰：起先論六國之俗，正謂知其風俗而致其戒懼度量，則治之道在是，待之道在是，擊之道亦在是，此起深於審料禦敵之法。〇曦案：俗，風俗，這裏指的是各國的軍情特點。

〔一〇〕「夫齊陳重而不堅」五句

劉寅曰：夫齊國之陳重而不甚堅者，以其後輕也。秦國之陳人心散而欲自爲戰者，以其不讓也。楚國之陳齊整而不能久者，以其數戰而民力疲也。燕國之陳能守而不能走者，以其性慤而心慎也。三晉之陳整治而不能用者，以其無死志也。三晉兼韓、趙而言，與魏共爲三晉也。〇趙光裕曰：槩論六國之俗如此，下詳言之。〇王士騏曰：五句槩論六國之俗如此。○黄獻臣曰：此槩論六國之俗，預以爲待之之策。○又曰：此言欲樹國家藩垣者，在君心之戒懼，不在四塞之險阻。況諸國風氣不齊者，皆有可乘之機。籌策既預，四守何虞？是故謝宗澤與客對弈，知劉衍之在外。寇萊公博飲歡呼，而真宗恃以無憂。在我誠有可寶之資，而又何憂？勢之不便哉！○歸有光引汪仲淹曰：起析六國之陣如指掌。○曦案：此五句揭示了齊、秦、楚、燕、韓、趙等國軍隊的特點，意謂齊國軍陣龐大卻不堅固，秦國軍陣分散而各自爲戰，楚國軍隊陣勢秩序良好卻不耐久戰，燕國軍隊的陣勢利於防守卻不善機動，韓、趙軍隊的陣勢看起來治理得好卻並不實用。三晉，原指韓、趙、魏三國，公元前四五三年晉國一分爲三而成，此處專指韓、趙兩國。

〔一二〕「夫齊性剛」七句

曾公亮等曰：齊威王新立，不理國政，委于卿大夫，故言驕奢而禄不均。簡者，輕易。細人，皂隸、牧圉之人也。上驕下怨，故曰二心（武經總要卷九制度九土俗）。○施子美曰：齊，山東之國，其人多才强，故其性剛。地之所産，魚鹽爲多，故其國富。詩人刺其荒淫怠慢，故其君臣驕奢。孟子言其恩足以及禽獸，而功不加於百姓，故簡於細民。政之所寬者，以其通工商之業，便魚鹽之利，而有太公之風，故其政寬。禄之所以不均者，以其田氏封邑大於平公，故不平。以其所媟近之人，驅之虐用之士，故一陣兩心，前重後輕，雖重而不堅。

〇劉寅曰：夫齊人心性剛忿，如云「吾姑剪此而朝食」，是其性之剛也。其國富饒，以其通工商之業，便魚鹽之利也。君臣驕傲奢侈而簡慢於細民。其政令寬緩而俸禄不均平。一陣而兩其心，言其心之不一也。前軍重而後軍輕，言其力之不齊也。心不一，力不齊，故雖重，而不堅固也。〇茅元儀曰：簡於細民，不恤小民。〇又曰：前重後輕，前陣强衆，後陣寡弱。〇朱墉曰：剛，俗性剛烈也。國富者，以其通工商之業、便魚鹽之利也。簡，忽慢也。細民，小民也。不均，俸禄厚薄不均平也。兩心，心不一也。前重後輕，力不齊也。〇曦案：此七句從齊國的民風、經濟、政治等角度入手，揭示齊國軍隊何以會形成軍陣龐大卻不堅固的特點。前重後輕，意即前鋒部隊實力强大，作戰能力强，後續部隊實力弱小，作戰能力差。前，指前鋒部隊。後，指後續部隊。重而不堅，意即軍陣雖然龐大卻並不堅固。

〔二〕「擊此之道，必三分之」五句

曾公亮等曰：卒不敢偷其生，故其陣自壞也（武經總要卷九制度九土俗）。〇施子美曰：若欲擊之，則何以哉？於此有術焉。三分其兵，獵其左右，脅而從之，則其陣必壞。昔晉侯伐齊，使司馬斥山澤之險，雖所不至，必旆而疏陳之，使乘車者左實右僞，以旆先，輿曳柴而從之。齊侯見其衆，乃脱走。此正擊齊之道也。〇劉寅曰：擊此之道，必三分吾軍，獵齊人之左右，以勢脅而從之，其陣可得而壞矣。〇歸有光引解大紳曰：此言齊之陣可壞。

○趙光裕曰：此詳齊陣重而不堅，可以夾擊也。○王士騏曰：此詳言齊陣可以夾擊也。○黃獻臣曰：三分吾軍，以一當其前，以二出其左右夾擊。獵者，從旁逐獸之名。○又曰：此詳齊陣重而不堅，惟一陣兩心，故可三分而夾擊之也。○朱墉曰：三分者，三分吾軍，以一當其前，以二出其左右兩脅也。壞，破壞也。○曦案：此五句給出了打敗齊國軍陣的作戰策略，意謂攻擊這種軍陣，一定要兵分三路，襲擊其左右兩翼，以主力正面進攻形成威勢，追擊敵人，這樣敵陣就可以擊垮。獵，打獵，這裏是襲擊、攻擊的意思。新唐書楊恭仁傳：「突厥頡利率衆數萬獵其境，恭仁應機設拒。」脅，威脅，這裏指用主力部隊正面攻敵以形成威勢。

〔一三〕「秦性强」七句

曾公亮等曰：秦左崤、函，右汧、隴，終南、太白在前，朔方郡固其後。秦孝公用商鞅彊國之術，人皆勇於公戰，怯於私鬭也（武經總要卷九制度九土俗）。○施子美曰：秦尚勇力，故其性强。殽、函之地，形勢百二，故其地險。商君執政，慘酷是尚，故其政嚴。太子之傅可誅則誅，徙木之人可賞則賞，故其賞罰信。秦人之法，所得於敵者，還以予之，故其人不遜，而皆有鬭心。此其陣所以散而自戰也。○劉寅曰：秦人性强，如所謂「悍然有招八州而朝同列之氣」是也。左殽、函，右隴、蜀，地豈不險乎？步過六尺者有罰，政豈不嚴乎？立信於徙木，立法於棄灰，賞罰豈不信乎？其人不相遜讓，皆有爭鬭之心，故陳散而各欲自爲戰也。○朱墉曰：秦地險者，左崤、函，右隴、蜀也。嚴者，步過六尺者有罰也。信者，徙木必賞，棄灰必誅也。○曦案：此七句從秦國的民風、地理、政治等角度，揭示秦國軍隊何以會形成軍陣分散而各自爲戰的特點。不讓，不謙讓，這裏是好狠鬭勇的意思。

〔一四〕「擊此之道，必先示之以利而引去之」六句

施子美曰：若欲擊之，亦必有術焉。誘之以利，使士貪於得而離其將，然後乘乖獵散，設伏投機，故其將可取。高祖入嶢關，使酈食其持重寶啗秦將，秦將果叛連和。張良又勸帝因懈擊之，果大破秦軍。此擊秦之道也。○劉寅曰：擊此之道，必先示以小利而引去之。士既貪於所得而離其將帥，我則乘其乖錯，獵其散亂，設伏以待之，發機以勝之，其將可得而取之。○趙光裕曰：此詳秦陣散而自戰，可誘而擊之也。○歸有光引解大紳曰：此言秦之將可取。○王士騏曰：此言秦陣可誘而擊之也。○黄獻臣曰：此詳秦陣散而自鬭，惟其人不讓，故可利誘而擊之也。○朱墉曰：示之以利者，以小利誘之也。引去者，令其士卒引去也。乖，乖離也。乘，相機以乘之也。散，散亂也。設伏者，伏兵以待之也。○曦案：此五句給出了打敗秦國軍陣的作戰策略，意謂攻擊秦國軍陣，一定要讓敵人看到小利，引誘其出擊，士卒貪圖利益，脱離將領的指揮，我軍可趁敵人乖離分散之際出兵進攻，

設置埋伏，找準戰機，敵將自可擒獲。獵散，趁敵散亂實施襲擊。

〔一五〕「楚性弱」五句

曾公亮等曰：江淮之間，地薄水淺，人性怯懦。楚悼王急於政令，故躁。疲者，整而不能久也（武經總要卷九制度九土俗）。○施子美曰：楚，故荆州之地。夷德易衰，其俗剽輕，故其性弱。東連吴、越，南有黔中，故其地廣。傳稱「不恤其民而勞之，吴不動而速之」，故其政騷。或一歲而七奔命，或一動而楚三來，故其民疲。以煩擾之令而役疲勞之民，故整而不久。○劉寅曰：楚人性弱，以南方風氣柔弱故也。其地廣，其政騷擾，其民疲困，故陳雖整治，而不能持久也。○朱墉曰：騷，煩擾也。○曦案：此七句從秦國的民風、地理、政治等角度，揭示楚國軍隊何以會形成軍陣雖然看起來秩序良好卻不耐久戰的特點。騷，動亂，擾亂，這裏指政令煩亂。

〔一六〕「擊此之道，襲亂其屯」七句

曾公亮等曰：驚其屯聚，出其不意，以動其氣。既動，則勿與戰。楚人輕薄，不能持久，自敗亂也（武經總要卷九制度九土俗）。○施子美曰：若欲擊之，亦必有道焉。襲亂其屯，先奪其氣，輕進速退，弊而勞之，又勿與爭戰，則其軍可敗矣。城濮之役，晉師先犯陳、蔡，陳、蔡奔，右師潰。狐毛設二旆而退，欒枝使輿曳柴而遁，楚師馳之，原軫、郤溱以中軍公族横擊之，狐毛以上軍夾攻之，楚左師潰。此擊楚之道也。○劉寅曰：擊此之道，襲亂其兵屯，先奪其三軍之氣，使吾即輕進而速退，困弊而勞苦之，勿與彼爭戰。○趙光裕曰：此詳楚陣整而不久，可弊而勞之也。○王士騏曰：楚陣可以弊而勞之。○黄獻臣曰：騷，擾也。襲亂其屯，襲而擊之，使屯守擾亂也。輕進速退，倏進倏退也。弊而勞之，困之使弊，誤之使勞。○又曰：此詳楚陣整而不久。惟其性弱民疲，故可先奪其氣，使之勞而弊之。即吴爲三軍迭出而疲楚之意。○曦案：此七句給出了打敗楚國軍陣的作戰策略，意謂攻擊這種軍陣，要襲擾其軍營與倉庫，首先挫傷敵人的鋭氣，突然進攻，快速撤退，使其疲敝勞碌，不要與它正面決戰爭奪，這樣敵陣就可以擊敗。

〔一七〕「燕性慤」五句

曾公亮等曰：土厚水深，故性端慤。地近蕃戎，俗習其射，好勇好鬬，而無機變（武經總要卷九制度九土俗）。○施子美曰：燕之民剛狠小慮，故其性慤。近夷之俗，其人悖固，故其民謹。奇士居多，故好勇義。巧不足而諒有餘，故寡詐謀。觸而迫之，以使之懼。陵而遠之，以致其來。夫如是，故守而不走。○劉寅曰：燕人之性慤實，其民謹慎，好愛勇義，以荆軻事觀之可見。寡少詐謀，以騎劫事觀之可見。故陣守而不走也。○王士騏曰：民俗謹慎，好勇尚義。○朱墉曰：慤，實也，謹慎也。寡詐謀，不尚詐謀也。○曦案：此五句主要從燕國民風的角度入手，揭示燕國軍隊何以會形成陣勢雖然看起來秩序良好卻不耐久戰的特點。愨，樸實，質樸。淮南子主術訓：「其民樸重端愨。」高誘注：「愨，誠也。」

〔一八〕「擊此之道，觸而迫之」八句

曾公亮等曰：迫之使勇，及怒遠之，令疑惑。性樸不可怒，怒則必死，可出奇取之（武經總要卷九制度九土俗）。○施子美曰：若欲擊之，則何以哉？亦必有道焉。馳而役之，使不得與我戰，則必且疑而懼。又且謹我之車騎，必避之道，則其將可虜。北戎侵鄭，鄭伯禦之，公子突曰：「使勇而無剛者，嘗寇而速去之。軍爲三覆，以待之。戎輕而不整，貪而無親，先者見獲，必務進。進而遇覆，必速奔。後者無救，則難繼矣。乃可以逞。」戎人之前遇覆者奔，祝聃逐之，前後盡殪。此擊燕之道也。○劉寅曰：擊此之道，或觸而迫之，如春秋傳所謂「左右角之」是也；或陵而遠之，如所謂「今賤而勇者嘗之，務於北，無務於得」是也；或馳而後之，謂掩之於後也。如此，則在上者疑惑，在下者恐懼，又當謹我車騎，必避之路，其將可得而虜矣。○趙光裕曰：此詳燕陣守而不走，可疑而懼之也。○歸有光引解大紳曰：此言燕之將可虜。○茅元儀曰：觸而迫之，左右角之也。陵而遠之，相陵稍遠也。馳而後之，掩之於後也。○又曰：必避之路，勿輕與戰，避其所由之路。○王士騏曰：燕陣可以疑而懼之。○黄獻臣曰：觸而迫之，相角而逼近。陵而遠之，相陵而稍遠。

馳而後之，馳驟而出乎其後。必避之路，勿使之知。○又曰：此詳燕陣守而不走，惟其性慤寡謀，故可若近若遠，使之疑而懼之。觀荆軻事可知燕民之好勇義，觀騎劫事可知燕民之寡詐謀。○朱墉曰：疑，惑也。懼，恐也。謹，伏也。必避之路，敵人所不當由之路也，勿使之知也。可虜者，勇而無謀，又懷疑懼，故可生虜也。○曦案：此七句給出了打敗燕國軍陣的作戰策略，意謂攻擊這種軍陣，要密切接近，使敵人産生强大壓力，予以欺侮而後迅速遠離，俟其退走便自後追逐，這樣敵人的將領就會疑惑，士卒就會驚懼，我們的戰車騎兵埋伏在敵人的必退之路，敵將就可被俘虜。

〔一九〕「三晉者，中國也」十句

曾公亮等曰：有成康之遺風，故其性和平也。軍募不息，則民輕其將。勝敗無勞，則士薄其禄。不畏威，不貪利，則士無死志。故初理而後不堪用也（武經總要卷九制度九土俗）。○施子美曰：三晉者，韓、趙、魏也。魏斯、韓虔、趙藉三分晉國而君之，故謂之三晉。其地乃潤瀍之間，天地所合，風雨所會，故其性和。聖賢之所教，仁義之所施，故其政平。介於大國之間，處於四戰之地，故其民疲於戰，習於兵。李牧之吏，皆以爲吾將怯，故輕其將。中原之士，衣褐不全，糟糠不厭，故其禄薄。不恤其民而强用之，孰視其上而不之救，故士無死志。其陣雖治而不用。○劉寅曰：三晉地居中國，其人性協和，其國政均平，其民疲困於戰鬬，士習於兵而輕其將，觀荀林父、荀偃之事可知。薄其禄，以君之禄爲薄，無致死之志，故陣治而不爲用也。韓、趙，皆晉地，其事同，故總之三晉言之。○歸有光引解大紳曰：此言三晉之師可倦。○王士騏曰：此乃必爭之地，故民疲困於戰鬬而習熟於兵事也。○黄獻臣曰：薄其禄，以禄爲薄。不用，不爲用也。阻陣而壓之，阻壓其前往之勢。○又曰：此詳三晉陣治而不用。惟其民疲於戰而無死志，故可拒其來，追其去，以倦其師。吴子但言制韓、趙二國之勢，而不言虜將敗軍之形，蓋以三晉如輔車脣齒相依，豈可自相攻擊，而引他人之勝己也？亦其立言之有斟酌處。輕其將，觀荀林父、荀偃事可見。○朱墉曰：和，温和也。輕者，玩視其主將也。薄者，以俸禄爲薄也。無死志者，無死鬬之志也。不用者，不爲上用也。阻陣者，阻壓其前往之勢，使之不得逞也。此其勢，此待韓、趙之勢也。以上言待各國之陣，以下又審料己陣也。○又曰：晉自曲沃並翼，周僖王以一軍命武公爲晉侯。獻公作二軍，惠公作州兵，文公作三軍，其後復作三行以禦狄，蓋避天子六軍，名清原之蒐，罷三行，爲上下新軍，凡五軍。鞍之戰，蓋車八百乘，始作六軍。厲公鄢陵之戰，罷新上軍。悼公初尚四軍，三分之以伐楚，其後新軍無帥，公使吏率其卒乘官屬以從下軍，遂舍之。其後平公治兵邾南田，車四千乘，專尚威力，軍政移於六卿。後韓、趙、魏三大夫共分晉地，故名三晉。趙武靈王因河薄習水戰，因邊地習騎射。○曦案：此十句從韓、趙的民風、政治等角度，揭示兩國軍隊何以會形成軍陣看起來治理得好卻並不實用的特點。

〔二〇〕「擊此之道，阻陳而壓之」六句

施子美曰：若欲擊之，則何以哉？亦必有道也。阻陣而壓之，所以陵之也。來則拒而去則追，所以倦其師也。秦之禦趙軍也，秦軍佯敗而走，張二奇兵以劫之，趙軍遂勝，返造秦壁，秦壁堅拒不得入。而秦奇兵絶趙糧道，一軍絶趙壁。趙括出鋭搏戰，秦軍射殺之。此擊趙之道也。凡此五者，皆所以制六國之勢也。蓋必有以知敵人之勢，乃可以施制敵之術。既得其勢，其於制敵也，又何難焉？○劉寅曰：擊此之道，阻其陣而壓之，衆來則絶而拒之，兵去則追而襲之，以勞倦其師，此擊韓、趙二國之勢也。夫韓、趙、魏三國，如輔車脣齒之相依也，豈可自相攻擊而引之倦哉？此吴子但略言其勢，不言其虜將敗軍之形也。○趙光裕曰：此詳三晉之陣治而不用，惟來則拒，去則追，以倦其師。此擊三晉之勢也。○王士騏曰：敵人來則拒守，去則追逐，勿與戰爭，彼師自倦。○朱墉引臧雲卿曰：齊陣惟一陣兩心，故可三分而擊之。秦陣惟其不人讓，故可利誘而擊之。楚陣惟其性弱民疲，故可先奪其氣，使之勞而弊之，即吴爲三軍，迭出而疲楚之意。燕性惟其誠慤寡謀，故可若近若遠，使之疑而懼之。觀荊軻事，可知燕民之好義勇。觀騎劫事，可知燕民之寡詐謀。三晉惟其民疲於戰而無死志，故可拒其來，追其去，以倦其師。吴子但言制韓、趙之勢，而不言斬將敗軍之形。蓋以三晉如輔車脣齒相依，豈可自相攻擊而引他人之勝己也？亦其立言有斟酌處。○丁洪章曰：阻陣而壓之：陣勢前往莫禦，我必阻壓之，使之不得前進，故曰阻陣而壓之。衆來則拒之：彼衆既來，當思圖勝，乃不言禦之制之，而止曰拒之，其意正與上句同。去追以倦之：既去而止，追以倦之，不過制其勢耳，豈與他國相同而必擊以勝之哉？○又曰：此釋六國之俗並擊六國陣法之道，而吴子可謂工於料敵、善於用兵者也。○曦案：此六句給出了打敗韓、趙兩國軍陣的作戰策略，意謂攻擊這種軍陣，要用堅强的陣勢迫近它，敵衆前來進攻就迎頭阻擊它，一旦撤退就追擊它，使敵軍疲憊不堪。

〔三〕「然則一軍之中必有虎賁之士」五句

施子美曰：世未嘗無傑特之材，患不見知耳。不有蕭何，則韓淮陰終於都尉。不求自效，則皇甫規老於功曹。士不患無材，患不見知耳。是以一軍之中，必有虎賁之士。虎賁者，取其猛毅也，書所謂「虎賁三百人」是也。力輕扛鼎，則其力爲足取者也，傳所謂「扛鴻鼎」是也。足輕戎馬，則以其捷速也，韜所謂「輕足善走」者也。搴旗取將，則以其能破軍殺將也，韜所謂「絶滅旌旗」者是也。若此之類，必有能者。○劉寅曰：然則一軍萬人之中，必有虎賁之士。其力輕於扛鼎，言力之多不以鼎爲重也。其足輕於戎馬，言足之疾過於馬也。搴旗取將，必有能者。○歸有光引汪仲淹曰：上明悉六國之陣勢，此泛言陣中之士，以起下料敵之説。○朱墉曰：虎賁，有力如虎者也。力輕扛鼎，以扛鼎爲輕也。足輕，足之便疾以戎馬爲後也。搴旗，能奪敵之旗也。○朱墉引許洞曰：勇士無地不有，即一軍之中亦必有之。○又引周魯觀曰：虎賁之士，有材智勇力可以制敵者也。重爲將者能選別貴愛上。○丁洪章曰：天下未有師不雄、將不猛而能懾服四鄰制禦大國者，此虎賁之士，在所尤重。蓋虎賁之士，乃有材智勇力可以制敵者也。故上既詳言六國之俗與擊敵之道，而此遂致意於虎賁之士。然細玩題意，不徒重必有虎賁，而重在爲將者能選別貴愛上，不然，則英雄溷于籌伍之中，豈能自顯其爲英雄哉？

〔三〕「若此之等」四句

施子美曰：要在乎選別而愛貴之。蓋將以牽衆，則人之有能者必致其辨。將以勵衆，則人之有能者必致其厚。選而別之，所以致其下而以牽衆也。愛而貴之，所以致其厚而以勵衆也。若是之人，謂之何哉？軍之死生繫焉。其在張昭兵法有曰：「將者，一軍之司命。」知將爲軍之司命，則此之所謂軍命者，亦其豪傑之士，可擢以爲將者也。薛仁貴恃驕悍，欲立奇功，白衣自顯，持戟鞬弓，馳呼而前，太宗見而嗟異之，立賜金帛，且曰：「朕不喜得遼東，喜得虓將。」豈非選而別之，愛而貴之乎？○劉寅曰：若此之人，簡選而類別之，親愛而貴重之，是謂三軍之司命。○趙光裕曰：言于有力有能者，簡選而别用之，親愛而貴顯之，則自可爲三軍之司命矣。○朱墉曰：别，異也。貴，尊顯也。軍命，三軍之司命也。○朱墉引張泰岳曰：非常之人，雖不多見，亦非絶無。混於稠人之内，非選而别之，英雄豈能自顯其英雄哉？○又引汪升之曰：練習吾兵，以豫爲防備，斯爲先戒之寶，否則，士不選練，四鄰見我虚弱，轉示人以乘襲之機矣。○又引蘇子瞻曰：天子必有所私之將，將軍必有所私之士，視其勇者而陰厚之，則緩急可望其爲倡。凡肯爲倡者，必其上之所異也。○又引眉山蘇氏曰：軍命者，三軍之士屬目於一夫之先登，則勃然者相繼矣，豈非軍命之所賴乎？○丁洪章曰：一軍之中豈能人人皆勇？爲將者亦不能無私用之人。故技其能者，選而别之，愛而貴之，以爲三軍之先鋒。是三軍之命莫不倚重於虎賁之人矣。豈非軍命之所賴乎？

〔三〕「其有工用五兵」五句

施子美曰：其有工用五兵、材力健疾、志在吞敵者，是亦敢爲之士也。五兵，弓矢、戈、矛、殳、戟也。工用五兵，則其用五兵者也。○劉寅曰：其善用五兵，材技勇力輕健剽疾，志在屯滅敵人，必加其爵禄之等列。用之而進，可以決勝。五兵，謂戈、盾、戟、夷矛、酋矛也。戈，平頭戟也。盾，干也。戟，小枝向上者也。夷矛，長二丈四尺，酋矛長二丈，皆鉤也。或改「列」爲「則」。然則尉繚書中爵列之等，又何改乎？○趙光裕曰：于工用戈、盾、戟、夷矛、酋矛之五兵者，材力之健疾者，志在吞噬敵人者，加其爵位之等列，則可以決其勝矣。○朱墉曰：材力健疾，材技勇力輕健剽疾也。加其爵列，使之榮寵也。

〔二四〕厚其父母妻子，勸賞畏罰

施子美曰：如此之人，亦必加其爵列，厚其父母妻子。既勸以賞以勉其心，又威以罰以懲其心。○劉寅曰：厚待其父母妻子，勸之以重賞，畏之以重罰。○王士騏曰：使無内顧之憂。○朱墉曰：厚其父母妻子，使無内顧也。○又引尤尺威曰：遴才之念人皆有之，至於厚其父母妻子，世竟寥寥。大約欲得人死力，必厚恤其家，方無内顧。恩之所及者益奮，即恩之所不及者，亦競勸矣。此楊素悉分賞於戰士，祭遵遺慰行役之家，能以寡擊衆歟？

〔二五〕「此堅陳之士」四句

施子美曰：若是，則人皆可用。以攻則必取，故可以決勝。以守則必固，故可與持久。人君誠能審察此人而用之，是雖一可以擊倍。安得武侯不稱善其言？○劉寅曰：此二等皆堅陣之人，可與之持久。爲將者能審料此，可以擊人之倍。○趙光裕曰：于其家而厚恤之，以賞罰而勸畏之，則此堅固行陣之士可與持久矣。審料此等人而用之，可以我之一擊敵之倍矣。○朱墉曰：持久，臨陣相持，久而不靡也。審料者，審察料取此人而用之也。

擊倍者，以吾之一而擊敵人之倍也。○朱墉引彭孫熙曰：吴子既言六國之兵陣不難於擊矣，四守之勢不足爲憂矣，而兹乃言用虎賁以司軍命，用材力以決勝，厚父母，可持久，以見擊强之道，原非可以無人徒。往者必須將勇兵强，人心樂附，方可以言先戒，方可以言安國家。○又引徐象卿曰：堅陣之士可與持久，蓋厚其家屬，收攬其心，誓報以死，上下結成一片，雖蹈危亡之地，陣自堅固，如撼山易，撼岳家軍難也。○丁洪章曰：堅陣可與持久，言虎賁之士與多技能之人，我能待以異等，厚其家屬，如此，則精神感召，志氣聯束，雖身陷危地，其陣自堅固，而心無睽違也。可以持久，不待言矣。料此可以擊倍，「此」字承一節説。料之必能用之，用之必能勝之，雖以我之一擊人之倍，無有不克者也，故曰可以擊倍。

〔二六〕武侯曰：「善」

劉寅曰：此章前段言料敵，後段言選士。料敵者，知彼也；選士者，知己也。然必先選士，養己之勢力，然後料敵，有可乘之隙而取勝也。○黄獻臣曰：此章前言料敵，後言選士。此言形勝在握，則當選士，以爲三軍司命，榮其身，厚其家，而後可以得其死力，而後可以無敵。如楊素凡從征者，微功必録，所籍財物，盡分戰士。祭遵凡上所賜，輒與士卒，歲時賞物，遺慰行役之家。此士所以樂爲之用歟？○朱墉引談敷公曰：此一節結言料敵勝人之道，在於選士而待之以優等。○曦案：本篇的第一節首先提出了「夫安國之道，先戒爲寶」的思想，指出只有加强對敵戒備，才能在危機四伏的國際鬭爭中保證自己國家的安全；繼而針對魏武侯的詢問，吴起較爲細緻地分析了齊、秦、楚、燕、韓、趙等國的國情，内容包括民情、國力、君臣關係、軍隊素質等，並分别給出了打敗這些國家應採取的具體戰術。对於魏國的軍隊建設，吴起特别强調了人才的重要。對於那些具有戰鬭能力的「虎賁之士」、「堅陣之士」，君主要「選而别之，愛而貴之」。這些人是「軍命」，能決定一支軍隊的命運，因此要「加其爵列」，「厚其父母妻子」，以此激勵他們報效國家，貢獻才智。

吴子曰：「凡料敵，有不卜而與之戰者八〔一〕：一曰疾風大寒，早興寤遷，刊木①濟水，不憚艱難〔二〕；二曰盛夏炎熱，晏興無間，行驅飢渴，務於②取遠〔三〕；三曰師既淹久，糧食無有，百姓怨怒，祅祥數起，上不能止〔四〕；四曰軍資既竭，薪芻既寡，天多陰雨，欲掠無所〔五〕；五曰徒衆不多，水地不利，人馬疾疫，四鄰不至〔六〕；六曰道遠日暮，士衆勞懼，倦而未食，解甲而息〔七〕；七曰將薄吏輕，士卒不固，三軍數驚，師徒無助〔八〕；八曰陳而未定，舍而未畢，行阪涉險，半隱半出〔九〕。諸如此者，擊之勿疑〔一〇〕。

「有不占而避之者六〔一一〕：一曰土地廣大，人民富衆〔一二〕；二曰上愛其下，惠施流布〔一三〕；三曰賞信刑察，發必得時〔一四〕；四曰陳功居列，任賢使能〔一五〕；五曰師徒之衆，兵甲之精〔一六〕；六曰四鄰之助，大國之援〔一七〕。凡此不如敵人，避之勿疑，所謂見可而進、知難而退也〔一八〕。」

【校記】

①刊木：講義本、直解本、正義本、二十子全書本、諸子彙函本、兵垣四編本、武備志本、開宗本、朱墉彙解本、全解本、黎利賓彙解本、四庫全書本、平津館叢書本、淩堃評校本、四部備要本作「剖冰」。

②於：武備志本作「以」。

【集釋】

〔一〕凡料敵，有不卜而與之戰者八

施子美曰：用兵之道，料敵爲先。何者？知吾卒之可以擊，而不知敵之不可擊者，勝之半也，故必料敵而後與戰。料之既審，則決勝在己，何必求之於神？故雖不卜而可以與戰。自「疾風大寒」至於「陣而未定」，此八者，皆敵有可克之理，雖戰可也。○歸有光引熊悦之曰：此敘料敵有八，八者不差，則戰無不勝矣。○朱墉曰：卜，占卜也，卜以決疑。因敵人之情形未周知而卜也。若敵人必敗之道明明白白，爲我周知不疑，何卜也？言不待時，不用謀也。○朱墉引胡君常曰：八者必敗之道，敵有一于此，當無煩審問，而以兵擊之，未有不勝者。豈可以戰爲危事，而必俟卜而後決哉？○又引鄧伯瑩曰：不卜與戰，重「不卜」二字。凡人臨陣，勝負未分，必多疑懼。不卜者，敗徵已見，何必疑慮？○又引王漢若曰：易有曰：「觀象玩占者，所以趨吉避凶。」故乾之上之九言：「知進而不知退，知存而不知亡，知得而不知喪，是以動而有悔。」正坐占而不能避之咎。此云不占者，情狀顯露，考覘無煩矣。○又引醒宗曰：八者之事是彼之敗形已彰，乃事機所不易遘；彼之逆情已見，爲時候所最難逢。○丁洪章曰：凡兵必占卜而後行者，以敵之情形未周知也。今敵人必敗之道，既以明明白白爲我周知，是彼之敗形已彰，乃事機所不易遘；彼之逆情已見，爲時勢所最難逢，故有不戰則已，戰則勢如破竹，其勝必矣，何待卜？此言不待時，不用謀也。

〔二〕「一曰疾風大寒，早興寤遷」四句

施子美曰：一曰疾風大寒，此以隆冬盛寒而興師者也。此正曹公赤壁之役，時方盛寒，驅士卒遠涉，不習水土，而敗於周瑜之時也。加以早興寤遷，割冰濟水，不畏艱難，則其士卒必勞，故可與戰。○劉寅曰：初一曰遭遇迅疾之風，其時隆冬大寒，或早而興起，或始寤而遷移，剖凍冰而濟水，不畏懼其艱難勞苦者。○趙光裕曰：早興寤遷，早而起，寤而遷。剖冰濟水，不憚艱難，此敵人冬師之苦。○黃獻臣曰：早興，未明而興起。寤遷，方寤而遷移。剖冰，見冰而剖。濟水，遇水而濟。不憚艱難，此困於寒，可乘。○朱墉曰：疾風，勁烈之風也。剖，開也，開凍冰而濟冷水也。憚，畏也。艱難，士卒困苦也。○曦案：刊木，砍伐樹木。書禹貢：「禹敷土，隨山刊木，奠高山大川。」孔穎達疏：「隨行山木，斬木通道。」本篇「刊木」後有「濟水」二字，可以推測在這裏是指將砍伐的樹木做成木筏。

〔三〕「二曰盛夏炎熱，晏興無間」四句

施子美曰：二曰盛夏炎熱，此以盛夏之際而興師也。正馬援壺頭之役，士卒疾疫之時也。況以晏興無間，行驅飢渴，務於取遠，則士卒亦勞耳，故可與之戰。○劉寅曰：次二曰盛夏之時，天氣炎熱，起之又晚，無有暇隙之處。行走驅馳，飢而又渴，務取遠路而與人戰。○趙光裕曰：晏興無間，行驅飢渴，晏晚興起，不間歇，行走驅馳而飢渴。務以取遠，此敵人夏師之苦。○王士騏曰：古者六月不興師。此行走驅馳，飢而又渴，乃專務取利於遠，真苦事也。○黄獻臣曰：晏興無間，晏晚興兵，無有間隙。行驅飢渴，行走驅馳，不免飢渴。務於取遠，責以遠程也。此困於暑，可乘。

〔四〕「三曰師既淹久，糧食無有」五句

施子美曰：三曰師既淹久，糧食無有，其老師費財可知矣。加之百姓怨怒，而下無以得人之心；祆祥數起，而上無以當天之意。爲之上者，有所不能知止，不敗何爲？其可與戰也必矣。此正公孫文懿之師雖衆而飢，時有長星出自襄平西南，墮於涼水，文懿懼，請降，率爲司馬所斬是也。○趙光裕曰：此敵人久師之苦。○黄獻臣曰：怨讟興而將領不能禁止，可乘也。○朱墉曰：淹久，淹延日久也。怨怒妖祥者，怨讟煩興，妖怪機祥之事屢見軍中，而將領不能禁止也。

〔五〕「四曰軍資既竭，薪芻既寡」四句

施子美曰：四曰軍資既竭，則無以給軍食；薪芻既寡，則無以給樵蘇；加以天多陰雨，欲掠無所，故可與戰。此唐太宗之克突厥，所以因天雨甚，冒雨而進，醜徒果震駭也。○劉寅曰：次四曰軍之資財既竭盡，薪芻既寡少，天時又多陰雨，欲往獵取，無有去所。○趙光裕曰：此敵人乏食之苦。○黄獻臣曰：軍資，衣裝器用之類。薪，以炊爨。芻，以飼馬。掠，剽掠也。無所，此飢窘，可乘。○朱墉曰：竭，盡也。薪芻，薪以炊爨，芻以秣馬，皆寡少也。欲掠無所，欲往掠取，無有去所也。

〔六〕「五曰徒衆不多，水地不利」四句

施子美曰：五曰師衆不多，則其兵寡也。水地不利，則不得地利也。人馬疾疫，則失時也。四鄰不至，則無援也。故亦可擊。此正薛仁貴之擊吐蕃，謂烏海地陰而瘴，可謂危地，及後至烏海以待援，果爲吐蕃所敗是也。○趙光裕曰：此敵人人馬俱困而又無鄰援之苦。○

王士騏曰：人馬疾疫，人馬俱困而又無應援，其苦更不可勝言。○黄獻臣曰：四鄰，援兵也。不至，此勢弱援寡，可乘。○朱墉曰：徒衆，徒步之衆也。四鄰，援兵也。

〔七〕「六曰道遠日暮，士衆勞懼」四句

施子美曰：六曰道遠日暮，士衆勞懼，是則倍道兼行之際，其衆亦云倦矣。倦而未食，又且解甲而息，故可擊。此正孫臏之斬龐涓，度其行暮當至馬陵而克之是也。○趙光裕曰：此敵人日暮勞倦之苦。○黄獻臣曰：此疲弊，可乘。○朱墉曰：勞懼，勞苦恐懼也。息，暫時休息也。

〔八〕「七曰將薄吏輕，士卒不固」四句

施子美曰：七曰將薄吏輕，士卒不固，此則上不能以制下也，故三軍數驚，則其心必疑；師徒無助，則其勢必孤，故亦可擊。此正邲之戰，晉之從政者新以中軍佐濟，二憾皆往，餘師不能軍，舟中指可掬，所以見敗于楚也。○劉寅曰：次七曰將不持重，吏又輕薄，士卒又不堅固，三軍之衆頻數驚擾，師徒又無助援。○趙光裕曰：此敵人將吏不能懾服士卒，而又無助援之苦。○黄獻臣曰：此將無威嚴，兵無節制，可乘。○朱墉曰：將薄，不持重也。吏輕，權輕不足以服人也。不固，無堅久之心也。數驚，頻屢驚恐也。無助，孤立無援也。

〔九〕「八曰陳而未定，舍而未畢」四句

施子美曰：其八者，陣必欲其定，今而陣未定，舍必欲其畢，今而舍未畢；行山阪，涉險阻，半隱半出，其師不相續也。是亦可擊。此如史祥與余公理對軍，公理未成列，而祥縱擊大破之是也。凡此八者，皆敵有可擊之道。故有如此者，則擊而勿疑。○劉寅曰：次八曰行陣未能安定，舍次未能完畢，行山阪，涉險阻，半隱於内，半出於外。○趙光裕曰：此敵人行軍未安集之時。○王士騏曰：涉險，將出險未盡之時。○黄獻臣曰：半隱半出，將出險而未盡之時。此不整，可乘。○朱墉曰：未畢，營舍未完也。阪，山坂也。

〔一〇〕諸如此者，擊之勿疑

趙光裕曰：總上文。○黄獻臣曰：總上八事。○朱墉引周魯觀曰：當戰不戰則坐失事機，宜避不避則敗乃公事，趨避之間，此所以貴智將也。○又引黄皇肱曰：知其可戰則得隨機致勝之策，知其可避則得畏天保國之圖。○又引金千仞曰：此章之旨，吴子亦舉其大概言之。兵家之勢不常，亦有變强爲弱、轉禍爲福者，如太王避狄人而興周，勾踐收禍敗而滅吴，符堅恃强大而亡，隗囂恃富盛而滅，不可以執一論也。○朱墉曰：此一節言敵勢有八敗之道，而在我貴乘機以擊之，不可逗遛也。

〔一一〕有不占而避之者六

施子美曰：敵有可擊者，亦有不可擊者。可擊而不擊，則爲失利。不可擊而擊之，則爲妄進。法曰：「合於利而動，不合於利而止。」「合於利而動者，此不卜而與之戰者也。不合於利而止者，此不占而避之者也。不占而避之者，是亦自知其未可以勝，故不必占之於神也。○歸有光引熊悦之曰：前言戰矣，而不可輕易直前也。又有所宜避之者有六，則進退俱合於法矣。○朱墉曰：避，勿與交戰也。○朱墉引陳孝平曰：「避」之一字，今人皆以爲諱，不知善避正所以爲善擊也。○又引徐象卿曰：料一不如便當知避，然徒知避敵而不知有内修，祇爲畏葸耳。○丁洪章曰：此題正與上題相反。上題極言敵之必敗，此言敵有可恃，如此，若與之戰，雖不敗，亦必不勝，故云不占而避，亟言其勿輕進以隳功也。「避」字要看得好，非束手無策之謂，知其難敵，姑且隱忍，政有戰之作用在内。不占者，言其決意以避，無復疑貳也。

〔二〕一曰土地廣大，人民富衆

施子美曰：此强敵也。敵强下之，故避而不與戰。此如燕欲伐齊，樂毅曰：「齊地大人衆，未易攻也。」○劉寅曰：初一曰土地廣大則財必盛，人民富衆則兵必强。○趙光裕曰：此富强之國。○黄獻臣曰：地廣則財贍，民衆則兵强，此富强之國。○朱墉曰：廣大富衆者，地廣則財贍，民衆則兵强也。○朱墉引醒宗曰：土地廣大知其富，惠施流布知其仁，刑賞賢能知其哲，師徒援助知其交。

〔一三〕二曰上愛其下，惠施流布

施子美曰：此恩足以及人者也。蓄恩不倦，以一取萬，故亦避之，而不與戰。此如楚子已責逮鰥，救乏赦罪，而晉人避之也。○劉寅曰：次二曰在上者親愛其下，恩惠施與、流行、宣布於民。○趙光裕曰：此有恩惠及民者。○黄獻臣曰：行仁政則民親上死長，此有恩惠及民者。○朱墉曰：惠，恩惠也。上施恩惠於下，如水之流布於地，而普徧之也。○朱墉引芮文其曰：惠施流布，言仁恩汪濊㳅滿國中。大公之恩非私恩小惠之可比也，人人被澤受恩，自人人輸忠效力。○又引大全曰：人君施惠於民，往往有上行而下滯者，雖有惠施之多，而無惠施之實，此則流布充滿，人人被澤矣。

〔一四〕三曰賞信刑察，發必得時

施子美曰：此賞罰之必行而事無妄動故也，故必避之。此如楚子討鄭，叛而伐之，服而舍之，德刑以成，故雖入陳入鄭，民不罷勞，而隨季知其不可敵是也。○劉寅曰：次三曰賞有功者務信，刑有罪者務察。察者，明也。發動必得其時，言不違時也。○趙光裕曰：賞罰得宜。○王士騏曰：發必得時，賞罰各當其時。○黄獻臣曰：賞罰明允，動皆合宜。○茅元儀曰：審察必真，發中時宜。○朱墉曰：賞信者，賞不失言也。刑察者，罰必察情也。察，明也。發必得時者，發動必得其時。

〔一五〕四曰陳功居列，任賢使能

施子美曰：此謂有功者既陳而在列，而又賢有德者則任之，能有材者則使之，是得人則國必强也，故必避之。此如廉頗、藺相如之在趙，而强秦不敢加兵是也。○劉寅曰：次四曰戰陣有功者居於班列之中，所任者惟賢，所使者惟能。○趙光裕曰：任用得當。○黄獻臣曰：陳顯有功之人，使居行列。○朱墉曰：陳功居列者，戰陣有功之人居於行列之中，所任者惟賢，所使者惟能也。

〔一六〕五曰師徒之衆，兵甲之精

施子美曰：此謂士卒强而器用備也，故必避之。此如邲之戰，隨武子謂楚君荆屍而舉，前茅慮無，中權後勁，百官象物而動，軍政不戒而備，而不敢與之敵是也。○劉寅曰：次五曰師徒衆多則力强，兵甲精鋭則利戰。○趙光裕曰：師多器精。○黄獻臣曰：力强器利，威武奮揚。○朱墉曰：甲精者，力强器利也。

〔一七〕六曰四鄰之助，大國之援

施子美曰：此謂資人之助，而其勢强盛也，故亦當避之。正如六國合從，秦兵不敢出關者十五年是也。○趙光裕曰：鄰國助援。○黄獻臣曰：交鄰事大，舉得其心。○朱墉引王圻曰：助者，因弱而扶之之謂。援者，將危而救之之謂。

〔一八〕「凡此不如敵人」三句

施子美曰：凡此六者，吾不若敵。不若者，能避之，故避之勿疑。惟夫知其可擊而擊之，是見可而進也。知其不可擊而避之，是知難而退也。此隨武子於邲之戰，所以亦曰「見可而進，知難而退」。○劉寅曰：所謂見其可則進，知其難則退也。○又曰：愚按此章之旨，吴子亦舉其大槩者言之。兵家之勢不常，亦有變弱而爲强、轉禍而爲福者，如太王避狄人之强而卒興周，句踐收禍敗之餘而卒滅吴，符堅恃强大而亡，隗囂恃富盛而滅，要在臨時而制宜，相機而行事，不可執一也。○趙光裕曰：「凡此不如敵人，避之勿疑」，總上六事。「見可而進、知難而退也」，又通結上文「戰」、「避」二者而言。○黄獻臣曰：「見可而進、知難而退也」，二語見易傳，又通結上文「戰」、「避」二者而言。○又曰：此言料敵以爲進退之方。其云不卜不占者，斷其有必戰必避之勢，非徒不拘占卜之説。知其可戰，則可得隨機制勝之策。知其可避，則可得畏天保國之圖。如曰姑且避之，尚有用隘伺隙之謀，則彼惠施流布、任賢使能之國，猶思僥倖圖之。無論圖之不勝，即圖而勝，是以不仁而伐至仁，其不至速敗者幾希。○朱墉曰：見可者，見其有可乘之機也。知難者，知其有難攻之勢也。○又曰：此一節言敵勢有六勝之道，而在我貴察理以避之，不可僥倖也。○朱墉引周魯觀曰：見知最要醒露。兵機宜慎，豈可輕進？蓋誠見其可也。兵任最重，豈可甘退？蓋誠知其難也。○又引汪殿武曰：見可、知難二句，是總結上文語，非輕敵而進，非畏敵而退，實我心中有料敵之明也。○又引新宗曰：智將明於料敵，自不違時乖勢，有乘機速進之策。○又引方伯闇曰：此節所云料敵，雖累累多言，然詳其實，究不過示人以進退之機耳，故避實擊虛，孫子一生妙用。○丁洪章曰：此題是總結上文不卜、不占之語也。言不卜、不占，非輕敵而進，非畏敵而退，寔我心中有料敵之明，見敵可進而進，知敵難圖而退，奚待占卜哉？○又曰：易書一部，爲占卜之書。乾之上九爻曰：「知進而不知退，知存而不知亡，知得而不知喪，是以動而有悔也。」可見趨吉避凶，乃玩占大旨。○淩堃曰：八者未可，六者誠難。○曦案：本篇的第二節概括了八種「擊之勿疑」的情況，以及六種「避之勿疑」的情況。吴起在這裏認爲仗打還是不打的依據，不需根據神秘莫測的占卜結果，而應根據扎扎實實的料敵功夫與實戰經驗，秉持「見可而進，知難而退」的作戰原則。

武侯問曰：「吾欲觀敵之外以知其內，察其進以知其止，以定勝負，可得聞乎〔一〕？」起①對曰：「敵人之來，蕩蕩無慮，旌旗煩亂，人馬數顧，一可擊十，必使無措〔二〕。諸侯未②會，君臣未和，溝壘未成，禁令未施，三軍匈匈③，欲前不能，欲去④不敢〔三〕，以半擊倍，百戰不殆〔四〕。」

【校記】

① 起：正義本無此字。

② 未：底本作「大」。講義本、直解本、正義本、二十子全書本、諸子彙函本、兵垣四編本、武備志本、開宗本、朱墉彙解本、全解本、黎利賓彙解本、四庫全書本、平津館叢書本、淩堃評校本、四部備要本均作「未」，於意爲順，今據改。

③ 匈匈：直解本、正義本、二十子全書本、諸子彙函本、兵垣四編本、開宗本、朱墉彙解本、全解本、黎利賓彙解本、四庫全書本作「洶洶」，武備志本作「訩」。

④ 去：正義本、兵垣四編本作「止」。

【集釋】

〔一〕「吾欲觀敵之外以知其内」四句

施子美曰：量敵而後進，慮勝而後會，此兵法之常也。將以量敵而進，慮勝而會，吁亦難矣。何者？敵人之情僞有可得而知者，有不可得而知者。可得而知者，外也，進也。不可得而知者，内也，止也。吾欲由内以知外，由進以知止，不亦難乎？既知乎此，則勝負可以坐決矣，此武侯之所以問吳起也。○劉寅曰：我欲觀敵之外，以知其在内之虚實。察其前進之勢，以知其所止之形，以定彼我之勝負，其道可得而聞手？○歸有光引李石麓曰：先窺敵之虛實以決勝負，是百戰百勝之術也。○王士騏曰：武侯此問是占，意思深長。○茅元儀曰：以我一倍之兵，可擊敵十倍之兵，必使之倉皇無措。○朱墉曰：外，在外治形也。內，敵之虛實也。○朱墉引新宗曰：有諸內者必形於外，凡事皆然，何況於兵？故欲知敵在內之虛實，不必於其內也，察其在外之形，而一虛一實之理，莫不昭然矣。○又引汪殿武曰：察進知止，用兵一進一止之機，原可洞晰燭照者，但人自昏其鑑而莫察耳。誠能察其進攻之形，則其或遲或速，無不畢露於先也。○又引陳孝平曰：此所謂「觀」，是觀之於人所易忽。此所謂「察」，是察之於人所未詳處。○又引葉伯升曰：觀敵外以知其內，察敵進以知其止，則勝負之理，無不自我全操，不待接刃交戈而可豫決者矣。○丁洪章曰：觀外以知其內：外指行陣言，內指才幹言。將之才幹合藴於內，敵之行陣設列於外。在內者不示人窺，在外者難掩人見。故欲知敵之內，惟於其外觀之，自有不容匿者矣。

〔二〕「敵人之來」六句

施子美曰：起之意，謂欲知之，即其勢而求之可也。堂堂之陣不可擊，正正之旗不可邀。今而敵人之來，蕩蕩無慮，則其軍爲妄進也。旌旗煩亂，則其衆爲無統也。況又人馬數顧而莫有鬭心。若此之勢，一可擊十，必能使之無所措矣。何者？言軍之自亂，取之易也。此如苻堅淮淝之役，一麾之間，軍亂莫止，衆心已怖。是雖謝玄之八千，可以破其百萬，非以一擊十乎？○劉寅曰：敵人之來，蕩蕩然無他謀慮。蕩蕩，輕忽之貌。旌旗煩擾紊亂，人馬頻數顧望，此爲愚將，吾以一倍之少可擊十倍之多，必使之倉皇無措也。○趙光裕曰：此言敵兵不整，故可以一而擊其十。應「觀敵之外以知其內」句。○王士騏曰：「蕩蕩無慮」三句，此言敵兵不整。○朱墉曰：蕩蕩，輕忽之貌，散漫而無顧慮也。煩亂者，煩雜而且散亂，將令不一也。數顧者，將心無主也。必使無措者，必使敵人倉皇無備也。此言觀外知內之法也。○朱墉引句解曰：蕩蕩，懶散之形，其神氣之不足可知。外既如此，其內之無謀又可知。

〔三〕「諸侯未會」七句

施子美曰：若夫諸侯未會，君臣未合，溝壘未成，禁令未施，如此之時，軍士匈匈然不敢進，亦不敢退。○劉寅曰：鄰國諸侯未曾會合，君臣上下未曾協和，溝塹壁壘未得成就，法禁號令未曾施設，三軍之衆洶洶然驚懼，欲前進而不能，欲後退而不敢。○王士騏曰：此言敵兵未備。○朱墉曰：會合，集也。未成，濬築未能成就也。禁，約制也。未施，未及施設也。洶洶，驚語貌。不能、不敢者，進退皆恐懼不決也。此言察進知止之法也。○朱墉引大全曰：洶洶，其中懷漫無主張可知。夫兵以安靜勝人，未有驚皇無措而可以致勝者也。

〔四〕以半擊倍，百戰不殆

施子美曰：此正疑惑之際，三軍既惑且疑，則必有隙之可乘，故可以半擊倍。能審乎此，雖百戰而不危殆矣。此如鄖人軍於蒲騷，將與隨、絞、州、蓼伐楚，軍其郊而不誡，且日虞四國之至。鬬廉知其可取，故不待濟師而克之，且謂師克在和不在衆，是非以半擊倍之意乎？雖然，前之所言「以一擊十」，是十倍其數而克之也。至於此，特以半擊倍者，蓋蕩蕩無慮，旌旗煩亂，此亂軍也。亂軍引勝，故雖一可擊十。至於諸侯未會，必有時而會；君臣未和，必有時而和；溝壘未成，禁令未施，必有時而可成可施。吾乘其未然而擊，故特可以半擊倍。〇劉寅曰：以吾一半之少，可以擊彼加倍之多，雖百戰而不危殆也。〇趙光裕曰：此言敵兵未備，故可以半而擊其倍。應「察其進以知其止」句。〇黃獻臣曰：此言按兵之整亂，可知其內之虛寔；察進之備缺，可知其止之堅瑕。料之審，故擊之易，善將者勿以冥冥決事。〇丁洪章曰：此言勝負之機，無不可以預定，惟在明將善爲觀察之也。〇曦案：本篇的第三節，吳起介紹了如何通過表像獲知敵人的實力與意圖，進而針對不同的情況，或採取「以一擊十」之術，或採取「以半擊倍」之術，取得作戰的勝利。

武侯問敵必可擊之道〔一〕，起對曰：「用兵必須審敵虛實而趨其危〔二〕。敵人遠來新至，行列未定，可擊〔三〕；既食未設備，可擊〔四〕；奔走，可擊〔五〕；勤勞，可擊〔六〕；未得地利，可擊〔七〕；失時不從，可擊〔八〕；旌旗亂動，可擊①〔九〕；涉長道，後行未息，可擊〔一〇〕；涉水半渡，可擊〔一一〕；險道狹路，可擊〔一二〕；陳數移動，可擊〔一三〕；將離士卒，可擊〔一四〕；心怖，可擊〔一五〕。凡若此者，選鋭衝之〔一六〕，分兵繼之〔一七〕，急擊勿疑〔一八〕。」

【校記】

① 旌旗亂動，可擊：講義本、直解本、正義本、二十子全書本、諸子彙函本、兵垣四編本、武備志本、開宗本、朱墉彙解本、黎利賓彙解本、全解本、四庫全書本、平津館叢書本、淩堃評校本、四部備要本「旌旗亂動可擊」六字在「險道狹路可擊」句下、「陳數移動可擊」句上。

【集釋】

〔一〕武侯問敵必可擊之道

朱墉引周魯觀曰：擊與戰不同，戰必兩敵交鋒，擊則乘虛忽入也。擊之之法只在呼吸轉盼間。

〔二〕用兵必須審敵虛實而趨其危

施子美曰：敵有必可擊之道乎？曰：有。何以知其有也？兵形避實而擊虛，惟乘其虛，故可擊。是以吴起對武侯之問，謂必審敵之虛實而趨其危。昔太宗嘗曰：「孫子十三篇，無出虛實。」知虛實之勢，則無不勝矣。既知其虛實，則必避實擊虛以趨其危，是豈不爲必可擊乎？○劉寅曰：凡用兵之法，必須審察敵人之虛實而趨其危急之隙，乃可勝也。若不審虛［實］，恐彼實而示之虛，虛而示之實，反爲所勝耳。○趙光裕曰：下文詳之。○黄獻臣曰：危，指敵言。○朱墉曰：趨危，趨敵人虛弱之處也。○朱墉引鄧伯瑩曰：擊之者，出其不意、攻其無備也。若敵人之虛實，審得少有差錯，則反爲所中矣。○又引尤尺威曰：兵之虛實，秘而不肯以示人，故必審而察之。○又引方伯閭曰：兵家出奇，多是擊法，但非真見虛實，又是冒險，故必須審察。○丁洪章曰：審敵虛實便是一團趨避的意思。這「審」字端有萬分觔兩在裏面，故曰必須也。然審了又不是空審，便能如下文有十三可擊。這正是審敵功業處也。

〔三〕敵人遠來新至，行列未定，可擊

施子美曰：如陳慶之之伐魏也，謂魏人遠來，皆已疲倦，及其未集，須挫其氣是也。○劉寅曰：因敵人遠來新至，行列部伍未定，則可擊。○趙光裕曰：未定則易亂。○朱墉曰：新至，未定者。

〔四〕既食未設備，可擊

施子美曰：此如光弼伺賊方飯而擊之是也。○劉寅曰：既食而不設備禦之計，則可擊。○趙光裕曰：未備則易乘。○朱墉曰：設，置也。備，器具也。未設備者，無所恃也。

〔五〕奔走，可擊

施子美曰：此如羅之役，楚師亂次以濟，而爲羅所敗是也。○劉寅曰：士卒奔走，氣必不屬，則可擊。

〔六〕勤勞，可擊

施子美曰：此如周訪擊杜會曰「彼勞我逸，故克之」是也。○劉寅曰：士卒勤勞，力必不全，則可擊。○趙光裕曰：勤勞則力不全。○黄獻臣曰：勤於戰事，則力不全。

〔七〕未得地利，可擊

施子美曰：此如竇泰依山爲陳，未成列，爲周文帝所擊是也。○劉寅曰：不得地利之便者則可擊。○趙光裕曰：失地利則無拒守。○朱墉曰：未得地利者，無險可守也。

〔八〕失時不從，可擊

施子美曰：此如宋襄公不阻險，不鼓不成列，而爲楚人所敗是也。○劉寅曰：凡舉事動衆，必順其時，若失時不順者，則可擊。○趙光裕曰：失天時則不順利。○朱墉曰：失時不從，如晴明風雪不順也。

〔九〕旌旗亂動，可擊

施子美曰：此如曹劌望其旗靡而追齊師是也。○劉寅曰：旌旗亂動，是無節制也，故可擊。○趙光裕曰：兵無節制。

〔一〇〕「涉長道」三句

施子美曰：此如周文帝謂左右曰「高歡數日行八九百里，曉兵者所忌，正須乘便擊之」是也。○趙光裕曰：路中兵力未齊。○黄獻臣曰：勁者先，疲者後，前後不接，兵勢易分。○朱墉曰：後行未息，前者已至，後不接續也。

〔一一〕涉水半渡，可擊

施子美曰：此如高祖擊曹咎，俟其半渡而擊之是也。○劉寅曰：涉大水，候其半渡，行列未定，故可擊。○趙光裕曰：水中兵力未齊。○朱墉曰：半渡，先後不齊也。

〔一二〕險道狹路，可擊

施子美曰：此如孫臏斬龐涓於馬陵是也。○劉寅曰：險道狹路，或衝其中，或掩其後，敵難以相救，故可擊。○趙光裕曰：險狹則前後不相救。○黄獻臣曰：險道狹路，前後不相救。

〔一三〕陳數移動，可擊

施子美曰：此如徐敬業置陣既久，士皆瞻顧，陣不能整，爲李孝逸所擊是也。○劉寅曰：陣數移動，人心不定也，故可擊。○趙光裕曰：人心未定。

〔一四〕將離士卒，可擊

施子美曰：此如劉裕入長安，令其子居守，率之狼狽而歸是也。○劉寅曰：將離士卒，則上下相隔，令不一也，故可擊。○趙光裕曰：上下隔絶。○朱墉曰：將離士卒，上下相隔，呼吸不通也。

〔一五〕心怖，可擊

施子美曰：此如苻堅之軍，見八公山草木皆人形，而爲謝玄所敗是也。○劉寅曰：衆心恐怖，故可擊。○趙光裕曰：心怖則氣奪。○朱墉曰：心怖，乖張也。○朱墉引胡君常曰：十三可擊處，皆是敵人之危，選鋭可擊之。危而我不乘機選鋭，因勢分兵以趨人之危，更待何時？

〔一六〕選鋭衝之

劉寅曰：簡選精鋭，左右衝之。○趙光裕曰：選鋭卒，衝其陣。○朱墉曰：選鋭，選擇精鋭之卒也。衝，衝其前也。

〔一七〕分兵繼之

劉寅曰：分吾兵衆前後繼之。○趙光裕曰：分兵繼其後。○朱墉曰：繼，繼其後也。

〔一八〕急擊勿疑

施子美曰：其在杜佑通典，亦有所謂敵有十五形可擊：曰新集、曰未食、曰不順、曰後至、曰奔走、曰不戒、曰動勞、曰將離、曰長路、曰候濟、曰不暇、曰險路、曰擾亂、曰驚怖、曰不定。凡此十五形，求其旨意，亦必自吳子始也。○劉寅曰：急速擊之，勿致疑也。○趙光裕曰：擊之則必勝矣。○歸有光引汪仲淹曰：以此料敵即諸葛武侯七縱七擒之略。○王士騏曰：夫用兵固有可以逆爲數十年之計者，亦有朝不可以謀夕者。攻守之方，戰鬭之術，一日且有百變。起之所料，洞如觀火，弗踰尺寸，信乎胸中之有成竹也。○黄獻臣曰：此言擊敵在審虚寔而乘其危。擊與戰不同，戰必兩敵交鋒，擊則乘虚忽入。七書中每喜言擊法。如石勒策姬澹，謂烏合不齊，一戰可擒，遂督兵急擊之。則擊之法只在呼吸轉盼間也，料之宜審矣。○朱墉引翼注曰：「擊」字最有氣力，其勢如雷霆，擊物當之者碎。○又引王漢若曰：「可」字正是審量真切處。「急擊」，「急」字宜重看。蓋敵人此隙乃不可多得之，候稍遲則敵人有備，錯過事機便難以取勝。○丁洪章曰：此言擊敵在審虚寔而乘其危。若敵有可擊之危而不乘機選鋭，因勢分兵以趨之，則失其可擊之道矣，何以云用兵哉？○曦案：本篇的第四節描述了十三種「急擊勿疑」的情況，補充、延伸了第一節的内容，進一步顯示了吳起對「料敵」的高度重視，以及他在這方面深入細緻的研究心得。吳起在此還提出了「審敵虛實而趨其危」的用兵原則，認爲要充分掌握敵我雙方的虛實强弱，尋找敵人的薄弱點並給予痛擊。這條原則將孫武的「知彼知己」、「虛實」、「衆寡」、「專分」等軍事思想，發展到了一個更高的境地，歷來被視爲用兵者的箴言。

治兵第三

【解題】

劉寅曰：治兵者，整治士卒而不使之亂也。兵治則勝，不治則自敗矣，況能與人戰乎？以篇内皆論治兵之道，故以名篇。凡八章。○趙光裕曰：此篇專言治兵之道。○朱墉曰：此章總是教民後戰之旨。治者整之，使不亂也。語云：「卒不可用，以其將予敵也。」故用兵在於卒服習。若士不選練，卒不服習，起居不精，動静不集，趨利弗及，避難不畢，前擊後解，與金鼓之音相失，此不習勒卒之過也。蘇子瞻亦云：「昔先王於秋冬之隙，致民田獵以講武，教之以坐作進退之方，使其耳目習於鐘鼓旌旗之間而不亂，使其心志安於斬刈殺伐之際而不慴，是以雖有盜賊之變，而民不至於驚潰。」況武侯之時爲何時乎？烏可以不教之民戰也？篇中教以進止之方，全在於號令嚴明，賞罰信必，然後能有禮有威而成節制之師。又能蓄養氣力，無致困乏，始易於從令。不但士卒當愛惜，即馬亦當善養，知其勞逸飢飽，則車馬精良，士卒選練，可以有勇知方，而預治之道得矣。○丁洪章曰：治者，整飭之謂。兵不整飭，即如失馭之馬而不可用，故云以治爲勝。中間教戒教戰，皆治兵之事，而居有禮，動有威，皆治兵之效也。○黎利賓曰：治兵者，整齊士卒而使之不亂也。兵治則爲有制之師，不戰則已，戰則必勝。不治則爲烏合之衆，一出而即敗矣，況能與人戰乎？但治兵乃兵家要務，故以名篇。篇中論治兵之事極爲詳悉，讀者宜細玩之。○曦案：本篇題爲「治兵」，敘述了治理軍隊的一些基本原則，涉及軍法、裝備、軍事訓練、軍人心理、作戰方法、宿營原則、戰馬馴養等諸多方面，内容十分豐富。本篇文字共分八節。

武侯問曰：「進①兵之道何先〔一〕？」起對曰：「先明四輕、二重、一信〔二〕。」曰：「何謂也？」對曰：「使地輕馬，馬輕車，車輕人，人輕戰〔三〕。明知險易②，則地輕馬〔四〕；芻秣以時，則馬輕車〔五〕；膏鐦有餘，則車輕人〔六〕；鋒鋭甲堅，則人輕戰〔七〕；進有重賞，退有重刑，行之以信〔八〕。審能達③此，勝之主也〔九〕。」

【校記】

①進：講義本、直解本、正義本、二十子全書本、諸子彙函本、兵垣四編本、武備志本、開宗本、朱墉彙解本、全解本、黎利賓彙解本、四庫全書本、平津館叢書本、淩塟評校本、四部備要本作「用」。

②險易：底本作「陰陽」，講義本、直解本、正義本、二十子全書本、諸子彙函本、兵垣四編本、武備志本、開宗本、朱墉彙解本、全解本、黎利賓彙解本、四庫全書本、平津館叢書本、淩塟評校本、四

部備要本均作「險易」，於意爲佳，今據改。

③ 審能達：底本作「令制遠」，講義本、直解本、正義本、二十子全書本、諸子彙函本、武備志本、兵垣四編本、開宗本、朱墉彙解本、全解本、黎利賓彙解本、四庫全書本、平津館叢書本、淩堃評校本、四部備要本均作「審能達」，於意爲佳，今據改。

【集釋】

〔一〕進兵之道何先

施子美曰：天下之事，必有所謂先務者，況於用兵乎？兵之所謂先務者，不一而足。兵之所資以爲用者，必使其便。兵之所資以爲權者，必欲其誠。惟便故可以制敵，惟誠故可以馭人。兵之所先，其在是乎？○趙光裕曰：問「四輕」、「二重」、「一信」之説，果盡用兵之道乎？抑亦有未盡於此乎？○朱墉引陳孝平曰：不徒問用兵之道，而問用兵之道何先，正有勵精圖治，向喫緊處着力意。吴起終日講先教先和，講禮義，講料人，猶覺迂闊不切，故武侯振起精神，要求個預先下手處。○又引尤尺威曰：武侯以何先爲問，有時勢不得不用兵意。○又引胡君常曰：爲將莫不以審察敵情爲先，而未知所以爲先者，不在敵，而在吾致用之道也。○丁洪章曰：用兵之事千頭萬緒，然不得其要領之先圖，雖費盡心力，終無所用，故先之之道，不可不急講也。所以武侯以此爲問。

〔二〕先明四輕、二重、一信

施子美曰：四輕者，必兵之所資以爲用者也。二重、一信者，此兵之所資以爲權者也。○歸有光引王敬所曰：用兵之道有輕重，審其輕重，而兵可治矣。○黄獻臣曰：輕，猶便也。二重，刑賞。○朱墉曰：輕，便利也，不爲所苦之意也。○朱墉引王漢若曰：車輕、馬便、刑賞必信，用兵宜先之道，似不專在此，而吴子以爲言者特急欲建功立名，只舉其所見爲對耳。○又引周介生曰：大約以信爲主。無信則賞罰不明，賞罰不明則徒有四輕，而人不爲我用。惟以信治兵，則賞罰自足以服人，而趨事於四輕者，勇往爭先，勝勢自我操矣。用兵孰有先於此者？○又引鄧伯瑩曰：單「信」字固是。蓋「四輕」非信無以聯束，行賞非信無以言明，但吴子從「四輕」説起，原有個次序。所謂信者，非誠一不二之説，不過謂當賞即賞、當刑即刑而已。○丁洪章曰：使地輕馬、馬輕車、車輕人、人輕戰，此「四輕」也。進有重賞，退有重罰，此「二重」也。而總歸於「一信」。「先明」二字亦不可忽過。輕，即爲輕便也。

〔三〕「使地輕馬」四句

劉寅曰：使地輕便於馬，馬輕便於車，車輕便於人，人輕便於戰。車，革車也。○茅元儀曰：「輕」字妙。

〔四〕明知險易，則地輕馬

施子美曰：惟輕故便，惟信故誠，地有異形，明知險易，則爲得地之利矣，故地輕於馬。○劉寅曰：明知地之險易，則利於馳逐，故地輕便於馬也。○王士騏曰：險易之處，曉然明白，則騎行不陷險地，故曰地輕馬，言馬因地而輕便也。下句仿此。

〔五〕芻秣以時，則馬輕車

施子美曰：馬有常餼，芻秣以時，則馬輕於車。○劉寅曰：喂飼芻秣不失其時，則力有餘，故馬輕便於車也。○黄獻臣曰：以草食馬曰芻，以粟食馬曰秣。○朱墉曰：不失其時，則馬得所養而有餘力也。

〔六〕膏鐧有餘，則車輕人

施子美曰：膏者，所以脂車也，膏之欲其利。鐧者，所以爲鍵也，鐧之則車堅。膏鐧有餘，故車輕於人。○劉寅曰：脂膏鐧鐵常不缺少，則軸滑澤，故車輕便於人也。○黄獻臣曰：膏，所以潤車。鐧，車上鐵也。○茅元儀曰：膏，油也，所以潤車者。鐧，鐵也，所以固車者。○朱墉曰：膏，以脂膏塗其車軸也。鐧，以鐵飾車也。有餘，言足用也。○曦案：説文：「鐧，車軸鐵也。」釋名：「鐧，閒也。閒釭軸之間，使不相摩也。」可知鐧是嵌在車軸上以保護車軸並減少摩擦的小方鐵。

〔七〕鋒鋭甲堅，則人輕戰

施子美曰：勵乃鋒刃，則鋒必欲其鋭；穀乃甲胄，則甲必欲其堅，故人輕於戰。此兵之所資以爲用者，既得其便，而所以爲馭人之權者，又不可廢也。○劉寅曰：兵刃鋒鋭，鎧甲堅固，則無所失，故人輕便於戰也。○趙光裕曰：此四輕也。○朱墉曰：鋭，兵刃利也。堅，鎧甲厚也。

〔八〕「進有重賞」三句

施子美曰：進有重賞，所以示之勸；退有重刑，所以示之懲。二者之用，非誠不可也，故行之必以信。用既得其便，權既參其誠，以是而待敵，何往而不克？○劉寅曰：前進則有重賞，後退則有重刑，二者行之，皆必以信。○趙光裕曰：進有重賞，退有重刑，此二重也。行之以信，此一信也。○王士騏曰：行之以信，賞與刑皆以信行之。○朱墉曰：「之」字指刑賞，言行賞罰皆必以信寔也。

〔九〕審能達此，勝之主也

施子美曰：此能審乎此者，所以爲勝之主也。謂之勝之主者，蓋勝之本在是也。求之於成周之際，司馬之職有所謂「險野人爲主，易野車爲主」，此則知險易也。趨馬齊其飲食，圉人掌芻牧之事，此則芻牧以時也。車僕掌戎路之萃、廣車之萃、輕車之萃，與夫輪人之爲輪，輈人之爲輈，則其膏鐧必有餘也。函人之爲甲，犀甲七屬，兕甲七屬，合甲五屬，與夫桃氏之爲劍，與夫廬人之爲廬器，其鋒鋭甲堅可知也。不獨是也，獲則有小禽之私，徇則有斬牲之誓。卒之皆坐皆譟，而無不如令者，必其行之信也。成周之制若是，一有用焉，又何患其不勝哉？○劉寅曰：爲將者能審察曉達此理，乃制勝之主也。○黄獻臣曰：此言兵道所先，在審輕重之衡而本之一信。信者，千古制勝之主也。○朱墉曰：達此，曉達此理也。○朱墉引汪殿武曰：主如主宰之主，言兵之用雖千變萬化，而其致勝之主，不過節制合宜、賞罰必信耳。○又曰：此節言兵道所先，在明輕重之衡而本之於一信。○丁洪章曰：此言兵道所先，在明輕重之衡而本之一信，是可見信者乃制勝之主，用兵者不可不先明也。○淩堃曰：此節制也。子曰：「以不教民戰，是謂棄之。」○曦案：本篇的第一節提出了「四輕」、「二重」、「一信」的概念。「四輕」指的是在作戰時要重視地形的險易、戰馬的餵養、戰車的保養，以及兵器的鋒利、鎧甲的堅實，做到「地輕馬，馬輕車，車輕人，人輕戰」。「四輕」將諸多戰爭要素勾連爲一個環環相扣的系統，而最終的落脚點在「人」，不僅極大地凸顯了「人」的重要性，也凸顯了與「人」的作戰狀態密切相關的軍事地形、戰馬戰車、武器裝備等戰爭要素的重要性。「二重」指的是「進有重賞，退有重刑」，以兩個「重」字，强調了戰時獎賞要厚重，懲罰要嚴厲。「一信」指的是賞罰必信。只有落實了「二重」與「一信」，軍隊才會法紀嚴明，服從指揮，取得勝利。

武侯問曰：「兵何以①爲勝〔一〕？」起②對③曰：「以④治爲勝〔二〕。」又問曰⑤：「不在衆寡〔三〕⑥？」對曰：「若法令不明，賞罰不信，金之不止，鼓之不進，雖有百萬⑦，何益於用〔四〕？所謂治者，居則有禮，動則有威〔五〕，進不可當，退不可追，前卻有⑧節，左右應麾，雖絶成陳，雖散⑨成行〔六〕。與之安，與之危，其衆可合而不可離，可用而不可疲⑩，投之所往，天下莫⑪當〔七〕。名曰父子之兵⑫〔八〕。」

【校記】

①何以：群書治要卷三十六、開宗本作「以何」。

②起：群書治要卷三十六作「吴子」。

③對：群書治要卷三十六無此字。

④以：群書治要卷三十六「以」上有「兵」字。

⑤曰：群書治要卷三十六無此字。

⑥寡：群書治要卷三十六、講義本、直解本、正義本、二十子全書本、諸子彙函本、兵垣四編本、武備志本、開宗本、朱墉彙解本、全解本、黎利賓彙解本、四庫全書本、平津館叢書本、淩堃評校本、四

部備要本作「乎」。

⑦萬：群書治要卷三十六「萬」下有「之師」二字。

⑧有：群書治要卷三十六作「如」。

⑨散：正義本作「敗」。

⑩「雖絶成陳」至「可用而不可疲」六句：群書治要卷三十六無。

⑪莫：講義本「莫」下有「能」字。

⑫兵：群書治要卷三十六「兵」下有「也」字。

【集釋】

〔一〕兵何以爲勝

施子美曰：戰不必勝，不足爲善，戰勝固可爲也。而所以爲勝者，則何以哉？曰「治也」。治可以勝，而武侯必問起者，蓋君有疑於其心者，則必質之於其臣也。武侯方求其所以勝，而未得其道，得不以其疑而問之起乎？○丁洪章曰：兩敵相向，誰不思勝？然必有所恃以爲勝者，而後勝可爲也。故武侯有「何以爲勝」之問。

〔二〕起對曰：「以治爲勝」

施子美曰：起以治而答之者，蓋所以理軍者既盡其法，則所以制勝者必盡其道。楚之軍，惟亂次以濟，故敗於羅。晉之軍，惟不能軍，故敗於楚。苻堅之軍，惟亂莫能止，故敗於謝玄。周摯之師，惟方陣而囂，故敗於光弼。惟亂故敗，若夫治則勝矣。師行有紀，鄧禹之所以勝。馭戎嚴整，楊素之所以勝。治軍馴整，子儀之所以勝。持軍整齊，岑彭之所以勝。由是觀之，則治之可以爲勝也明矣。○劉寅曰：吴起對曰：「以整治爲勝。」○趙光裕曰：「治」字含下居動進退、前卻左右、可合不可離、可用不可疲意。○王士騏曰：太公曰：「用賞者貴信，用罰者貴必。」賞信罰必，令已行矣。其於教戒之兵，治之何有哉？○朱墉曰：治，整理、教戒也。○朱墉引陸羅雨曰：兵不整飭，即如失馭之馬而不可用，故云「以治爲勝」。中間教戒教戰皆治兵之事，而居有禮，動有威，則治兵之效也。○又引王漢若曰：「以」字最要醒露，欲求勝者，當於此處着力也。「治」字統「治心」、「治氣」、「治力」，有禮有威，如父子之誼，纔算作治，方可致勝也。○丁洪章曰：百萬之衆不治，適以取敗，故必教之，平居有嚴有翼，一如父子之誼，纔算個治。治即下居有禮、動有威、左右前卻、安危與共、離合不分。此是何等治，安得不勝乎？○又曰：全重一「治」字。惟治，則可以乘亂而勝也。不然，即力能扛鼎，不敵淮陰之片計；衆可斷流，無當朱序之一呼。但治亦不易言矣，必如治絲然，經之理之，絲分縷析，而後闢亂而不亂。又如治屋然，綢之繆之，營謀量度，而後可合而不可離。是故進退有節，左右應麾，如是焉治其法。勵士擇衆，避鋭擊惰，如是焉治其氣。行止有度，飢飽適宜，如是焉治其力。上下同欲，貴賤通情，如是焉治其心。以素治之兵制鴟張之旅，若壓卵矣，問何往而不勝哉？

〔三〕又問曰：「不在衆寡」

施子美曰：武侯復疑乎治之未必勝，且曰：「不在衆乎？」夫豈知衆而不治，適以召亂，不若寡而治者之爲有功也。張昭論教習之法，軍無衆寡，士無勇怯，以治則勝，以亂則敗。如昭之言，何衆之云？○劉寅曰：武侯又問曰：「不在人之衆多乎？」

〔四〕「若法令不明，賞罰不信」六句

施子美曰：使其法令不明，賞罰不信，金之不止，鼓之不進，雖有百萬，何所用之？衆而不治，不足用也。吴宫之教，三令五申之後，二姬既斬之餘，約束爲已明，申令爲只熟，左右前後跪起皆中繩墨，雖赴水火猶可，況於統軍持勢之際申令賞罰，既明以示之，又安有望敵不進棄甲而走者乎？○劉寅曰：若法度號令不明，賞功罰罪不信，擊金而不能止，鳴鼓而不能進，雖有百萬之多，何益於我之用哉？○趙光裕曰：此言不治之弊也。○歸有光引解大紳曰：治兵貴法令明，賞罰信，是治兵之本。○朱墉曰：明，顯白無私也。信，誠寔也。金之不止，聞金聲而不止也。鼓之不進，聞鼓聲而不進也。何益於用，雖多無益，不治之弊也。○曦案：韓非子與吕氏春秋兩書均記載有吴起在西河地區的民衆當中樹立其賞罰以信的形象的故事，可與本篇此處内容相互參看印證。韓非子内儲説上七術載：「吴起爲魏武侯西河之守，秦有小亭臨境，吴起欲攻之。不去，則甚害田者；去之，則不足以徵甲兵。於是乃倚以一車轅於北門之外而令之曰：『有能徙此於南門之外者，賜之上田上宅。』人莫之徙也。及有徙之者，遂賜之如令。俄又置一石赤菽於東門之外而令之曰：『有能徙於此西門之外者，賜之如初。』人爭徙之。乃下令曰：『明日且攻亭，有能先登者，仕之國大夫，賜之上田上宅。』人爭趨之。於是攻亭，一朝而拔之。」吕氏春秋似順論慎小篇載：「吴起治西河，欲諭其信於民，夜日置表於南門之外，令於邑中曰：『明日有人僨南門之外表者，仕長大夫。』明日日晏矣，莫有僨表者。民相謂曰：『此必不信。』有一人曰：『試往僨表，不得賞而已，何傷？』往僨表，來謁吴起。吴起自見而出，仕之長大夫。夜日又復立表，又立於邑中如前。邑人守門爭表，表加植，不得所賞。自是之後，民信吴起之賞罰。」

〔五〕「所謂治者」三句

施子美曰：所謂治者何也？居則有禮，動則有威也。兵之未用也既有所制，則兵之既用也必不可禦。居則有禮，此節制之兵也。動則有威，非無敵而何？惟其居有禮，故能動有威。輕而無禮，秦師之所以敗；少長有禮，晉師之所以勝，有禮必有威也明矣。武王之兵，六步七步而止齊，六伐七伐而止齊，此禮也，如虎如貔，如熊如羆，于商郊，非威而何？○劉寅曰：所謂兵得其治者，平居則上下有禮，動作則奮發有威。○歸有光引解大紳曰：有禮有威，是起之治兵有儒者氣象。○黄獻臣曰：知尊君親上之道，故居有禮。諳馳射擊刺之法，故動有威。○朱墉曰：居，平日也。有禮，知尊君親上之道也。有威，諳攻圍擊刺之法也。○朱墉引臧雲卿曰：此全重「居則有禮」句。從所居者動之即威矣，有威則振旅矣。禮無離絶處，成敗以之，安危以之，天下誰得乘其疲？故曰父子之兵。○又引尤尺威曰：當平居無事之時，皆知尊君親上之禮，臨敵而動，自有奮勇撻伐之威，此誠節制之師，天下自然莫敢當也。○又引王漢若曰：居禮重看，兩項不平。居禮，則動自威也。動威從居禮來，而居禮則又本於將之能以禮倡率之。

〔六〕「進不可當」六句

施子美曰：兵惟盡是道，故其効無所不全。其進也則不可當，以其進之勇也。其退也則不可追，以其退之速也。一前一卻，莫不有節。或左或右，莫不應麾。故雖絶而不絶，又且成陣；雖散而不散，又且成行。方其絶也，散也，似真敗卻者矣，而旗齊鼓應，號令如一；紛紛紜紜，鬬亂不亂；混混沌沌，形員不散。向非節制之兵，其能若是乎？○劉寅曰：進之而前，使敵不能當其勇。退之而返，使敵不能追其後。或前或卻，皆有節。或左或右，皆應麾。雖斷絶而成陣，雖散亂而成行。○茅元儀曰：前却有節，一前一後皆合節度。左右應麾，一左一右皆應麾旗。雖絶成陣，兵雖斷絶，亦成陣勢。雖散成行，雖斷絶散亂，亦成行陣。○黄獻臣曰：進不可當，其鋒鋭也。退不可追，其去速也。○朱墉曰：不可當者，進戰鋭猛，敵不能禦也。不可追者，齊一迅速，敵不敢逐也。卻，退後也。節，制度也。應麾，麾指左右，無不應命也。絶，斷也。

〔七〕「與之安」六句

施子美曰：故無事而守，則可以共其安。有事而用，則可以共其危。故可合而不可離，可用而不可疲。一有用之，莫之敢當。○劉寅曰：可與之同處於安，可與之同處於危。其衆可合而爲一，不可離而爲二。可用之以戰，而不可疲其力。投之所往之地，天下莫能當之。○趙光裕曰：「所謂治者」句，至「可用而不可疲」句，此言其兵之治處。「投之所往，天下莫當」，此言其治而勝也。○茅元儀曰：與之安，與之危，將與士卒共處安危。○黄獻臣曰：與之安，與之危，即可與死、可與生意。不可疲，言不以爲疲也。○朱墉曰：與之安危，可與同處安危也。可合者，心之一也。可用者，力之齊也。○曦案：身爲軍事家的吴起與士卒共安危、同勞苦。據史記孫子吴起列傳載：「起之爲將，與士卒最下者同衣食。卧不設席，行不騎乘，親裹贏糧，與士卒分勞苦。卒有病疽者，起爲吮之。」

〔八〕名曰父子之兵

施子美曰：謂之父子者，以其恩之固結，出於天性之自然也。惟其恩足以結之故，其情故有必親也。言兵者得不推其恩而究其情乎？法有所謂視卒如嬰兒、視卒如愛子。知嬰兒愛子之説，則知父子之兵所由命矣。不然，越之圖吴，何以有所謂君子六千人？夫謂之君子者，言君養之如子也。○劉寅曰：蓋父子之兵，上下一心者也。非結之以恩信，施之以仁義，其能然乎？孫子曰：「道者，令民與上同意，可與之死，可與之生，而不畏危。」即此義耳。○趙光裕曰：總結其不可離與不可當意。○黄獻臣曰：上下一心，總言兵之治也。○又曰：此言兵不貴衆而貴治，首在明尊君親上之禮。禮明則可動，可進可退，可前可後，可左可右，可絶可散，可安可危，可合而不可離，可用而不可疲，往而莫當，明乎他人不能禁吾子也。吴子談兵，每致意於道義仁信，而復惓惓於禮教，其得於聖門之遺訓者歟？若王夜義恃功驕倨，殘暴滅禮，而見誅於吴玠；單師雄繩之以法，輒謀叛逆，而計除於曹翰，初未嘗治之以禮耳。○朱墉曰：父子之兵，如一父之子也。一體之愛，死生相倚者也。○朱墉引汪升之曰：今既有禮有威之兵，投之所往，天下莫當，則是形既聯屬，情復孚洽，即一體之愛，何以加之？非父子之兵而何？○丁洪章曰：此言兵不貴衆而貴治，治則居有禮，動有威，而天下莫能當也。○又曰：兵有名之烏合者，有名之主伯亞旅者，毋論烏合之不可以言勝，即主伯亞旅亦不過紀律節制、有嚴有翼之師也，而終不若父子之兵呼吸通，痛癢關，可合而不可離，可用而不可疲，投之所往，天下莫當者也。必爲將者情意素洽，恩德素孚，方能名爲父子之兵。○曦案：本篇的第二節承接第一節所論的「二重」、「一信」，繼續申説法紀問題，提出了「以治爲勝」的主張。吴起認爲一支軍隊是否具有戰鬭力，與人數多少没有必然聯繫。如果「法令不明，賞罰不信」，軍人不聽號令，這樣的軍隊「雖有百萬，何益於用」？他還指出了治軍的内容與目標，就是把軍隊訓練成「父子之兵」。這一建軍目標的核心内容就是法紀嚴明，軍人只有敬畏禮法，才會一切行動聽指揮，具有强大戰鬭力。

吴子曰：「凡行軍之道，無犯進止之節，無失飲食之適，無絶人馬之力〔一〕。此三者，所以任其上令〔二〕。任其上令，則治之所由生也〔三〕。若進止不度，飲食不適，馬疲人倦而不解舍，所以不任其①上令〔四〕。上令既廢，以居則亂，以戰則敗〔五〕。」

【校記】

①其：開宗本無「其」字。

【集釋】

〔一〕「凡行軍之道」四句

施子美曰：此又吴子申言所以治軍之道。治軍之道，既無不得其宜，則三軍之士，亦無不惟上之聽。何則？進止之節，飲食之適，人馬之力，各有所宜。令而進止無犯其節，則軍無失次之患。飲食各適其適，則軍無飢渴之患。人馬不絶其力，則軍無疲困之患。○劉寅曰：凡行軍之道，無犯其前後進止之節，使之有所守；無失其平日飲食之適，使之有所養；無絶其人馬佚飽之力，使之有所恃。○歸有光引汪仲淹曰：進止之節，飲食之適，人馬之力，尤爲治兵之要。○黄獻臣曰：無犯進止之節，進止合度。無失飲食之適，飲食適宜。無絶人馬之力，人馬佚飽。○朱墉曰：犯，亂也，又過也。當進當止，不爽其節也。適，合宜也。絶，困也，用之盡也。○朱墉引方伯闇曰：以治爲勝，似乎止知用嚴，及其行軍，又如此能體恤下情，則士卒能不感激思奮也？○又引臧雲卿曰：斬勇士先得雙首者，節進止也。拊循其飢渴者，適飲食也。更番以出戰者，裕衆力也。○曦案：行軍，詞義同於孫子兵法行軍篇中的「行軍」，指的是軍隊在不同地形條件下的作戰、駐紮與宿營。

〔二〕此三者，所以任其上令

施子美曰：三者既得其宜，則人惟上之從矣。○劉寅曰：此三者，皆所以任用在上之令也。○趙光裕曰：任，用。令，法令。○茅元儀曰：言三者皆任用於將之所令，在爲將者處之有道。○黄獻臣曰：任，以遵奉言。○朱墉曰：任，負荷，聽從也，遵奉也。○朱墉引周魯觀曰：三者皆指行軍時言。行軍之時，爲將者能無犯、無失、無絶，如此休養，則士卒之氣力全，自然任服將之驅使而呼吸相應也。「任」字當在士卒之能遵行上講。○又引鄧伯瑩曰：「任」字有一一歸命，不敢違錯之意。○丁洪章曰：舊説任其上令，言行軍之時能使三軍無犯、無失、無絶，則士卒自肰任其上令，此三者皆在行軍時言，不是要士卒平日任上令，只是這三者耳。余謂此解甚爲支離。上令指君説爲是。人君命將出師，所以司命三軍無犯、無失、無絶者，是大君所必謀令之事。將令能遵行不悖，正是無負厥職處，故曰任其上令。如此講，下方有轉折，方合旨。

〔三〕任其上令，則治之所由生也

施子美曰：故任其上而無不治者也，此治之所由以生也。成周之際，大司馬之教戰也，車驟徒趨，及表乃止；車馳徒走，及表乃止；三發三刺，及表乃止，所以然者，欲其無犯進止之節也。挈壺以令軍，並挈畚以令糧，所以然者，欲其無失飲食之適也。進與馬謀，退與人謀，終日馳騁，左不捷，行數千里，馬不契需，所以然者，欲其無絶人馬之力也。故其大閱之際，坐作進退，疾徐疏數，無不如節者。其任上令爲如何。○劉寅曰：任用在上之令，則治道之所自而生也。○趙光裕曰：「治」字照前節「治」字看。○朱墉曰：令，號令也。任其上令，軍中士卒聽將之命令也。生，起也。士卒有所守，有所養，人馬佚飽，號令嚴肅，紀律條貫，治道由此而生也。○朱墉引徐象卿曰：行軍莫難於治，而治必有所由生，下皆聽從上之命令，則上下整齊，有嚴有翼，是「無犯」、「無失」、「無絶」之中紀律生焉，恩愛流焉，情意通焉，志氣感焉，所謂父子之兵由此而成矣，故曰「治之所由生也」。○丁洪章曰：承上言，將既能任上令，而無犯、無失、無絶三者克盡矣。而軍中之號令、紀律之規程，無不可以宣諭士卒。治軍之法，豈不由此而生乎？否則，上令不任，則人馬疲困，雖日行誅戮，其如人心解體何？

〔四〕「若進止不度」四句

施子美曰：苟爲不然，進退無度，飲食無適，馬疲人倦，尚不獲舍，若是則彼必怨嗟，其肯任上之令乎？宜其居則亂而戰則敗也。○劉寅曰：若一進一止不合節度，一飲一食不適其宜，馬疲勞、人倦怠而不知解鞍舍止休息之，是所以不任其上令。○黄獻臣曰：不解舍，不知解鞍。舍，止以休息之。○朱墉曰：不度，不合節度也。不解舍者，不解甲。

〔五〕「上令既廢」三句

劉寅曰：在上之令既已廢馳，以之居守則亂，以之進戰則敗。○黄獻臣曰：此言士卒任令不任令，豯養之裕與不裕。進止合度，比禮也。飲食適宜，可以見仁。人馬力足，可以見勇。如吴子斬勇士先獲雙首者，節進止也。若趙穿自謂我不知謀，率其屬以獨馳，無度甚矣。李廣拊循士卒飢渴，適飲食也。若張迪入洛陽，采蒿和麫，倉皇就縛，不適甚矣。李光弼定而後戰，迭用精鋭以爲繼，裕衆力也。若李陵策疲敝之兵，當新羈之馬，力絶甚矣。行軍者欲有治而無亂，有勝而無敗，不得不蚤審於此。○朱墉曰：廢，棄而不用也。居亂，居守之時亦叛亂也。○丁洪章曰：吴子真善用兵人也。上章言兵以治勝矣，宜繼之以嚴法，及其行軍時，又必無犯、無失、無絶之。是言也，如何三軍不感激之乎？所以下文又曰治之由生。○淩堃曰：饑飽勞逸，勿失其時。曦案：本篇的第三節指出了在不同地形條件下作戰、駐紮與宿營時，將領應掌握的原則，防止「進止不度，飲食不適，馬疲人倦而不解舍」。

吴子曰：「凡兵戰之場，立①屍之地，必死則生，幸生則死〔一〕。其善將者，如坐漏船之中，伏燒屋之下，使智者不及謀，勇者不及怒，受敵可也〔二〕。故曰用兵之害，猶豫最大；三軍之災，生於狐疑〔三〕。」

【校記】

①立：直解本、正義本、諸子彙函本、兵垣四編本、開宗本、黎利賓彙解本、四庫全書本、朱墉彙解本、全解本作「止」。

【集釋】

〔一〕「凡兵戰之場，立屍之地」四句

施子美曰：人有所甚愛，亦有所甚畏。生者所甚愛也，死者所甚畏也。捐其所甚愛而樂其所甚畏，此固人情所不忍也。兵戰之場，立屍之地，固萬死一生之所，非可以僥倖求也。人而至此，乃能捐其所愛而樂其所畏者，蓋甚陷則不懼，無所往則鬬。士於斯時，有死之心，無生之志，故能變死而爲生。苟爲幸生，則必不致死戰，故陷於死。昔王官之役，孟明視濟河焚舟，示以必死，故能封殽屍而還，此必死則生也。邲之戰，晉趙嬰齊使其徒先具舟於河，欲敗而先濟，是以大敗，此幸生則死也。○劉寅曰：凡兩兵交戰之場，乃止屍之地也。戰危事，兵死地，不可不謹也。若有必死之志則得生，若有幸生之心則必死。○王士騏曰：「如坐漏船之中，伏燒屋之下」，此二句喻志在必死。○茅元儀曰：必死則生，幸生則死，一部兵法盡此二語。○黃獻臣曰：戰危事，其場猶止屍之地。○朱墉曰：止屍之地，死地也。幸生，僥倖求生也。○丁洪章曰：「必死則生」二語，大開人心鎖鑰，豈特善爲將者當存此心?士士卒卒皆存此心,庶幾不死。○曦案:孫子兵法九地篇曰:「投之亡地然後存,陷之死地然後生。」又九變篇曰:「必生,可虜也。」與本篇四句意義相近。尉繚子兵教下第二十二論「兵有五致」,其中第四即「必死則生」。可對照參看。

〔三〕「其善將者」六句

施子美曰:善將者置之於死地,陷之於亡地,譬猶坐漏船之中,伏燒屋之下。夫漏船之中,其沉也必矣。燒屋之下,其焚也必矣。於斯之時,雖有勇者不及怒,智者不及謀。何者?勢不可也。用衆而若此,以之受敵,何有不可?彼於斯時,惟知受敵而不知有他,故能以萬死而易一生。昔王仁鑑有言:事有迫於不得已者,前有淵谷不可躍而越也,後有猛虎不可狎而近也,一旦不幸而臨於淵谷之險,視其後而猛虎逐之,寧躍而越淵谷乎?將坐而待斃於猛虎乎?坐而待斃於猛虎,死也,躍而越淵谷,亦死也,等死耳,待斃於猛虎,萬萬之死也,躍而越淵谷,萬一之生也,與其有萬萬之死,孰若有萬一之生?兵戰之場,立屍之地,萬萬之死也,必受敵而可以求萬一之生於萬萬之死矣。○劉寅曰:其善爲將者,如坐於漏船之中,伏於燒屋之下,示以必死,使敵之智者不及爲我之謀,敵之勇者不及爲我之怒,吾能受敵可也。○趙光裕曰:坐漏船之中,伏燒屋之下,示敵以必死。受敵可也,受敵如此,庶可保全。○茅元儀曰:兵戰之場,乃止屍之地,言必死也。坐於漏船之中,伏乎燒屋之下,示以必死，使敵之智者失其謀，勇者失其怒，吾能奮勇以受敵而無敗也。○黄獻臣曰：受敵可也，吾能奮勇以受敵，庶可保全而無敗。○朱墉曰：「坐漏船」、「伏燒屋」，二者喻志在必死也。智者、勇者，敵之智勇也。○朱墉引王漢若曰：坐漏船之中，無有不沉者；伏燒屋之下，無有不焚者，此極狀至急至迫之象。○又引芮文其曰：臨戰且不可以幸生爲念，其心如坐漏船之中而沉溺在邇，伏燒屋之下而性命旦夕無刻之可緩，則敵莫能禦矣。○又引唐順之曰：漏船燒屋是何等時候！此時求生之念，雖愚者亦智，怯者亦勇矣。○丁洪章曰：此狀至危至迫之象。看本文猶豫之害，狐疑之災，見爲將者當臨戰之時，切不可以幸生爲念，當如遇水火大□一般，奮然勃然，以決一死，不然，坐漏船無有不溺者，伏燒屋無有不焚者。

〔三〕「故曰用兵之害」四句

施子美曰：此言用兵之道，不可以無斷，亦不可以有惑也。猶之爲獸，一行而一退，若不斷之象也。狐之爲獸，一步而一止，此疑惑之象也。猶豫則不斷，故其爲害也大。傳曰：「當斷不斷，反受其亂。」則不斷者爲害，豈不大乎？狐疑則衆惑，故災之所由起，未至於甚害也。法曰：「衆疑無定。」國疑則不定，不疑則復定。故狐疑但可以爲災，而猶豫則爲大害也。傳曰：「持不斷之志者，開群枉之門。執狐疑之心者，來讒賊之口。」傳以狐疑對不斷而言之，則猶豫之爲不斷也明矣。不然，韜何以亦曰「用兵之害，猶豫最大；三軍之災，莫過狐疑」？○劉寅曰：故曰用兵之患害，猶豫不決最爲害之大者。三軍之災難生於心之狐疑而不果斷。猶，蜼也，卬鼻，長尾，性多疑，聞有聲則豫登木，上下不一，故謂不決曰猶豫。狐，多疑，河冰始合，必貼耳，先聽無水聲而後過，故以多疑爲狐疑。○黄獻臣曰：此言善將者要在持之以必死之志，能使敵之知勇皆不及施，而後可以受敵，如項羽沉船破甑，人人圖死戰，無不一當百，可謂善將者矣。李衛公曰：「用衆在乎心一，心一在乎禁祥去疑。」老子曰：「當斷不斷，反受其亂。」彼猶豫、狐疑所怕，只是一個死耳。○王士騏曰：猶豫、狐疑，皆獸之多疑者，引以喻將無決斷。○朱墉曰：猶、狐，二獸名，引此以喻將無決斷，乃爲衆兵之災害也。○朱墉引鄧伯瑩曰：看本文猶豫之害，狐疑之災，見爲將者當臨戰之時，如遇水火一般，當奮然勃然，有必死，無倖生，如項羽之沉船破釜，淮陰之背水置陣，乃可以成戰勝之績也。○又引陳明卿曰：當斷不斷，反受其亂。彼猶豫、狐疑所怕，只是一個死耳。○又引汪升之曰：疑志不可以應敵，若籌算不決，輾轉胸中，不但勝之分數少，而且害之分數多矣。○丁洪章曰：善用兵者，謀成而動，決無疑懼，恐稍一遲滯，便失其機會矣，故曰「用兵之害，猶豫最大。」○淩堃曰：同船合命，吴越一心。○曦案：以上四句又見於六韜龍韜軍勢，僅兩字不同，「生於」，六韜作「莫過」。又本篇第四節彰顯了戰爭的極端殘酷，説戰場是一個「立屍之地」，軍人要想活着走出戰場，就要擁有不怕死的品性。他揭示出了一條關乎軍人生死的至理名言——「必死則生，幸生則死」，越是抱着必死的信念忘我殺敵，就越是能活下來；如果心懷僥倖，貪生怕死，反而會命喪疆場。這啓發軍人應悟透極端環境下的生與死，戰勝死亡恐懼，大力培養不怕犧牲的職業素養。這一節的至理名言還有「用兵之害，猶豫最大；三軍之災，生於狐疑」，這幾句話啓發將領及時抓住戰機，當斷則斷，不可膽怯狐疑，造成兵敗災難。

吴子曰：「夫人常①死其所不能，敗其所不便〔一〕。故用兵之法，教戒爲先〔二〕。一人學戰，教成十人。十人學戰，教成百人。百人學戰，教成千人。千人學戰，教成萬人。萬人學戰，教成三軍〔三〕。以近待遠，以佚②待勞，以飽待飢〔四〕。圓而方之，坐而起之，行而止之，左而右之，前而後之，分而合之，結③而解之，每變皆習，乃授其兵。是謂將事〔五〕。」

【校記】

① 常：底本作「當」，講義本、直解本、正義本、二十子全書本、諸子彙函本、兵垣四編本、武備志本、

開宗本、平津館叢書本、淩堃評校本、朱墉彙解本、全解本、黎利賓彙解本、四庫全書本、四部備要本均作「常」，於意爲佳，今據改。

② 佚：二十子全書本作「逸」。

③ 結：正義本作「給」。

【集釋】

〔一〕夫人常死其所不能，敗其所不便

施子美曰：傳曰：「不教民戰，謂之殃民。」民不素教，則耳目不熟於旗鼓，手足不熟於器械。一有用焉，是以其卒予敵也，故死於其所不能，敗於其所不便。○劉寅曰：凡人常死其戰陣之所不能者，敗其坐作進退之所不便者。若能戰陣，豈可致之死？若便於坐作進退，豈可使之敗？○茅元儀曰：兵無技能，戰不便習，由於不教也，故常至於死且敗焉。○朱墉曰：不能，困於性拙也，如南人短於馬，北人短於舟也。不便，不嫻習也。

〔二〕故用兵之法，教戒爲先

施子美曰：司馬法曰：「用其所欲，行其所能。廢其不欲、不能，於敵反是。」廢其不欲、不能，則不至於死敗矣。將欲使之各盡其能，各得其便，則何以哉？亦不過先之以教戒而已。有以教之，則人知所習；有以戒之，則人謹所習，是必明之以號令，示之以賞罰，使之閑於馳逐，熟於擊刺，明於坐作、進退、疾徐、疏數之節。其在周官，有所謂教振旅、教茇舍、教治兵、教大閲，此之所謂教也。有所謂前期戒衆庶，鼓戒三闋。若大師，則掌其戒令，此所謂戒也。成周之際，猶以是而爲先，況戰國乎？○劉寅曰：故用兵之法，教訓戒勅最爲先務。○歸有光引王敬所曰：教習者在習器械，又量力以教之，何戰不克？兵有五教：目、耳、足、身、心也。○朱墉曰：教，不知者訓之也。戒，不從者懲之也。爲先者，以此爲先務也。○朱墉引尤尺威曰：教節制言，戒乃就教之時，而寓儆戒之意。蓋教而不戒，則士多怠玩不遵，所以用兵必以此爲先也。○又引王漢若曰：教者，訓導也。戒，警惕也。教所以練其才能，戒所以飭其怠玩，二者並行不悖，而戒即寓於教之中。如孫武教宫嬪，心視背，背視左右手，此教也；笑者斬之，此戒也。○又引金千仞曰：初募之兵未習行陣，必爲將者預教之以進退，而部伍不亂；申飭之以刑罰，而齊勇若一。若臨時訓練，則不及矣。○丁洪章曰：有一耳目之教，即有一耳目之戒，不然，徒教不戒，其教不行；徒戒不教，其戒不服。此是並行相濟的事，又是治兵先入門處，故曰爲先。按晁錯云：「卒不服習。」又古語云：「巧者不過習者之門。」言技勇紀律必習熟而後稱能手，不然，則必死、必敗之術也。良將用兵全在教戒。其寔演習不在教場。「一人學戰」十句，此分練法。「以近待遠」三句，此治力法。「圓而方之」以下，所以盡陣法之變。結而解，即分而合之也。

〔三〕「一人學戰」十句

施子美曰：教戒之法，由寡而後可以至衆。自治可以待敵，習變而後可以應卒。自一人學戰，教成十人，累而至於教成三軍，此由寡以至衆也。由寡以至衆，則其力不勞而教亦易成矣。其在尉繚子，有所謂「百人而教戰，教成，合之千人；千人教成，合之萬人；萬人教成，合之三軍」，是亦吴子教戰之法也。○劉寅曰：三軍者，三萬七千五百人也。○趙光裕曰：此所謂以一教十者也。下文乃詳言教戒之事。○歸有光引熊悦之曰：教習之法皆由主將之謀定，而三軍之心服也。一教十，十教百，百教千，千教萬，教成三軍裕如矣。

〔四〕「以近待遠」三句

施子美曰：以我之近待彼之遠，以我之佚待彼之勞，以我之飽待彼之飢，此自治而後可以待敵也。自治以待敵，則敵必爲我致矣。其在孫子，亦有所謂「以近待遠，以佚待勞，以飽待飢，此治力者也」，是亦吴子教戰之法也。○劉寅曰：以我之近待彼之遠來者，以我之佚待彼之勞倦者，以我之飽待彼之飢餓者，此孫子治力之法也。或曰吴子論學戰，言以近而待其遠，以佚而待其勞，以飽而待其飢，欲其三軍同心一力也。然必先能齊己之力，而後治彼之力耳。○趙光裕曰：以吾近待敵之遠來，以吾逸待敵之勞倦，以吾飽待敵之飢餓，此教以治力之事。○黄獻臣曰：此教以養力之事。○朱墉曰：以近，以我兵道里之近也。

待，伺候也。待遠，等待敵人之遠來也。近、佚、飽，皆養力之事也。

〔五〕「圓而方之」十句

施子美曰：圓而方之者，既教以方，又教以圓；既教以圓，又教以方，欲其明於動靜之理也。坐而起之者，既坐而復起之，欲其明於作止之理也。或左或右，或前或後，欲其運用之皆得也。或分或合，或結或解，欲其聚散之適宜也。若是者，每變皆習，是能習變，而後可以應卒也。其在張昭教習法，亦有所謂「方之圓之，曲之鋭之，行而止之，左而右之，前而後之，離而合之」，是亦吴子之法也。謂每變皆習，則自方圓坐作以至於分合結解，莫不隨變而習之。既習之矣，然後可用，故乃授之兵，使之將而以用之，故可以謂之將軍。將軍者，將是軍而爲之將也。一本以爲將事。○劉寅曰：圓而方之者，謂隨陣變化成形也。如十二將兵有方陣，有圓陣，或方而變爲圓，或圓而變爲方，隨將所指也。坐而起之者，謂一坐一起，如司馬法「立進俯，坐進跪」是也。行而止之者，謂行人當止而齊之也，如「六步七步，乃止齊焉」是也。左而右之者，謂麾之左則左，麾之右則右也。前而後之者，謂或進之前，或退之後，如前卻有節是也。分而合之者，謂分而能合也。結而解之者，謂合而能分也。太公曰：「分不分，爲縻軍；聚不聚，爲孤旅。」兵不能分合解結，何益於用哉？使吾軍每變皆習熟之，乃授其兵，是謂大將之事。○趙光裕曰：兵，器。是謂將事，斯則不死其不能，不敗其不便，而可謂良將之事矣。○歸有光引熊悦之曰：此起八陣之法也。八陣茲於風后，繼於孫武，繼於起，繼於孔明，至李靖爲十四陣矣。○王士騏曰：「圓而方之」七句乃營陣行伍之變。○黄獻臣曰：圓而方之，兵有方陣，有圓陣，隨將聽指。坐而起之，如司馬法「立進俯，坐進跪」。行而止之，如「六步七步，乃止齊焉」。左而右之，麾之左則左，麾之右則右。前而後之，即前卻有節。分而合之，能分能合也。結而解之，時聚時散也。太公曰：「分不分，爲縻軍；聚不聚，爲孤旅。」兵不能分解合結，何益於用哉？此營陣行伍之變化也。皆習，皆令熟習。○又曰：此言用兵當循序成教，使之習變化之法，然後授以待敵之兵，則將不勞而兵治。若漢武帝欲伐昆明，鑿池以習水戰。唐太宗引騎士教射於殿庭，屈萬乘而爲兵師，則非所以爲訓矣。○朱墉曰：圓而方之，方陣、圓陣隨將所指，不執一也。坐而起之，或跪而坐，或作而起也。行而止之，或行而往，或止而齊也。左而右之，或麾之左，或麾之右也。前而後之，或進而前，或卻而後也。分而合之，能分能合也。結，聚也。解，散也。此皆營陣行伍之變化也。皆習，悉令習熟也。授其兵，與以兵器，使與敵戰也。將事，良將教兵之事也。○朱墉引臧雲卿曰：人各一技，技各一能，分門而教，按隊以習，擇任之精，有專督閲校之外無瑣屑，是謂上帥。○丁洪章曰：每變皆習，這「變」字即指上文圓方七事而言。圓方、坐起、行止、左右、前後、分合、結解，此皆營陣行伍之變化。故爲將者必使吾士卒先習熟之，然後授以兵器，而使之戰，則無不能不便者。既無不能不使之人，自不爲敵之所死，自不爲敵之所敗矣。大將之事，不在是而誰謂乎？○淩堃曰：此教陣法。○曦案：本篇的第五節强調了軍事訓練的重要性，所謂「用兵之法，教戒爲先」，並給出了如何「教成三軍」的基本方法，還重述了孫武「以近待遠，以佚待勞，以飽待飢」的作戰指導原則，交待了陣法訓練的基本程式。

吴子曰：「教戰之令，短者持矛戟，長者持弓弩，强者持旌旗，勇者持金鼓〔一〕，弱者給廝養①，智②者爲謀主③〔二〕。鄉里相比，什伍相保〔三〕。一鼓整兵，二鼓習④陳，三鼓趨食，四鼓嚴⑤辨⑥，五鼓就行。聞鼓聲合，然後舉旗〔四〕。」

【校記】

① 養：兵垣四編本作「役」。

② 智：二十子全書本作「知」。

③ 主：太平御覽卷二九七作「士」。

④ 習：太平御覽卷二九七作「戰」。

⑤ 嚴：太平御覽卷二九七作「然」。

⑥辨：直解本、正義本、諸子彙函本、兵垣四編本、開宗本、武備志本、朱墉彙解本、全解本、黎利賓彙解本、四庫全書本作「辧」。

【集釋】

〔一〕「教戰之令」五句

施子美曰：在人有不同之才，在我有因用之法。瞽司聲，聾司火，奴司耕，婢司爨，因而用之，未有不適其用者，況於用兵之際，可不因而用之乎？夫殺人於五十步之內者，矛戟也，其所用者近，故使短者持之可也。殺人於百步之外者，弓矢也，其所用者遠，故使長者持之。旌旗所以形衆也，强者持之，則力於率衆，必有以螯弧登，周麾而呼者。金鼓所以聲衆也，勇者持之，則敢於進戰，必有傷矢流血及屨，而鼓音未絶者。其在張昭教陣法，亦曰：「長持弓矢，短持矛戟，力者持旗，勇者擊鼓。」亦此意也。○劉寅曰：吴子言教戰之令，身短者持矛戟以刺。矛，夷矛、酋矛也。矛、戟，長兵，故使身短者執之。身長者執弓弩以射。弓弩及遠，故使身長者執之。强梁者持旌旗以指麾。旌旗摇蕩，非强者不能持。勇力者持金鼓以進止。金鼓體重，非勇者不能持。○黄獻臣曰：短者持矛戟，以矛戟之長補其身之短。長者持弓弩，以射疏之力展其身之長。强者持旌旗，非强不能麾轉旌旗。勇者持金鼓，非勇不能敲擊金鼓。○朱墉曰：令，教習戰鬭之法令也。短，身之短也。持，執也。

矛，夷矛、酋矛也。用以自衛，故使身之短者持之。弓弩可及遠，故使身之長者持之。旌旗摇蕩，非强力不能麾轉。金鼓體重，非勇壯不能敲擊。○朱墉引方伯闇曰：一軍之中，人有短長强弱智愚，不一其材。爲將者量材器使，人人皆可用，固宜人人自奮，重在軍中無廢棄之人上。○又引尤尺威曰：智者，明哲之士，見理分明，料敵畫策，故爲計謀之主。「主」字有不可枉撓之意。

〔二〕弱者給廝養，智者爲謀主

施子美曰：若夫弱者，似不足用矣。而廝養之役，亦足以給之，是則無棄人矣。至於智者，其謀足多，故以爲謀主。必終之以「智者爲謀主」者，蓋言軍不可以無謀主也。是以李荃之陰經有所謂「將有智謀」。如曰漢用張良、陳平之智而滅項籍，光武任寇恂、馮異之智而降王莽，曹公任許攸、曹仁之智而破袁紹，孫權任周瑜、魯肅之智而敗魏武，劉備任諸葛孔明之智而王巴、蜀，晉任杜預、王濬之智而平南吴。若是者，未有不任智謀而有成也。故善戰者不可以無謀主。○劉寅曰：力弱者不能戰，故使給廝養之役。有智者能料敵，故使爲計謀之主。乂草爲防者曰廝，炊烹者爲養。○黄獻臣曰：弱者給廝養，廝，艾草者；養，炊烹者；弱者不能戰，但使給廝養之役。○朱墉曰：給，供應也。廝，刈草也。養，炊爨也。使老弱者充之，蓋老弱者不能戰，惟可充牧馬、取薪之役也。謀主，計謀之主宰也。○朱墉引秦少游曰：兵家之所以取勝，非特將良而士卒勁也，必有精深穎悟之士、料敵應變出奇無窮者爲之謀主焉。將者心也，謀者思慮也，乃一軍勝敗之樞機也。○丁洪章曰：智者，明哲之士也。三軍之中，未易多得。大將得之，可以輔佐帷幄，可以參贊機謀，故爲謀主。蓋謀因智生，智以謀顯，所以得智者與得他才不同。必使之畫策攄計，以司參贊於帷幄，亦因材器使之道也。

〔三〕鄉里相比，什伍相保

施子美曰：至於鄉里相比，什伍相保，此又聯民之法也。方其居於比閭旅黨之中，其出入相友，守望相助，疾病相扶持，其情固已親矣。及用之於伍兩師旅之際，亦向之比閭旅黨之民也。推其鄉里之情，而用之於什伍之際，一有患難，其不知所救援乎？故同其鄉里而使之相比，所以親之也。列爲什伍而使之相保，所以聯之也。其在周官旅師，有所謂「五家爲比，十家爲聯，五人爲伍，十人爲聯」，「使之相保相受」，正此意也。○劉寅曰：使同鄉同里者相親比，同什同伍者相保護。萬二千五百家爲一鄉，二十五家爲一里，十人爲一什，五人爲一伍，皆古法也。○曦案：比，親近，和睦。詩經大雅皇矣：「王此大邦，克順克比。」朱熹集傳：「比，上下相親也。」

〔四〕「一鼓整兵」七句

施子美曰：一鼓整兵，二鼓習陣，此則以鼓而爲節也。一鼓則整齊其兵旅，再鼓則使之習陣，三鼓則趨之以食，四鼓則嚴辨其器用，五鼓則就行列。雖五鼓之後，必待衆鼓聲合，然後舉旗。夫旗鼓者，軍之耳目也，所以齊之也。晉張侯曰：「師之耳目，在吾旗鼓。」則非鼓，其何以齊之乎？杜佑載步戰令曰：「嚴鼓一通，步騎悉裝；再通，騎上馬，步結屯；三通，以次出之。」其載船戰令曰：「雷鼓一通，吏士皆嚴；鼓再通，什伍皆就，船整持櫓；三通，大小戰船以次發。」是皆以鼓爲節也。○劉寅曰：一擊鼓，使整兵器。二擊鼓，使習陣法。三擊鼓，催促飲食。四擊鼓，嚴謹裝束。五擊鼓，使就行列。聞鼓聲既合，然後舉旗而施令。○黄獻臣曰：此言教戰當隨材器使，而以智者爲計謀之主，使之相親相保，聽鼓聲而施號令。一鄉教成，通之一國。一國教成，通之天下。此足上篇習教之事。○朱墉曰：一鼓，一次擊鼓也。整兵，張弓出刃也。習陣，齊習陣法也。趨食，催督飲食也。嚴辨，嚴整裝束也。就行，使就行列也。鼓聲齊合，然後舉旗而施號令也。○朱墉引徐象卿曰：教戰非可以言傳。將之命令在於旗鼓初整，兵以次習陣，漸次興起，井然有條，莫不齊一，全在於平時嫺熟，則耳目自不驚擾矣。○淩堃曰：此器使法。○曦案：本篇的第六節敘述了軍事訓練的一些基本條令，內容包括：如何根據士兵的體能與智力，頒發適合他們使用的武器，分配他們從事力所能及的工作；如何將同鄉同里的士卒編在一起，讓同什同伍的士卒相互擔保；如何讓士兵掌握各種鼓聲所藴含的不同軍事命令等。

武侯問曰：「三軍進止，豈①有道乎〔一〕？」起對曰：「無當天竈，無當龍頭〔二〕。天竈者，大谷②之口；龍頭者，大山之端〔三〕。必左青龍，右白虎，前朱雀，後玄武〔四〕，招摇在上，從事於③下〔五〕。將戰之時，審候風所從來。風順致④呼而從之，風逆堅陳以待之〔六〕。」

【校記】

① 豈：講義本無此字。

② 谷：開宗本作「斧」。

③ 於：講義本作「在」。

④ 致：直解本作「治」。

【集釋】

〔一〕三軍進止，豈有道乎

施子美曰：行軍之道必欲違害而就利。天竈、龍頭，此軍之害也。青龍、白虎，招摇在上，此軍之利也。害欲其避，故無當之；利欲其就，故從事於下。○劉寅曰：三軍一進一止，豈亦有道乎？○王士騏曰：言進止當審地利以立營。○朱墉引新宗曰：世將用兵，止知有進，不知有止，往往犯天災，蹈地危，此用兵之深戒也，故武侯問及之。○丁洪章曰：「道」即下文因地利、順天時之道。言世將用兵，止知有進，不知有止，往往犯天災，蹈地危，此用兵之深戒也，故武侯問及之。

〔二〕無當天竈，無當龍頭

黄獻臣曰：當谷口而營，恐爲敵所衝，水所没。當山端而營，恐爲敵所圍，且水草不便。○王士騏曰：進止勿與二者相當。○朱墉引太公曰：處山之高則爲敵所棲，處山之下則爲敵所囚，即龍頭、天竈之意。又曰：處山之陽，備山之陰。處山之陰，備山之陽。處山之左，備山之右。處山之右，備山之左。高置旌旗，謹勑三軍，即左右、前後、上下之意。宜處風後，無當風前，此常法也。○丁洪章曰：天竈、龍頭，一爲谷口，一爲山端，谷口則卑而易陷，山端則高而可危，三軍進止，往往遇此境界，惟善處軍者審地利而爲之，進止必有其道也。

〔三〕「天竈者，大谷之口」四句

施子美曰：天竈者，大谷之口，乏水草之地。龍頭者，大山之端，是爲絶地。張昭安營壘法謂：「安營築壘，須知陰陽吉凶、山川向背、崗陵地形。」亦舉吴子曰：「無當天竈，無當龍頭。」繼之以凡出軍，遇已上之地，急去無留，不可駐軍。以是知害不可以不避也。○劉寅曰：三軍進止，無當天竈。天竈者，大谷之口。當大谷之口而營，一則恐爲敵所衝，二則恐爲水所没。無當龍頭，龍頭者，大山之端。當大山之端而營，一則恐爲敵所圍，二則恐水草不便。太公曰：「處山之高則爲敵所棲，處山之下則爲敵所困」是也。○趙光裕曰：當天竈，恐爲敵所衝、水所没。當龍頭，恐爲敵所圍，且水草不便。此言其進止當審地利以立營。○王士騏曰：天竈者，大谷之口，當之恐爲水所渰。龍頭者，大山之端，當之恐爲敵所圍。

〔四〕必左青龍，右白虎，前朱雀，後玄武

施子美曰：必左青龍，右白虎，前朱雀，後玄武，此欲四方擁護也。張昭又曰：「朱雀、青龍輔翼，白虎長遠，玄武不逼，玉案横長，連珠堆阜，即爲勝。」正此意也。○劉寅曰：左青龍者，所謂蛟龍，曰旂也。右白虎者，所謂熊虎，曰旗也。前朱雀者，所謂鳥隼，曰旟也。後玄武者，所謂龜蛇，曰旐也。○茅元儀曰：此星旗之名也。○朱墉引方伯闇曰：三軍位置，應獸應星旗物，亦自有辨。必按五方之位，左爲青龍旗，即畫青龍。右爲白虎旗，即畫白虎。前爲朱雀旗，即畫朱雀。後爲玄武旗，即畫玄武。蓋東方屬木，色主青。西方屬金，色主白。南方屬火，色主朱。北方屬水，色主黑。○曦案：郭沫若在述吴起一文（載青銅時代一書，科學出版社一九五七年版）中，分析吴子中「必左青龍……從事於下」等數句的内容，認定「今存吴子實可斷言爲僞」。他説：「（這數句）顯係襲用曲禮或淮南子兵略訓。……『行，前朱鳥而後玄武，左青龍而右白虎，招摇在上，急繕其怒。』（曲禮上）『所謂天數者，左青龍，右白虎，前朱雀，後玄武。』（淮南兵略訓）四獸本指天象，即東方之角亢爲青龍，西方之參井爲白虎，南方之星張爲朱雀，北方之斗牛爲玄武，而吴子所説則似乎已轉而爲地望。像這樣的含混不明，則語出剿襲，毫無可疑。且此四獸之原型始見吕氏春秋十二紀，所謂：『春……其蟲鱗。』『夏……其蟲羽。』『秋……其蟲毛。』『冬……其蟲介。』墨子貴義篇言五方之獸則均爲龍而配以青黄赤白黑之方色。此乃墨家後學所述，當是戰國末年之事。若更演化而爲四獸，配以方色，則當更在其後。用知四獸爲物，非吴起所宜用。故今存吴子實可斷言爲僞。以筆調覘之，大率西漢中葉時人之所依託。」郭氏的這一説法頗有影響，然高文、何法周、李學勤等根據出土文獻與海外文物，對此做了有力駁正。高文、何法周在吴子考補證一文（載學術研究輯刊，一九八〇年第二期）中説：「先秦古籍之右官篇雖然已經説明『五方之獸均爲龍』、『演化而爲四獸』已經完成；但遺憾的是，郭老未能見到青龍、白虎、朱雀、玄武這四獸的具體名稱。他見到的只是倮獸、羽獸、毛獸、介獸、鱗獸等名稱。現在銀雀山西漢墓六韜竹簡的出土，證實先秦時代已應用四獸具體名稱；隨縣曾侯乙墓天文圖像上，更繪製有青龍、白虎圖；因此，關於『用知四獸爲物，非吴起所宜用，故今存吴子，實可斷言爲僞』的結論，我們就可以代郭老修正了。」李學勤在吴起傳序一文（載晉陽學刊，一九八八年第八期）中説：「（吴子）書中某些看起來較晚的詞語，有的未必晚出。例如『左青龍，右白虎』等語，禮記曲禮上和湖南長沙馬王堆西漢墓所出帛書中都有。一九七八年在湖北隨縣擂鼓墩一號墓出土一件漆衣箱，上繪青龍、白虎，並寫有『斗』及二十八宿名稱。墓的年代是公元前四三三年，比吴起的活動年代還略早一些。事實上青龍、白虎等四神的觀念至少西周初就存在了。最近我們在海外見到的周初饕餮紋四神尊，是一個有力的證據。」

〔五〕招摇在上，從事於下

施子美曰：招摇，斗柄之星也。斗，北方星也，以殺爲義也。招摇之名，取其麾指之意也。招摇在上，而從事於下，取其得天也。張昭曰：「天子常居斗四星下，前將軍居太微下，後將軍居華蓋下，左將軍居太衝下，右將軍居文昌下。」知此則知招摇所在，從事於下，必吉可知，所以就利也。或以招摇爲旗，謂畫星於旗也。禮記曲禮曰：「行，前朱雀，後玄武，左青龍，右白虎，招摇在上，急繕其怒。」鄭氏釋之曰：「以象天地之怒。」此則旗説也。後世神旗之制，亦畫斗星於其上，則招摇之爲旗也亦明矣。○劉寅曰：招摇，星名，在北斗傍梗河上。此中軍之旗也，故曰從事於下。○趙光裕曰：畫五星於旗上，而從事於其下。此言其進止當分星象以立旗。○黄獻臣曰：此言進止當審地利也。○朱墉引方伯閶曰：招摇星在上，旗即畫北斗在上，而令人視之，從事於下。

〔六〕「將戰之時」四句

施子美曰：至於將戰之時，必審候風之所從來。風順，致呼而從之，欲以鼓噪而奪之也。風逆，堅壁以待之，懼其因風縱火而爲李孝逸之舉，順風揚灰而爲楊琁之舉，故須堅陣以待之。此亦欲就利而避害也。若五代晉張彦澤爲契丹所圍，契丹順風揚塵，奮擊甚鋭，軍中大懼，諸將皆曰：「賊乘上風，吾居其下，待風回，乃可戰。」彦澤以爲然。其偏將謂彦澤曰：「今軍中飢渴已甚，若待風回，吾屬爲虜矣。且逆風而戰，敵人必謂我不能，所謂出其不意。」即追契丹，敗之。是又權以濟之也，不必堅壁以待之也。○劉寅曰：將欲戰鬬之時，必要審察候伺風所從來之處。若風順，則致吾士卒，使大呼而從之；若風逆，則堅守吾陣以待之。○趙光裕曰：風順則呼噪而從戰，風逆則堅陣以待之。此言其進止當占風候也。○茅元儀曰：人但知水戰須風，而不知凡戰皆須風。○黄獻臣曰：風順則呼譟而戰，風逆則止。此言進止當占風候也。○又曰：此言三軍進止當審地利而占風候。太公曰：

「處山之高則爲敵所棲，處山之下則爲敵所囚。」即龍頭、天竈之意。又曰：「處山之陽，備山之陰。處山之陰，備山之陽。處山之左，備山之右。處山之右，備山之左。高置旌旗，謹勑三軍。」即左右、前後、上下之意。宜處風後，無當風前，此常法也。若崔浩破赫連吕，符彦卿破契丹，皆以逆風取勝，則又當别論矣。○朱墉引大全曰：風所以助勢也。風順則旌旗可以前指，人馬可以鼓行，勝勢無非我操。風逆則氣力必爲所絶，心志必爲所疑，勝勢悉爲敵握。此將戰在所必審也。○丁洪章曰：風所以助勢也。風順則旌旗可以前指，人馬可以鼓行，勝勢無非我操矣。風逆則氣力必爲所絶，心志必爲所疑，勝勢悉爲敵握矣。此將戰之時在所必審也。○又曰：此章之問亦最有理。教成三章安有不用之理乎？然若不按地理，不知天時，只知有進，不知有止，亦犯兵戒。「左青龍」六句，此立營結寨之法，背陰向陽於人事進止最便。審候風勢順逆，此行兵喫緊事。○淩堃曰：佈陣地險，此其一端。○曦案：本篇的第七節交代了軍隊行進、駐紮時所應遵循的宿營原則，以及前軍、後軍、左軍、右軍、中軍所應分别使用的旗幟是青龍旗、白虎旗、朱雀旗、玄武旗、招摇旗，還敘述了即將作戰時要注意順逆風向，順風時乘勢進攻，逆風時堅守陣地，等待戰機。

武侯問曰：「凡畜卒騎①，豈有方乎〔一〕？」起對曰：「夫馬，必安其處所，適其水草，節其飢飽。冬則温廄②，夏則涼廡〔二〕。刻剔毛鬣，謹落四下〔三〕。戢其耳目，無令驚駭〔四〕。習其馳逐，閑其進止〔五〕。人馬相親，然後可使〔六〕。車騎之具，鞍、勒、銜、轡，必令完堅③〔七〕。凡馬不傷於末，必傷於始；不傷於飢，必傷於飽〔八〕。日暮道遠，必數上下；寧勞於人，慎無④勞馬〔八〕；常令有餘，備敵覆我〔九〕。能明此者，横行天下〔一〇〕。」

【校記】

① 卒騎：直解本作「車騎」。劉寅曰：「『卒騎』，一本作『率騎』，皆誤也。舊本作『車騎』爲是，下文『車騎之具』乃一證也。」録之備考。

② 廄：底本作「燒」，於意不通。講義本、直解本、正義本、二十子全書本、諸子彙函本、武備志本、兵垣四編本、開宗本、朱墉彙解本、全解本、黎利賓彙解本、四庫全書本、平津館叢書本、淩塑評校本、四部備要本均作「廄」，於義爲佳，今據改。

③ 完堅：正義本、開宗本、武備志本、兵垣四編本、全解本、黎利賓彙解本、四庫全書本作「堅完」。

④ 無：正義本、全解本、四庫全書本作「勿」。

【集釋】

〔一〕凡畜卒騎，豈有方乎

施子美曰：馬者，甲兵之本，軍之所急務者也。詩人之美魯僖公也，不及其他，而稱其有騅有駓有騮有駱而已。其美衛文公也，不及其他，而稱其秉心塞淵，騋牝三千而已。是馬之爲用大矣，武侯安得不問其所以蓄之之道乎？○劉寅曰：凡畜養駕車之騎，豈亦有方乎？○趙光裕曰：畜卒騎，畜養士卒所乘之騎。○歸有光引解大紳曰：蓄卒騎，即鼂錯言中國之長技五也。平原易地，輕車突騎，一也；勁弩長戟，射疏及遠，二也；堅甲利刃，遊弩往來，三也；材宫騶發，矢道同的，四也；下馬地鬭，劍戟相接，五也。知此，可以無敵於天下矣。○黄獻臣曰：卒騎，士卒所乘之馬也。○朱墉引方伯闇曰：馬爲士卒設，畜之，無非爲保全士卒，不欲使之輕有所犯。故馬雖畜類，而其飲食居處之情，亦未嘗與人異。故將欲畜之，必令其調適，用之不可過勞，是愛馬正所以愛人也。○丁洪章曰：欲畜卒騎，必得其方，而後可以得其用，此畜養之術不可不亟講也，故武侯問及之。

〔二〕「夫馬，必安其處所」六句

施子美曰：夫蓄馬之法，以居處則欲其安，以水草則欲其得，以飢飽則欲其節。冬則温廄，慮其傷於寒也。夏則涼廡，慮其傷於熱也。廡者，鄭司農以爲廡所以庇馬涼也。○劉寅曰：夫馬必要安其居處之所，適其水草之宜，節量飢飽之候。冬則温廄，不使之寒也。夏則涼廡，不使之熱也。○黄獻臣曰：廄爲舍，廡爲廊，可通風日者。○朱墉曰：適，順也。

温，煖也。廄，馬舍也。廡，周室可通風日者。冬温舍，不使之寒也；夏涼廡，不使之熱也。

〔三〕刻剔毛鬣，謹落四下

施子美曰：「刻剔毛鬣，謹落四下」者，攻其蹄齒也。○劉寅曰：刻剔毛鬣，使之疏通。謹落四下，使之輕便。四下，四蹄也。○趙光裕曰：下，蹄。○黄獻臣曰：四下，四蹄也。易生妬肉，謹慎刊落，勿傷其足，使其便利。○朱墉曰：鬣，長鬃也。馬之毛鬣常與剔理，使之疏通也。○曦案：落，通「烙」。莊子秋水：「落馬首，穿牛鼻。」這裏指給馬釘掌。

〔四〕戢其耳目，無令驚駭

施子美曰：「戢其耳目，無令驚駭」者，所以教之也。○劉寅曰：戢其耳目之視聽，無令驚逸駭躍。○朱墉曰：戢，調戢也。驚駭，驚逸駭躍也。

〔五〕習其馳逐，閑其進止

施子美曰：「習其馳逐，閑其進止」者，又欲使之熟於戰也。○朱墉曰：習，熟慣也。進止，閑之欲其齊一也。

〔六〕人馬相親，然後可使

施子美曰：成周之時，蓄馬之官非一職也。有趣馬以齊其飲食，則所謂適其水草、節其飢飽者，爲有官也。有圉師以釁廄廡，馬則安其處所，而温廄涼廡者，爲有官也。有庾人以教騑、攻駒、執駒、散馬耳，則刻剔謹落，戢其耳目，閑其馳逐者，爲有官也。若是，則人馬其不相親乎？乃若鄭之小駟，驕僨不馴，卒之還濘而止者，以其蓄之教之無術，故人與馬不相親也。○劉寅曰：人與馬相親愛，然後可用之戰矣。○黄獻臣曰：此槩舉畜馬之事。○朱墉曰：可使，馬可使用也。○朱墉引葉伯升曰：相親者，無泛駕莫羈之患，有追風逐電之能。

〔七〕車騎之具，鞍、勒、銜、轡，必令完堅

施子美曰：至於車騎之具，鞍、勒、銜、轡，則所以駕馬者也，故必欲完全而堅固。○劉寅曰：車騎合用之具，鞍、勒、銜、轡，必令完堅，防損失也。○趙光裕曰：此並及駕馬之具。○朱墉曰：完堅，可以涉遠而無蹶，亦可以任重而無虞也。○丁洪章曰：惟其堅定，方可以涉遠而無蹶，亦可以任重而無虞，故曰必令堅完。○曦案：車騎之具，指戰馬的各種裝配器件。鞍、勒、銜、轡，分别指的是馬鞍、籠頭、嚼子、韁繩。

〔八〕「凡馬不傷於末」四句

施子美曰：夫蓄馬至爲難，而用之尤爲難。不傷於末，必傷於始；不傷於飢，必傷於飽，此馬之所以爲難蓄也。○劉寅曰：凡馬不傷於末，必傷於初時；不傷於飢，必傷於飽時。○朱墉曰：末、始，馳逐之初、終也。

〔九〕「日暮道遠，必數上下」四句

施子美曰：日暮道遠，必數上下，寧勞於人，慎無勞馬，此馬之所以爲難用也。○劉寅曰：所以初乘馬者，必緩馳之，遇日暮道遠，必頻數上下，節其力也。○朱墉曰：數上下者，養其力也。此再舉馬之飢飽勞逸而叮嚀之也。

〔一〇〕常令有餘，備敵覆我

施子美曰：惟馬力有餘，然後可以備敵之覆。○劉寅曰：常令其力有餘，防備敵人掩覆而用以戰。○趙光裕曰：此再舉馬之飢餓、勞佚而丁寧之也。○朱墉曰：覆我，掩覆我軍也。

〔一一〕能明此者，横行天下

施子美曰：我能明乎此者，可以無敵矣，故能横行天下。昔漢之盛時，衛青以三萬騎出雁門，霍去病以萬騎出隴西，與夫李廣、張騫等凡十四萬騎，所以能立功異域。其後馬死十餘萬匹，漢馬既少，不能復擊匈奴。知此則知蓄馬繁盛者，豈不足以横行天下乎？○趙光裕曰：明此畜養之方，則馬輕人，人輕戰，可無敵於天下矣。○黄獻臣曰：此言養馬之事，而並及駕馬之具，又爲馬計始末飢飽，寧勞人以養馬力，以備敵之掩我，是愛馬正所以愛人也。則馬輕車，人輕戰矣。○朱墉曰：横行者，言馬得其養，兵必精强，而可以得志於天下也。○朱墉引王漢若曰：調量寒熱飢飽，慎重早暮勞倦，愛惜毛鬣，安頓精神，畜馬之法可謂備善矣。「明此」二字，總結上文之詞。○又引周魯觀曰：大抵兵革之用馬爲要，故周禮以司馬名官，而廄政亦列於庶府；小雅以既同興誦，而美業遂以致中興；非子牧馬於汧、渭之間，馬大蕃息，而秦以强大。馬政可不急講哉！○又引汪殿武曰：馬所以備衝突，駕車輪，設奇伏，兵家第一要務。故畜養之方雖次於士卒，而其情有較士卒爲更難者，故吴子歷歷言之。○淩堃曰：人馬相親，閑馬要訣。○曦案：本篇的第八節敘述了馴養戰馬的基本方法。戰國前期軍兵種騎兵的出現，使戰馬成爲決定戰爭勝利的基本要素，然而當時卻少有這方面的理論。吴起對馬政的高度重視與深入研究，既説明他的軍事理論來自於戰場實際，更説明了他的與時俱進與遠見卓識。

吴子集釋卷下

論將第四

【解題】

劉寅曰：論將者，評論爲將之道也。篇内兼論敵將之能否，而爲取勝之道。以其有「論將」二字，故以名篇。凡五章。○趙光裕曰：凡五章，前三章論爲將之道，後二章論試敵將之事。○朱墉曰：此章通篇論將。前半先論己將，後半兼論敵將。己將當擇其才，敵將當知其不才。蓋有文武之全才，然後可以當大任；有占察之明哲，然後可以乘敵危。以「慎」論將，全是在心上討分曉。觀下三「如」字、二「懷」字，便見如者，心如之也，懷者，心懷之也，即孔子「臨事而懼」之旨，荀卿「主敬」之言，慎非畏葸之謂。與「肆」字對照。心一馳肆便易於言兵，遂爲趙括一流，未戰先有輕忽之心，將戰又有怠玩之心，既戰更有驕矜之心，如何不敗？惟能慎以行之，小心翼翼，臨深履薄，自始至終，無一時之敢縱，兢兢業業，不敢自恃其勇，乃爲大將。然兵者，機事也。發動之由，操之於一人，苟或不知機，失而莫之及矣。惟操縱在我，迎機善導，而又寬嚴並用，剛柔兼施，方不爲徒勇之夫。而不第此也，三軍之統馭，全在於號令之嚴明，而進止之肅齊，必先治兵士之耳目。故將威行則心志一，心志一則耳目清。權秉於獨尊，庶三軍皆惟我所使，而進退可以無愆也。若夫敵國之將，則又與我角力而抗能者也。我欲誘之、困之、間之、走之、取之、前之、擊之、沉之、滅之、襲之，奈彼不入我之彀中，可若何？又烏可以輕言戰也？必先深知其人之性情、上下之人心、天時與地利，孰爲得失，而以我之才制彼之不才，而坐勝矣。雖知人之明自古維艱，而相敵亦自有術，輕嘗佯北則智愚自形，何難立辨妍媸，進觀成敗哉？噫！三軍之强弱視乎將，將才之偏全聽之君。得勇將而不得大將，猶之未得將也。知己將而不知敵將，猶之未知將也。擇才而任使之，當敵而衡量之，思過半矣。○丁洪章曰：國已圖，敵已料，兵已治，而將又不可不論也。將者固爲三軍之司命，尤國家所恃以爲安危者，安可置之不講？故前三篇論爲將之道，後二章論敵將之術，而將之才智謀略無不畢露於此。○曦案：本篇題爲「論將」，集中展現了吴起的將領論。全篇共分五節，前三節論述了「五慎」、「四機」、「三威」等關於將帥能力素質的睿智見解，拓展、深化了孫武「智」、「信」、「仁」、「勇」、「嚴」的將領論；後兩節論述了判斷敵方將領能力素質的基本方法，給出了戰勝不同類型敵將的具體戰術。

吴子曰：「夫總文武者，軍之將也〔一〕。兼剛柔者，兵之事也〔二〕。凡人①論將，常②觀③於勇〔三〕。勇之於將，乃數④分之一爾〔四〕。夫勇者必輕合⑤，輕合⑥而不知利，未可也〔五〕。故將之所慎⑦者五〔六〕：一曰理，二曰備，三曰果，四曰戒，五曰約。理者，治衆如治寡〔七〕。備者，出門如見敵〔八〕。果者，臨⑧敵不懷生〔九〕。戒者，雖克如始戰〔一〇〕。約者，法令省而不煩〔一一〕。受命而不辭⑨，敵破⑩而後言返，將之禮也〔一二〕。故師出之日，有死之⑪榮，無生之⑫辱〔一三〕⑬。」

【校記】

① 人：群書治要卷三十六、太平御覽卷二七三「人」下有「之」字。

② 常：群書治要卷三十六、太平御覽卷二七三作「恒」。

③ 觀：群書治要卷三十六、太平御覽卷二七三「觀」下有「之」字。

④ 數：太平御覽卷二七三作「萬」。

⑤ 必輕合：群書治要卷三十六無此三字。

⑥ 合：群書治要卷三十六作「命」。

⑦ 慎：講義本作「謹」。

⑧ 臨：群書治要卷三十六作「迎」。

⑨辭：群書治要卷三十六、直解本、正義本、諸子彙函本、兵垣四編本、武備志本、開宗本、朱墉彙解本、全解本、黎利賓彙解本、四庫全書本「辭」下有「家」字。劉寅曰：「舊本『辭』下有『家』字。」

⑩敵破：兵垣四編本作「破敵」。

⑪之：群書治要卷三十六作「而」。

⑫之：群書治要卷三十六作「而」。

⑬辱：群書治要卷三十六「辱」下有「也」字。

【集釋】

〔一〕夫總文武者，軍之將也

施子美曰：才足以兼資，然後可以統軍。術足以相濟，然後可以治軍。文、武者，材也。總文、武而後可以爲軍之將，非才足以兼資而後可以統軍乎？○劉寅曰：夫總文與武者，三軍之將也。文以附衆，武以威敵，缺一不可。○趙光裕曰：文者，下所云五慎是也。武者，下所云勇是也。兼之，則可爲三軍之大將。○歸有光引魏莊渠曰：總文、武二者，可爲三軍將。然文宜先，武宜後，故云不在勇而在慎也。○王士騏曰：文者，即下五慎也。武者，即勇也。必兼之，乃三軍之大將。○黄獻臣曰：文以附衆，武以威敵，總之乃三軍之大將。○朱墉引周魯觀曰：文非詩、書六藝之文，指附民御衆之德言；武非血氣勇猛之武，指克敵制勝之略言。「總」字則重武有其文上。〇朱墉曰：總，兼也，合而有之，體備不偏也。文者，上知天時，下知地利，中知人事，謹君臣之禮，飾上下之儀，順俗而教民，綏以道，理以義，動以禮，撫以仁是也。武者，受命忘親，臨陣忘身，進死爲榮，退生爲辱，信賞罰，明法令，威震天下是也。〇丁洪章曰：附民御衆爲文，克敵制勝爲武。爲將用兵，武自其所長。然能武而不能文，亦不可以爲軍之司命。故必總文與武而兼全之，乃可爲軍之將耳。文、武須要説的總，不徒在詞華上爲文，必有大智略、大聰明方是文；不徒在氣力上爲武，必有真剛强、真果敢才是武。

〔二〕兼剛柔者，兵之事也

施子美曰：剛柔者，術也。兼剛柔而後可以盡兵之事，非術足以相濟而後可以治軍乎？陸機識能辨亡，無救河橋之敗。養由基射穿七札，不免鄢陵之奔。才不兼資，如統軍何？子玉剛而無禮，卒至於敗。李廣行無部伍，終於失道。術不兼濟，其何以治軍乎？昔田穰苴可謂兩盡乎是矣。文能附衆，武能威敵，則其材盡矣。於將軍也何有？莊賈可斬，則斬之而不貸。士卒可恤，則撫之而不以爲過。是又術之兼盡也。其於軍事，亦優爲矣。古之擇將，必欲材與術兩盡而不偏，然後爲得。〇劉寅曰：兼剛與柔者，用兵之事也。大剛則折，大柔則廢。三略曰：「能柔能剛，其國彌光。」二者亦不可缺也。〇趙光裕曰：剛柔並用者，行兵之事。○黄獻臣曰：孫子亦曰：「令之以文，齊之以武。」太剛則折，太柔則廢，兼之乃爲用兵之事。三略亦曰：「能柔能剛，其國彌光。」○朱墉曰：剛而能柔，則不暴而有節制。柔而能剛，則不廢而有變通也。○丁洪章曰：不剛則失之靡，靡則不可以任事。不柔則失之亢，亢則亦不可以成事。剛以濟柔，柔以濟剛，方可以任兵之事。

〔三〕凡人論將，常觀於勇

施子美曰：凡人論將，則先乎勇，夫豈知獨勇不足以盡其材也？且孫子之論將，則曰：「智、信、仁、勇、嚴。」太公論將，則曰：「勇、智、仁、信、忠。」五材兼備，然後可也，可獨勇乎？勇非不足取也。白衣自顯，仁貴所以爲虓將。錦裘自表，李晟所以敵萬人。勇固不足取耶？

〔四〕勇之於將，乃數分之一爾

施子美曰：勇雖可取，特數分之中一分耳。辨（辦）大事者，非勇者所爲也。才氣無雙，李廣非不勇也，而終於失道。被羽先登，賈復非不勇也，而不得别將。勇其可獨任乎？

〔五〕「夫勇者必輕合」三句

施子美曰：勇之所以不足多者，謂其輕合也。輕合則不知利之所在，其可乎？昔子路問夫子曰：「行子三軍，則誰與？」子曰：「暴虎憑河，死而無悔者，吾不與也。必也臨事而懼，好謀而成者也。」論將之道，非勇所能盡也。○劉寅曰：夫勇者必輕與人合戰，輕於合戰而不知我之所利，未可取勝。○趙光裕曰：此言武勇不可徒恃。○黄獻臣曰：輕合，輕與人合戰。利，利害也。其言勇反以害事。○朱墉曰：未可者，其言勇足以害事也。

〔六〕故將之所慎者五

施子美曰：用兵之事，不一而足，而爲將之任，亦無乎不謹。理也、備也、果也、戒也、約也，此五事無一而不謹，然後可以爲將矣。不理則亂，何以治衆？不備則怠，何以待敵？不果則怯，何以殺敵？不戒則驕，何以守勝？不約則煩，何以率下？此將之所以必欲謹是五者也。○趙光裕曰：五慎是文，勇是武，兼總二者，乃可爲三軍之將。然文宜先，武宜後，結發任將當專意。○又曰：慎此五者，則武而能文矣，其用自剛而知柔矣。然此論與孫子均不及心字，不及太公之言。結宜發之。○朱墉引王圻曰：「慎」字只是不敢怠忽之意，就將心裏言。○又引徐象卿曰：即孔聖臨事而懼之旨，總是以心戰爲主，治衆恐其不知理，出門恐其不知備，臨敵恐其不知果，克敵恐其不知戒，法令恐其不知約。○丁洪章曰：慎者，敬謹之意，就將心裏言，此即孔子行三軍臨事而懼之旨。五者即下文理、備、果、戒、約也，乃爲將者所當務，不可不知慎也。慎非一味謹慎之謂，如一味謹慎，則治衆如治寡，如何謹慎？見得五者皆是將所當務，不可不慎。如治衆之時慎其恐不知理也，出門之時慎其恐不知備也，臨敵之時慎其恐不知果也，雖克之時慎其恐不知戒也，法令之時慎其恐不知約也。要時時在心，不可不向自己做工夫也。○曦案：孫子計篇提出將帥應具備「五德」，即「智」、「信」、「仁」、「勇」、「嚴」；六韜論將提出將帥須具備「五材」，即「勇」、「智」、「仁」、「信」、「忠」。吴子這裏提出「五慎」論，可與「五德」、「五材」對看，它們均爲古代兵學史上頗具影響的將帥論。

〔七〕理者，治衆如治寡

施子美曰：所謂理者，蓋統軍之際，其人雖若難治，而吾能治之以易治，故雖衆猶寡也。如韓信之多多益辨，非理者乎？○劉寅曰：理者，治衆多之兵如治寡少之兵，言得其治兵之理也。○黄獻臣曰：有節制也。○朱墉曰：理，條理也，以有分辨，言衆者寡之積也，寡者衆之分也。○又引鄧伯瑩曰：「理者」二字極重，「治衆如治寡」，只解明「理者」二字之意。蓋治寡與治衆不同，而曰「如治寡」，正以其理也。條分縷析，總其大綱，而紛紜不亂，何衆之不如寡哉？○丁洪章曰：衆者寡之所積，寡者衆之所分。治寡之法，原可通於治衆。誠以治寡之法治衆，則治衆如治寡之易也，豈不稱善理者？

〔八〕備者，出門如見敵

施子美曰：所謂備者，蓋預防之術。雖無所畏而常若有所畏，故雖出門之際，常如見敵，如馮道根之遠斥候，有如敵將至者，非備者乎？○劉寅曰：備者，一出轅門如見敵之在前，言其預備之謹也。○黄獻臣曰：能敬謹也。○朱墉曰：備，預防也。出門，出轅門也。○又引汪殿武曰：如見敵者，總是不見敵以目而見敵以心意。○又引方虞升曰：「出門」二字不要死講，精神只在一「如」字，總是極形容其慎耳。無時無刻非出門之時，即無時無刻非見敵之時，不備於外而備於内，不備以事而備以心，當未有敵之時，而能存見敵之心，則不必備之時，必能周無所不備之慮，有敵固備，無敵亦備，斯稱善備敵者矣。○丁洪章曰：出門如見敵，只形容一「備」字，所以極言其備之至也。該把「如」字放在「出門」之上，見得備者如出門就見敵一般。蓋心上時時不忘一大敵當前，雖夢寐飲食之間，亦如見之。總是不見敵以目而見敵以心的意思。

〔九〕果者，臨敵不懷生

施子美曰：所謂果者，蓋有敢爲之志者，雖有可畏而常若不足畏。故臨敵之際，示以必死，而無貪生之心，如田單之在即墨有死之心，士卒無生之氣是也。○劉寅曰：果者，臨敵有必死之志，無懷生之心，言果敢於戰也。○黄獻臣曰：無退怯也。○朱墉曰：果，有決斷也。懷生，意念貪生也。○朱墉引尤尺威曰：果與勇不同。勇者不懼，果者能斷。○又引唐順之曰：臨敵不懷生，非輕生也。蓋當臨敵之時，不難慷慨捐軀，從容就義，這是何等明斷剛決，然此大非易事。○丁洪章曰：果與勇不同。勇以著於素定，果則見於臨時，此勇字之所以從力也。今人有平時萎靡無氣，或一當急重之事，便死生不顧，此皆果之所使，非勇也。勇可以勇撓，果則從心性出來，雖果有不當者，彼亦不知也，故云「不懷生」。做此題目，當着力在「果」字，而不懷生之意自見。

〔一〇〕戒者，雖克如始戰

施子美曰：所謂戒者，謂善慮事者，雖已勝而常若未勝，故雖克戰而如始戰。鄭敗楚師，國人皆喜，唯子良獨憂曰：「是國之災也。」非雖克如始戰乎？○劉寅曰：戒者，以勝敵如初交戰之時，言戒之至也。○黄獻臣曰：懼敵乘也。○朱墉曰：克，勝也。○朱墉引張泰岳曰：爲將者得勝之後，必不如未勝之先。蓋未勝之先常存畏懼，及到克敵之後，便生驕惰，此皆是不戒之故。○又引陳明卿曰：戒於未戰易，戒於既戰難。戒於既戰之時固難，而戒於既克之後則甚不易。此云雖克如始戰，分明是無時而不惕慮矣，如此方謂之戒。○又引葉伯升曰：人當臨戰之始，則勝負未分，孰不競競戒之？惟於既勝之後，猶如始戰之時一般，毫不敢驕肆怠忽，斯真爲能戒者。○又引李靜園曰：將不慎戒，靡不有初，鮮克有終。

〔一一〕約者，法令省而不煩

施子美曰：所謂約者，蓋得治軍之要者，不欲使之苦其勞，而使之樂爲用。李光弼之代子儀，一無所更，非約而不煩乎？○劉寅曰：約者，法令減省而不煩苛，言令之簡也。○趙光裕曰：此言爲將者尚文之事。○黄獻臣曰：掾簡要也。○朱墉曰：法，法度也。令，號令也。省，減少也。○朱墉引大全曰：約束其下者，惟減省不煩，則人易明而易從。

〔一二〕「受命而不辭」三句

施子美曰：志在奉公者，必不避難；志在克敵者，必不懷生。受命而不辭，此志在奉公也。一有命焉，即就道而往，吾何以避難爲辭？敵破而後言返，此志在敵者也。敵未亡則無還期，吾何以懷生而思返乎？爲將之禮，其在是矣。郭子儀之爲師也，詔至即引道，無纖芥顧望，此受命而不辭也。裴度之爲師也，謂「賊未授首，臣無還期」，此敵破而後言返也。爲將之禮，必裴晉公、郭汾陽而後可也。○劉寅曰：言受命即行，不辭於家，敵人破滅，然後言返，此爲將之禮也。○趙光裕曰：此並及爲將之禮，亦文德也。○歸有光引唐荆川曰：「受命」三句亦文德也。○朱墉曰：不辭家者，速行恐生顧戀也。

〔一三〕故師出之日，有死之榮，無生之辱

施子美曰：師出之際，雖死之日，猶生之年，寧死以爲榮，無生以爲辱。此白起所以不爲辱軍將，而嚴顔謂有斷頭將軍者，誠以幸生爲可愧也。○劉寅曰：故師旅出行之日，將有進而必死之榮，無退而幸生之辱。○趙光裕曰：申言其有死義之榮，無幸生之辱。○黄獻臣曰：並及爲將之禮，亦文德也。死而榮，孰與生而辱？○又曰：此言爲將之道，而並及爲將之禮。文武兼資，剛柔互用，將之道也。故不徒勇以害事，必致慎以成謀。理如李靖以九數稽軍實，百萬之衆，毫無混淆是也。備如若敖狃蒲騷之役，將自用，伯比欲威以刑是也。果如李懷光誓以身許國，不與賊同戴日月是也。防守稍懈，敵乘吾驕，戰勝宜戒也。鈴閣之下，刁斗不設，法令亦約也。操是五者，而又守之以禮，所以有榮而無辱，有利而無害也。○朱墉曰：死之榮，以死事爲榮也。生之辱，以逃生爲辱也。○淩堃曰：授將至要，慎之又慎。○曦案：本篇第一節開篇兩句就是「夫總文武者，軍之將也」，指出將領應該文武雙全，不但要懂軍事，有血性，還要懂政治，有品德。就「武」而言，一般人往往會對將領是否勇敢格外看重，但吴起卻説：「勇之於將，乃數分之一爾。」提醒將領不要爲了顯示自己的勇敢而頭腦發熱，盲目決策。緊接着，吴起提出了「理」、「備」、「果」、「戒」、「約」的「五慎」論，要求將領具備以下要求：高超的管理能力、保持對敵警惕、不能貪生怕死、勝利後也要心存戒備、制定的法令簡明扼要。還要求將領在出征之日，就要「有死之榮，無生之辱」，要懷有大無畏的光榮戰死的決心，絶不畏敵退縮、屈辱苟活。

吴子曰：「凡兵①有四機〔一〕：一曰氣機，二曰地機，三曰事機，四曰力機〔二〕。

三軍之衆，百萬之師，張設輕重，在於一人，是謂②氣機〔三〕。路狹道險③，名山大塞，十夫④所守，千夫不過，是謂地機〔四〕。善行間諜，輕兵往來⑤，分散其衆，使其⑥君臣相怨，上下相咎⑦，是謂事機〔五〕。車堅管轄⑧，舟利櫓楫⑨，士習戰陳⑩，馬閑馳逐⑪，是謂力機⑫〔六〕。知此四者，乃可爲將〔七〕。然其威、德、仁、勇，必足以率下安衆，怖⑬敵決疑，施令而下不⑭犯，所在⑮寇不敢敵〔八〕。得之國强，去之國亡，是謂良將〔九〕。」

【校記】

① 兵：講義本「兵」上有「用」字。

② 是謂：太平御覽卷二七三作「謂之」。

③ 路狹道險：太平御覽卷二七三作「道峽路險」。

④ 夫：太平御覽卷二七三作「人」。下句中「夫」，太平御覽卷二七三亦作「人」。

⑤ 輕兵往來：太平御覽卷二七三無此四字。

⑥ 其：太平御覽卷二七三無此字。

⑦ 上下相咎：太平御覽卷二七三無此四字。

⑧ 管轄：太平御覽卷二七三無此二字。

⑨ 橹楫：太平御覽卷二七三無此二字。

⑩ 習戰陳：太平御覽卷二七三無此三字。

⑪ 馳逐：太平御覽卷二七三作「習」。

⑫ 是謂力機：太平御覽卷二七三此句下有「此所謂四機者也」七字。

⑬ 怖：武備志本作「懼」。

⑭ 不：講義本、直解本、正義本、兵垣四編本、武備志本、開宗本、朱墉彙解本、全解本、黎利賓彙解本、四庫全書本「不」下有「敢」字。

⑮ 在：講義本、直解本、正義本、兵垣四編本、開宗本、朱墉彙解本、全解本、黎利賓彙解本、四庫全書本「在」下有「而」字。劉寅曰：舊本「寇」上有「而」字。

【集釋】

〔一〕凡兵有四機

施子美曰：兵必有其用，用各有其要。四機者，皆用兵之要也。○劉寅曰：機，弩牙也，言發動之機，如弩牙也。四機，氣、地、事、力也。○朱墉引袁了凡曰：所謂機者，必使氣、地、事、力無不由我搏轉，方謂之機。四者操縱振作一自將出。○丁洪章曰：兵氣由將而振，故曰氣機。險要既得，則其地可守，故曰地機。勝負由我所使，故曰事機。器用利人馬服，力自克足，故曰力機。所謂機者，必使氣、地、事、力無不由我摶轉，方謂之機。不然，誰人無氣、地、事、力，而何不可以言機也？○又引談氏曰：吴子以兵機見，是所言者皆兵機矣。而篇中並未露一「機」字，至此始以四機爲言，則所謂兵機可識矣。而篇末又言威、德、仁、勇始稱良將，尤是大機，不可不知也。

〔二〕「一曰氣機」四句

李靖曰：夫含生稟血，鼓作鬭爭，雖死不省者，氣使然也。故用兵之法，必先察吾士衆，激吾勝氣，乃可以擊敵焉。吴起「四機」，以氣機爲上，無他道也，能使人人自鬭，則其鋭莫當。（李衛公問對卷下）○施子美曰：一曰氣機者，謂其作氣而使勇也。二曰地機者，謂因地形而用之也。三曰事機者，謂有以離其君臣上下也。四曰力機者，謂舟車士馬之力，必欲其有餘也。○丁洪章曰：氣機謂敵我相角，使敵氣靡而我氣壯。地機謂遠近險阻，使利在我而不利在敵。事機謂兵以詐用，貴因敵之間我而反有以誤敵。力機謂戰以鋭勝，貴使我兵閑習而無不可以攻戰。所謂機者，在一時之巧，乘其機而不□□之也。

〔三〕「三軍之衆」五句

施子美曰：法曰：「戰在於治氣。」欲治其氣，則必作之使鋭，養之使閑。雜三軍之衆，百萬之師，張設輕重，皆在於將，此之謂氣機。怒自十倍，田單所以勝燕；彼竭我盈，曹劌所以勝齊，是得乎氣機也。○劉寅曰：言百萬士衆之氣在將帥一人之氣，故將勇則兵强，將怯則兵弱，氣使然也。○趙光裕曰：兵氣由將而振，故曰氣機。○黄獻臣曰：三軍所以戰者氣，在爲將者鼓舞之耳。故將勇則兵强，將怯則兵弱，氣使然也。○朱墉曰：張設，施張顯設也。輕重，用兵輕重之勢也。

〔四〕「路狹道險」五句

施子美曰：法曰：「地形者，兵之助。」惟得其地，則據其險隘要害之處，雖十夫所守，可使千夫不敢過，夫是之謂地機。馬陵道隘，孫臏所以勝龐涓；殽有二陵，晉人所以禦秦師，是得夫地機也。○劉寅曰：路狹道險，如車不得方軌，騎不得成列。名山大塞，如蜀之劍閣，秦之潼關，十夫守之，千夫不過，是謂地機也。○趙光裕曰：險要既得則其地可守，故曰地機。○黄獻臣曰：路狹道險，如趙之井陘、魏之馬陵。○朱墉曰：狹，窄隘也。塞，要害也。

〔五〕「善行間諜」六句

施子美曰：法曰：「事莫密於間。」則行間諜以離其情，用輕兵以分其勢，使其君臣上下相怨咎，是之謂事機。秦人使間間趙，而廉頗果代；越人使間間吴，而子胥果殺，此得乎事機也。○劉寅曰：善行間諜以離之，輕兵往來以疑之；分散其衆，使力不齊；君臣相怨，上下相咎，使心不一，此謂事機也。○趙光裕曰：勝敗由我所使，故曰事機。○黄獻臣曰：行間諜，用反間以疑其主。輕兵往來，分散其衆，設輕兵以散其力。○朱墉曰：間諜，細作之人也。輕兵，剽疾之兵也。散其衆，使力不齊也。咎，責也。相怨，相咎，心不一也。成敗之勢，由於所使，故曰事機也。

〔六〕「車堅管轄」五句

施子美曰：車以管轄而致用，故必堅之；舟以櫓楫而後濟，故必利之。以士則必習於戰陣，以馬則必閑於馳逐，是之謂力機。水陸並進，王濬所以平吴；兵馬甚盛，吴漢所以克成都，此得乎力機也。○劉寅曰：車堅管轄，備陸戰也；舟利櫓楫，修水戰也。人習戰陣，教練之有素；馬閑馳逐，控御之有法，此謂力機也。○趙光裕曰：器用利、人馬服則力自充足，故曰力機。○黄獻臣曰：管以冒轂，轄以健輪，皆車中器，堅之以備陸戰。櫓楫行舟，利之以便水戰。士馬練習，則又適於步騎矣。○朱墉曰：器用既利，人馬又調，力自充足，故曰力機也。

〔七〕知此四者，乃可爲將

劉寅曰：知此四機，乃可爲三軍之將。○趙光裕曰：總上文。○朱墉曰：四者皆知，作氣、相地、審事、養力，故可爲大將也。○朱墉引鄧伯瑩曰：「知此四者」，「知」字不得淺略，有洞晰精審區處得宜之意，不知固不可以爲將，即有一不知，亦不可以爲將也。○又引葉伯井曰：「乃可」二字，見將之不易爲也。○丁洪章曰：知不是徒知也，有洞察，熟識其利害，即爲多方區處之意。「乃可爲」三字要看，見得爲將非易事，必知此四者，而後可爲也。○又曰：何以見四者缺一之不可？譬如一將帥勇士以守險，又行間諜於敵國，而舟車士馬竟不效力，亦不能成功，便不可以爲將。「知」字亦不是只曉得便是知，必於氣、地、事、力之四者，有十分運用之妙，方是知，方可以爲將。

〔八〕「然其威、德、仁、勇」五句

施子美曰：知此四機，雖可以爲將，而所謂良將者，又必其有威、德、仁、勇也。威、德、仁、勇，足以率下安衆，則施令而下不犯；足以怖敵決疑，則所在而寇不敢敵。蓋能足以撫士，而後人莫不從；能足以制勝，而後敵無不服。威、德、仁、勇，此將之能也。推是以怖敵決疑，則可以制勝矣。故所在而寇不敢敵，非敵無不服乎？且吴起之爲將也，前獲雙首者，雖有功而不赦，五萬之衆可使爲一死賊，其威勇爲如何？衣食必與士卒同，廉平可以得士心，其德爲如何？以是而率下安衆，則見於親萬民，使士卒樂死；以是而怖敵決疑，則見於大戰七十六，全勝六十四。至於車騎與徒皆從受敵，其令不煩而威震天下，非所謂施令而下不敢犯乎？守西河而秦兵不敢東向，韓、趙賓從，兹非所在而寇不敢敵乎？○劉寅曰：威，嚴畏也。德，恩信也。仁，慈愛也。勇，果敢也。四者必足以率下安衆，怖敵決疑。率下安衆，德也，仁也。怖敵決疑，嚴也，勇也。施令而下不敢犯，又專言嚴也。所在而寇不敢敵，又專言勇也。得而任之則國强，失而去之則國亡，如樂毅歸燕而昭王盛强，奔趙而騎劫敗死，此謂之良將也。○趙光裕曰：率下安衆，仁德所致。寇不敢敵，威勇所致。○王士騏曰：威、德、仁、勇，爲將者既知四機，又必全此四德。所在寇不敢敵，政是威勇所致。○朱墉引新宗曰：四機雖足以運行變化，而四德不足以安循士卒，猶不足以言全才也。故必威與德齊驅，仁與勇兼至，而後神其四機之措施。○丁洪章曰：威、德、仁、勇足以率下，承上。四機雖足以運行變化，而四德不足以安循士卒，猶不足言全才也。故必有威足以懾下之玩心，德足以聯下之涣心，仁足以結下之歡心，勇足以鼓下之懦心，而後神其四機之措施，施令而不敢犯，所在而寇不敢敵，是謂與國休戚相關之良將也。

〔九〕「得之國强」三句

施子美曰：若是者，得之則國强，去之則國亡，不獨可以謂之將也，必謂之良將而後可。觀起之在魏而魏盛，在楚而楚强，兹非所謂良將乎？夫所謂良者，以其才之出於自然，非人所可及也。知而謂之良知，能而謂之良能，皆其天資自然出乎衆表也。故傅説之相高宗也，則以爲良弼；魏徵之佐太宗也，則願爲良臣。將而謂之良，其可以强國安民，而非庸將所及也。○趙光裕曰：知四機可以爲將，而又必得此威、德、仁、勇之四德，斯可謂國之良將也。○黄獻臣曰：此言良將必審四機而具四德，然後國賴以强，如樂毅之於燕，武侯之於蜀，用舍存亡之間，國之盛衰存亡繫焉，不可不察也。兵有四機，而氣機居首，何也？大將提師，氣魄爲主，必精誠足以動天地而泣鬼神，義勇足以鼓三軍而褫强敵，則山谿不足爲險，善間不能爲擕，力虓强兵無所試其力，則氣之所噓神也。故魏延有吞十萬之氣槩，而曹操之兵不敢窺漢中。若無摧鋒陷敵之氣，雖有馬陵、潼關之守，代頗代毅之謀，鐵鑼車軸之固，安所用之？是故氣機爲主。而三者缺一不可，而復施之以威、德、仁、勇，衆安敵懼，疑決令行，而將稱良矣。○丁洪章曰：此言良將必審四機而具四德，然後國賴以强也。○淩堃曰：良將如何可得？創業守成，實一而已。○曦案：本篇的第二節論述了將領必須掌握的「四機」——「氣機」、「地機」、「事機」、「力機」，要求將領能够鼓舞士氣，懂得軍事地理，善於使用間諜，會管理、訓練部隊。吴起還要求將領具有「威、德、仁、勇」，發號施令時下屬不敢違犯，指揮作戰時敵人不敢抵禦。站在國家興亡的高度，吴起指出了良將的價值：「得之國强，去之國亡。」含有提醒君王重視良將、善待良將的言外之意。

吴子曰：「夫①鼙鼓②金鐸，所以威耳〔一〕；旌旗麾③幟④，所以威目〔二〕；禁令刑罰，所以威心〔三〕。耳威於聲⑤，不可不清；目威於色，不可不明；心⑥威於刑⑦，不可不嚴⑧〔四〕。三者不立〔五〕，雖有其⑨國，必敗⑩於敵。故曰：將之所麾，莫不從移；將之所指，莫不前⑪死⑫〔六〕。」

【校記】

①夫：太平御覽卷二七〇無此字。

②鼙鼓：太平御覽卷二七〇作「鼓鞞」。

③旗麾：太平御覽卷二七〇作「麾旗」。

④幟：講義本作「熾」。太平御覽卷二七〇作「章」。

⑤「耳威於声」至「不可不明」四句：太平御覽卷二七〇無。

⑥心：太平御覽卷二七〇「心」上有「故曰」二字。

⑦刑：太平御覽卷二七〇作「形」。

⑧嚴：太平御覽卷二七〇作「戰」。

⑨其：太平御覽卷二七〇無此字。

⑩敗：太平御覽卷二七〇作「散」。

⑪前：武備志本作「從」。

⑫「故曰」至末五句：太平御覽卷二七〇無。

【集釋】

〔一〕夫鼙鼓金鐸，所以威耳

施子美曰：張昭教習之法，舉兵法云：「三官不謬，五教不亂，是謂能軍。」三官者，鼓也、金也、旗也。五教者，耳、目、手、足、心也。教目知形勢之旗，教耳知號令之數，教足知進退之度，教手知兵之長短，教心知賞罰之用。五者閑習，是取勝之道也。知此，則知吴子之所以威其耳、威其目、威其心者，正爲將之所先也。○劉寅曰：夫鼙鼓金鐸之聲，所以威三軍之耳也。○朱墉曰：鼙鼓，馬上小鼓也。金鐸，金鈴也。威耳，威嚴三軍之耳也。○朱墉引大全曰：威，懾一也，將之所以役使乎？三軍者，耳、目、心也，苟無所以懾一之具，雖家人父子不可以麾指，況烏合之衆乎？故必清其鼙鼓金鐸之聲，明其旌旗麾幟之色，嚴其禁令刑罰之具，使三軍之耳目與心俱爲其懾一，以是而戰，無有不勝者矣。○又引醒宗曰：軍旅主威，故軍中所有無一件不是示威之具，但其權俱操之於將，故以三者先立望之。

〔二〕旌旗麾幟，所以威目

劉寅曰：旌旗麾幟之色，所以威三軍之目也。○朱墉曰：威目，威嚴三軍之目也。

〔三〕禁令刑罰，所以威心

劉寅曰：禁令刑罰之施，所以威三軍之心也。○趙光裕曰：此言三者之用。○丁洪章曰：耳、目與心，原各有所專司，三不有以威之，則不能歸一也，故有所以威之。

〔四〕「耳威於聲」六句

施子美曰：鼙鼓所以進之也，金鐸所以止之也，旌旗麾幟所以指撝之也。晉張侯曰：「師之耳目在吾旗鼓。」故金鼓可以威耳，旗幟可以威目。若夫禁令刑罰，則所以驅人而用之也。法曰：「卒已親附而罰不行，則不可用。」故禁令刑罰可以威其心。曰威云者，將以使之畏而從也。金鼓之聲，聽以威耳，故聲不可不清。旌幟之色，所以威目，故色不可不明。刑罰所以威心，故刑罰不可不嚴。清則易聞，明則易見，嚴則不敢犯，是三者用衆之本也。○趙光裕曰：此言三者之當重。○黄獻臣曰：不可不清，以各音清亮言。不可不明，以各項鮮明言。此言三者之用，將之所以一衆，在此三者而已。○朱墉曰：清，各音清亮分辨不混也。明，色之鮮明也，華采壯麗也。嚴，犯而不赦也。嚴刑，將所以一衆也。○朱墉引談敷公曰：威耳、威目、威心，人所皆知也，但混雜不清之弊，昏昧不明之弊，淩夷不振之弊，誰知之？

〔五〕三者不立

黄獻臣曰：清、明、嚴也。○朱墉曰：三者不立，不能預使之清、明、嚴也。

〔六〕「將之所麾」四句

施子美曰：昔成周之世，天下太平，五兵不試，宜無用於此也。而教戰之法，辨鼓鐸鐲鐃之用，則所以威耳也；辨旗物之用，則所以威目也；前期而戒，斬牲以徇，則所以威心也。成周之法，若此其善，此後世所以必來取法也。將之治兵，惟其教習之有法，故將之所麾，莫不從移；將之所指，莫不前死。此言教習有素，故民之從之，若是其順也。方其麾之而使往，則莫不從而趨之。及其指之而使進，則復莫不前趨於死矣。昔李光弼善馭軍者也，申號令，鳴鼓角，賞當功，罰適過。北城之役，光弼執大旗曰：「望吾旗麾，三麾至地，諸軍畢入。」此麾之而從趨也。及三麾之後，諸軍爭奮，賊衆奔敗，非所指而莫不前死乎？○趙光裕曰：言三者之效如此。○黃獻臣曰：從移，從而移易也。○又曰：此言將有三威，而後國不敗而衆可死。○朱墉曰：從移，從而移易也。前死，士卒莫敢不進而致死也。○丁洪章曰：此言立威之道在於能清、能明、能嚴者，而後國不敗而衆可使也。○淩堃曰：鍊手足在上器使內。此鍊耳目，即束伍演陣法。鍊心在恩威素信。○曦案：尉繚子武議載有吳起斬殺一個不聽命令的士卒的故事，可與本篇此處思想相互參看印證，即：「吳起與秦戰，未合，一夫不勝其勇，前獲雙首而還，武起立斬之。軍吏諫曰：『此材士也，不可斬。』起曰：『材士則是矣，非吾令也。』斬之。」又，本篇第三節論述了將領必須掌握的「三威」論。「三威」指「威耳」、「威目」、「威心」，要求將領嚴格訓練士卒，讓他們真正懂得各種聾鼓金鐸、旌旗麾幟、法規條令的内涵，在感官與心理上産生「威耳」、「威目」、「威心」的效果，從而實現令行禁止、服從指揮的訓練目的。

吴子曰：「凡戰之要，必①先占其將而察其才②〔一〕，因③形④用⑤權，則不勞而功舉⑥〔二〕。其將愚而信人，可詐⑦而誘⑧〔三〕；貪而忽名，可貨而賂〔四〕；輕變無謀⑨，可勞而困〔五〕；上富而驕，下貧而怨⑩，可離而間〔六〕；進退多疑，其衆無依，可震而走〔七〕；士輕其將而有歸志，塞易開險，可邀而取〔八〕；進道易，退道難，可來而前〔九〕；進道險，退道易，可薄而擊〔一〇〕；居軍下濕，水無所通，霖雨數至，可灌而沈〔一一〕；居軍荒澤，草楚幽穢，風飆⑪數至，可焚而滅〔一二〕；停久不移⑫，將士懈怠⑬，其軍不備⑭，可潛而襲⑮〔一三〕。」

【校記】

①必：太平御覽卷二七三無此字。

②才：講義本、武備志本作「材」。

③因：直解本、正義本、兵垣四編本、武備志本、開宗本、朱墉彙解本、全解本、黎利賓彙解本、四庫

全書本「因」下有「其」字。

④形：直解本、正義本、兵垣四編本、開宗本、武備志本、朱墉彙解本、全解本、黎利賓彙解本、四庫全書本「形」下有「而」字。

⑤用：直解本、正義本、兵垣四編本、開宗本、武備志本、朱墉彙解本、全解本、黎利賓彙解本、四庫全書本「用」下有「其」字。

⑥舉：太平御覽卷二七三作「興」，且該字下有「也」字。

⑦詐：太平御覽卷二七三作「謀」，正義本作「計」。

⑧誘：太平御覽卷二七三作「詐」，二十子全書本作「計」。

⑨無謀：太平御覽卷二七三無此二字。

⑩怨：太平御覽卷二七三作「磔」。

⑪風飆：正義本作「飆風」。

⑫停久不移：自「進退多疑」至此句，太平御覽卷二七三無。

⑬將士懈怠：太平御覽卷二七三作「將怠士懈」。

⑭其軍不備：太平御覽卷二七三無此四字。

⑮可潛而襲：太平御覽卷二七三此句下有：「智而心緩者可迫也，勇而輕死者可暴也，急而心速者可誘也，貪而喜利者可襲也、可遺也，仁而不忍於人者可勞也，智而心緩者可驚也，信而喜信於人

者可誑也，廉潔而不愛人者可侮也，剛毅而自用者可事也，懦心喜用於人者可使人欺也。此皆用兵之要、爲將之略也。」曦案：以上數句，亦見載於趙蕤長短經卷九兵權將體第十一；六韜卷三龍韜論將有相近表述，文字略有不同。

【集釋】

〔一〕「凡戰之要」二句

施子美曰：智將與愚將戰則智者勝，勇將與怯將戰則勇將勝，天下之將與一軍之將戰則天下之將勝。將之所繫，如此其大。凡戰之道，可不先占其將而察其材乎？○劉寅曰：凡戰之要，必先占知敵將姓名，而審察其才之能否。○黃獻臣曰：占其將，占知敵將姓名。察其才，察其才之能否。○朱墉引大全曰：占，探問也。兩敵相交，情態萬變，故必探問其姓氏，以審察其才幹，斯虛實有以畢露，而微權合乎機宜也。○又引陳大士曰：占問敵國之將，而審察其才之能否，蓋欲得其虛實之情狀，于以因形用權、奪敵制勝也。占將察才，固致戰之要，而爲將者能晰幾于隱微，度情于方動，使彼形狀顯然，虛實畢露，尤爲占將察才之要。○丁洪章曰：占，探問也。兩兵未交，必先探問敵將之姓名，以審察其內外虛實之才幹，庶戰道不致乖戾而權變合乎機宜也，故曰戰之要。太公八徵之法，是簡練英雄以別賢不肖，爲選將之法。

〔二〕「因形用權」二句　施子美曰：惟有以察之，則制勝之術可得而施。是術也，必因形用權而後可以勝矣。○劉寅曰：因其虚實之形而用其權變之法，則我不勞力而功舉矣。○趙光裕曰：占敵將之姓名而察其才能，因敵形之虚實而用吾權變，則力不勞而功自成。其詳在下。○黄獻臣曰：因其形，因敵居軍地形。用其權，因我權變之術。不勞而功舉，此戰之要也。○王士騏曰：「因形」句乃因敵形之虚實而用吾權變。○朱墉曰：因形者，因敵人虚實之形也。用權者，用我權變之術也。○朱墉引汪升之曰：戰之要道不可以膠常泥經，貴乎達權通變。然達權通變之道又非恃才漫用，必因乎敵人之情形虚實何如而後用之，乃當耳。

〔三〕其將愚而信人，可詐而誘　施子美曰：其將愚而信人者，謂昧於事機而好信人者也，如騎劫之攻即墨也，信其劓軍之言，從其掘墓之間，果爲田單所敗，非可詐而誘乎？○劉寅曰：其將愚昧而輕於信人者，可以詐謀引誘之。○黄獻臣曰：愚而信人，愚昧而輕於信人。詐而誘，設詐謀以誘敗之。○朱墉曰：愚，暗昧也。信人，輕於信人也。詐，設詐謀以誘敗之也。○朱墉引太原劉氏曰：愚可詐誘，如商鞅假盟會虜公子卬、白起佯敗引趙括之類是也。

〔四〕貪而忽名，可貨而賂

施子美曰：貪而忽名者，謂貪財而不好名者也，如秦嶢關之將者，屠子賈豎，漢使酈食其持重寶以啗之，果欲連和，非可貨而賂乎？○劉寅曰：性好貪財而輕忽名位者，可以貨物賂之。○黄獻臣曰：貪而忽名，貪利而輕忽名位。可貨而賂，以貨物賂之。○朱墉曰：貪，嗜財利也。忽名，輕忽名譽也。貨，以貨物誘之也。○朱墉引太原劉氏曰：貪可貨賂，如張良以金帛啗秦將、范蠡以美女寶器獻伯嚭之類是也。

〔五〕輕變無謀，可勞而困

施子美曰：輕變無謀者，謂其輕動而無謀也。如子儀之料思明曰：「彼得加兵，必易我；易我，心不固。」於是晝揚兵，夜擣壘，使賊不得息，非可勞而困乎？○劉寅曰：輕於變動，又無深謀遠計，可勞擾而疲困之。○黄獻臣曰：輕變無謀，輕於變動，又無深謀遠計。可勞而困，勞擾而疲困之。○朱墉曰：輕變，輕率變動也。勞，擾而疲困之也。○朱墉引太原劉氏曰：輕變可勞而困，如袁術得璽稱帝，憤亡於江亭是也。

〔六〕「上富而驕」三句

施子美曰：上富而驕，將之貪也；下貧而怨，則失士心也。此如慕容評賣樵鬻水，絹如丘陵，三軍莫有鬬志，果爲王猛所敗。其可離而間之也必矣。○劉寅曰：在上者富而志驕，在下者貧而生怨，可使人離而間之。○朱墉曰：間，隔别疏遠也。○朱墉引太原劉氏曰：

上富而驕，如項羽疏於防間是也。多疑，如桓玄遲回奔散，懷疑可震是也。

〔七〕「進退多疑」三句

曾公亮等曰：疑爲不決也。無依無利度者，怯也（武經總要前集卷四料敵將）。○施子美曰：進退多疑，此爲將者不能斷也，故士卒無所依。此如荀攸説曹公曰：「布氣未復，宮謀未定，進急攻之，布可拔也。」其可震而走也必矣。○劉寅曰：欲進不能，欲退不敢，多懷疑惑，其衆又無所依侍，可驚而走也。○黄獻臣曰：進退多疑，欲進不能，欲退不敢，多懷疑惑。無依，無所依援。震，驚。○朱墉引談敷公曰：「進退多疑」三句，將膽怯而不勇決，士卒何所倚恃？故可震駭而走之。

〔八〕「士輕其將而有歸志」三句

曾公亮等曰：士輕其將，爲無威也。審易開險，得地形也。可要而取，言其易也。（武經總要前集卷四料敵將）○施子美曰：士輕其將而有歸志，此士不用命之時也，必塞易開險以邀之。邲之役，桓子令軍中先濟，而舟中之指可掬，所以敗於楚也。○劉寅曰：士衆輕易其將而有思歸之志，塞其易地，開其險路，因可邀而取之也。○黄獻臣曰：士輕其將而有歸志，士衆輕易其將，而有忘歸之言。塞易，蔽塞平易。開險，佯開險阻，彼必因之。○又曰：此占將察才以取勝也。○朱墉曰：輕其將，無威嚴也。塞易，閉塞平坦之路也。開險，佯開險阻之道，使彼必由此而行也。邀，半路邀截也。此占將察才以取勝也。〇朱墉引談敷公曰：「士輕其將」三句，士心不固，我開險峻之路，誘敵出走，可設奇邀險而取之也。

〔九〕「進道易」三句

施子美曰：進道易，退道難，故可使前而來。泜水之役，陽子使子上濟而陳，大孫伯恐其半渡而薄我。陽子之意，欲其來而前也。〇劉寅曰：進道平易，退道艱難，可來而進也。〇黄獻臣曰：來而前，引敵前來擊之，恐其並力致死也。〇朱墉引談敷公曰：「進道易」三句，我軍佯退，彼自深入，堅壁勿戰，絶其糧道，可不戰擒也。

〔一〇〕「進道險」三句

施子美曰：進道險，退道易，可薄而擊之。閼與之役，趙奢謂其道遠險狹，譬猶兩鼠相鬭於穴中，將勇者勝。趙奢之意，欲其薄而擊之也。〇劉寅曰：進道艱險，退道平易，可迫而擊也。〇黄獻臣曰：迫近擊之，以其心不固也。〇朱墉引談敷公曰：「進道險」三句，進攻甚難，迫其前而擊之，則其衆易潰也。

〔一一〕「居軍下濕」四句

施子美曰：居軍下濕，水無所通，加之霖雨數至，故可以灌而沉之，如于禁處軍卑下而爲關羽所灌是也。○劉寅曰：處軍卑下潤濕之地，水無所流通之處，又有霖雨頻數而至，因可灌而沉之也。○黄獻臣曰：灌，決水以灌之也。

〔一二〕「居軍荒澤」四句

施子美曰：居荒澤之地，草楚幽穢，加之風飆數至，故可以焚而滅之，如張角衣草結營，皇甫嵩謂其易爲風火是也。○劉寅曰：處軍荒澤之中，草茅荆棘幽深翳穢，又有疾風頻數而至，因可焚而滅之也。○朱墉曰：草，茅草也。楚，荆楚小木也。幽穢，幽暗蕪穢也。繁，密也。飆，疾風也。

〔一三〕「停久不移」四句

施子美曰：停久不趨，將士懈怠，其軍不備，故可潛而襲之。此如徐敬業置陣既久，士卒疲怠，而爲李逸所敗是也。凡此，皆因其有可取之形，從而取之，故可以不勞餘力而收其成效也。○劉寅曰：停滯日久，不能移動，將士懈怠，無警戒之心，其軍卒亦無備虞之計，故可以潛往而襲之也。○趙光裕曰：凡十一事，總詳占將察才、因形用權之意。○王士騏曰：已上總詳占將察才、因形用權之實。○黄獻臣曰：停久不移，久無調遣，不能移動。不備，無警戒之心，亦無備虞之計。可潛而襲，此因形用權以取勝也。○又曰：此言占將察才、因形用權以取勝之道。隋侯不悟楚之毁車，溺少師而速戰取敗，愚而誘也。建德不察唐之

□金，謝淩敬而廢策受滅，貪可賂也。袁術稱帝憒敗，輕變可困也。項羽防間疎虞，驕怨可離也。桓玄遲回奔散，懷疑可震也。夙沙衛連大車以塞道而拒晉人，塞易開險也。又如永德□誘劉仁於壽春，江夏王猝躡谷渾於踰險，可來可薄也。于禁屯營去白水不遠，關公決水攻而擒之。江南水師駐城下卑處，潘美載葦擲而撓之，可灌可焚也。李嗣源聽高行周之計，陰雨道黑，夜渡河而拔鄆州，襲其不備也。誠察而審之，制勝之道，思過半矣。○丁洪章曰：讀此一章，武侯可謂善問矣，不意吴子之答又如此其變化，而尤妙在使愚而勇者將輕鋭以嘗之，孰謂起之用兵一於正乎？將必賤而勇者，賤則不恥敗北，勇則敢於赴敵也。理者其衆不譁，旌旗不亂，行止縱横，一稟將令是也。「追北」二句，即孫子所云不致於人。此亦占敵一法，未可執一觀。○淩堃曰：因敵制勝。○曦案：本篇第四節先是論述了如何根據敵方將領的能力素質以採用相應的對敵之策，繼而又提供了在一些特殊的地形、氣候、敵情的情況下所應採用的克敵之術。在這一節，吴起還提出了「因形用權，則不勞而功舉」的軍事思想，説明將領只有掌握了靈活機動的指揮藝術，才會有費小力而獲大功的用兵之效。

武侯問曰：「兩軍相望，不知其將，我欲相之，其術如何〔一〕？」起對曰：「令賤而勇者將輕鋭以嘗之，務於北，無務於得〔二〕。觀敵之來，一坐一起，其政以理〔三〕。其追北佯爲不及，其見①利佯爲不知。如此，將者名爲智將②，勿與戰矣③〔四〕。若其衆讙④譁，旌旗煩亂，其卒⑤自行自止，其兵或縱或横，其追北恐⑥不及，見⑦利恐不得〔五〕，此爲愚將，雖衆可獲〔六〕。」

【校記】

①其見：直解本作「見其」。

②將：講義本作「者」。

③矣：直解本、兵垣四編本、武備志本、開宗本、全解本、黎利賓彙解本、四庫全書本作「也」。

④讙：開宗本、兵垣四編本作「諠」。

⑤卒：武備志本作「足」。

⑥恐：劉寅曰：「舊本『佯』字作『恐』字，今從之。」

⑦見：開宗本、武備志本「見」上有「其」字。

【集釋】

〔一〕「兩軍相望」四句

施子美曰：昔高祖之伐魏也，問：「魏大將誰也？」食其曰：「柏直。」曰：「是口尚乳臭，安能當吾韓信。」問：「騎將誰也？」曰：「馮敬。」曰：「是秦將馮無擇子也。雖賢，不能當灌嬰。步卒將誰也？」曰：「項它。」曰：「不能當曹參。吾無患矣。」蓋善戰者必先占將而察材，將孰有能？吾以此知勝負矣，知其將則知其勝負所在矣。設如秦使武安君白起爲將，令軍中有敢泄武安君將者斬。若是而欲知其將，則何以哉？不過誘之而已。誘之而不從，則智者也。誘之而從，則愚者也。蓋兵法千章萬句，不出於致人而不致於人。○劉寅曰：兩軍對壘相望，不知敵將之能否，我欲令人視之，其術將如何也？○趙光裕曰：敵將之智愚。○黄獻臣曰：相望，對壘也。不知其將，不知敵將之智愚。相，度也。○朱墉曰：相，視也。術，法之巧者。

〔二〕「令賤而勇者」三句

施子美曰：追人之佯北，食人之餌兵，皆非善將者也。誘之以術，令賤而勇者將輕騎以嘗之。賤則無謀，勇則敢進，故可以嘗敵。嘗之以是，必使務於奔北，無務於得。○王士騏曰：無務於得，無務以斬獲爲功。○朱墉引王圻曰：賤而勇者，賤則不恥敗北，勇則敢於赴敵也。

〔三〕「觀敵之來」三句

劉寅曰：觀敵人之來，士卒一坐一起皆有節，其政又整治而不亂。○黄獻臣曰：政，軍令也。○朱墉曰：以理，有條理而不亂也。○曦案：此三句意謂觀察敵人前來，從其停止與前進，就能看出將領是否指揮得有條有理。

〔四〕「其追北佯爲不及」五句

黄獻臣曰：名爲智將，嘗而知其爲有謀之將。○朱墉曰：佯爲不及，本可及而故不及也。○朱墉引周魯觀曰：人多輕信逐利，以至紀綱混淆，舉止無措，勢必爲人所陷，而兹則理焉，佯爲不及不知焉，洞燭乎事先而不爲人所誘誤，非抱明哲之智者不能如此。「此」字指上起坐有法，政事有條，不窮追，不苟取也。○又引大全曰：勿與戰，言不可輕與之交鋒也，必運謀畫策以取之。若彼既兵衆不理，行陣不齊，貪餌逐北，毫不知我嘗試之術，豈非將之至愚者乎？乘機何難擒獲也？

〔五〕「若其衆讙嘩」六句

劉寅曰：若其士衆讙嘩喧閧，旌旗煩擾紊亂，其卒自行自止，不從號令，其兵或縱或横，不聽約束，其追北如恐不及，其見利如恐不得。○王士騏曰：自行自止，士卒自爲行止，不從將令可知矣。○朱墉曰：讙嘩，喧閧也。煩亂，煩多而不整也。自行自止，不從將令也。縱横，兵器不整也。恐不得，務貪利也。

〔六〕此爲愚將，雖衆可獲

施子美曰：王翦伐楚，楚數挑戰而翦不出；亞夫拒吴，吴兵數挑戰，而亞夫不出，此智將也。若夫秦士會使輕者肆晉軍，而趙穿果追之不及；鄭公子突使勇而無剛者寇戎而速去之，而戎果奔，此非所謂愚將乎？○趙光裕曰：此試敵將之術也。○王士騏曰：常觀用武者不難於治兵而難於選將。將之賢愚，兵實繫焉，故天下無必勝之兵，而有不可敗之將。此資兼文武者爲不易得也。○歸有光引吴鉋菴曰：兩敵相遇，我必先相度其虛實動靜，其智而衆也則避之，其愚而寡也則攻之，則斬將搴旗可必矣。○黄獻臣曰：此爲愚將，嘗而知其爲無謀之將。○又曰：此言試敵將之術。其有謀者，不急與之爭鋒；其無謀者，乘機可以擒獲，在善用其術耳。○丁洪章曰：此言兩兵未交，必先用戰勇以嘗敵之法也。○淩堃曰：此嘗敵之一端耳。因敵爲制，變化無窮。○曦案：本篇的第五節介紹了如何判斷敵將是「智將」還是「愚將」的基本方法。對於「智將」，要小心謹慎，「勿與戰也」；對於「愚將」，則可主動出擊，敵人「雖衆可獲」。

應變第五

【解題】

劉寅曰：應變者，臨時應變也。行兵但知守常，而不知與時遷移、應物變化之道，倉卒之際，安能取勝？此吴子所以歷歷言之也，故以「應變」名篇。凡十章。○趙光裕曰：此篇言倉卒應變之事。○朱墉曰：此章篇名「應變」，蓋敵之與吾相遇，不一其方；吾禦敵之道與爲轉移，不一其術，所謂決機於兩陣之間，裁制於一心之内者也。若用兵而不知變通，則膠固執滯，敵至而莫能應矣。吴子約舉數節言之，非以盡應變之法也。從節制説起，是用兵之本，而歸重於無殘，亦孫子全軍全國之意。但應衆者，當知邀擊厄隘之利；應强者，又必設五軍交襲之謀。應諸迫近者，相敵而分合可也；應諸險阻者，力戰而亟去可也；應諸山谷者，多設疑兵可也；應諸水澤者，先得水情可也。若陰雨之變，則高跡可從；暴寇之變，則歸途可掩。臨時運用，烏可拘執於定見而以冥冥決事哉？○丁洪章曰：行兵全在知權達變。變者，隨時變化之謂，一毫不可拘泥者也。變來須應，吴子篇中歷歷言之，可爲用兵者法。篇中所言皆遇敵應變事，其意當與韜書所論遇敵應變事參觀。○黎利賓曰：變者，隨時變化也。應，接也。應變者，臨變之時，而能因應咸宜之謂也。行兵但知守常，而不知與時遷移、因敵變化之道，倉卒之際，安能取勝？故吳子歷歷言之，恐人之拘泥而不知所變通也。○曦案：本篇題爲「應變」，内容圍繞「因形用權」展開，敘述了在不同戰爭情況下所應採取的靈活機動的對敵戰術，共分十節文字。

武侯問曰：「車堅馬良，將勇兵强，卒遇敵人，亂而失行，則如之何？〔一〕」起①對曰：「凡戰之法，晝以旌旗旛麾爲節，夜以金鼓笳笛爲節〔二〕。麾左而左，麾右而右，鼓之則進，金之則止，一吹而行，再吹而聚，不從令者誅〔三〕。三軍服威，士卒用命，則戰無彊敵，攻無堅陳矣〔四〕。」

【校記】

①起：武備志本、朱墉彙解本、全解本、黎利賓彙解本、四庫全書本「起」上有「吳」字。

【集釋】

〔一〕「車堅馬良」五句

施子美曰：有能之將，有制之兵，不可得而敗也。教戰之法，前卻有節，左右應麾，雖絶成陣，雖散成行，此有制之兵也。雖使之卒遇敵人，亂而失行，亦無足慮也。吳起之對，其亦以節制爲主歟？○劉寅曰：吾車既堅，吾馬又良，將士勇敢，兵衆强盛，卒然遭遇敵人，則驚而失其行列，將如之奈何？○朱墉曰：良，調良也。卒，倉卒也。失行，不成行列，離隊伍也。○朱墉引醒宗曰：天下事每敗有所恃而無所警，故雖堅良勇强，而或亂而失行者有之。

〔二〕晝以旌旗幡麾爲節，夜以金鼓笳笛爲節

施子美曰：用兵之道，不過旌旗、金鼓而已。晝則目足以有見，故以旌旗幡麾爲節；夜則以耳而聞，故以金鼓笳笛爲節。○趙光裕曰：晝夜各有節束。○黄獻臣曰：拆羽麾頭爲旌，熊虎爲旗，捲蘆吹之爲笳，晝夜各有節制。○朱墉引翼注曰：旌旗等物，平昔教演既熟，臨期自遵指麾。夜戰與晝戰不同，所以不言旌旗旙幟，惟以金鼓笳笛懾一其聽聞而已。○丁洪章曰：當戰之頃，若無懾一三軍之節，雖家人父子亦不能使其進止無紊也。所以兵家制此旌旗等物，平昔教演既熟，臨期自遵指揮，卒遇敵人，自不至於亂而失行也。○又曰：夜戰與晝戰各别，所以不言旌旗旙麾，惟以金鼓笳笛懾一其聽聞而已。未有聽聞有節，卒遇敵人，亂而失行之理。

〔三〕「麾左而左」七句

施子美曰：夫既有節矣，則麾左而人皆左，不可得而右；麾右而人皆右，不敢以或左。此

旌旗幡麾之節也。鄭人之周麾，光弼之三麾，而卒以取勝者，麾之有節也。鼓之而進，怯者不得以獨退。金之而止，勇者不得以獨進。此金鼓之節也。吳漢齊鼓而進，周人以鐲止之，此金鼓之有節也。至於一吹而莫不行，再吹而莫不聚，兹又笳笛之有節也。李靖兵法：「角一聲而皆散立。」即此推之，亦笳笛之有節也。金之鼓之，麾之吹之，無不有節。苟有不從令者，誅之可也。此孫子所以斬左右二姬，吳起斬非令之材士，光弼斬不戰而怯者。○趙光裕曰：「麾左而左，麾右而右」，承旌旗旛麾言。「鼓之則進」四句，承金鼓笳笛言。「不從令者誅」，總二者言之。○王士騏曰：「麾左」二句言旌旗旛麾之用。「鼓之」四句言金鼓笳笛之用。○朱墉曰：「麾左」二句，承旌旗言。鼓之，擊鼓以起衆也。金之，擊金以收軍也。一吹，一次吹笳笛也。行，兵走也。聚，齊集也。承金鼓言。不從節制者則有誅戮，總二者而言之。

〔四〕「三軍服威」四句

施子美曰：如此則三軍服上之威，士卒各用其命。以之而戰則必勝，固無强敵也。以之而攻則必取，固無堅陣也。又豈有卒遇敵而失行者哉？此皆有制之兵也。不然，周官何以特重大司馬大閱之法？○趙光裕曰：言三軍節束有素，雖使卒遇敵人，不至敗亂矣。○黃獻臣曰：此言行兵必節制先定，雖使卒遇敵人，而威命足以懾服衆士，則擊强摧堅無乎不可，自無亂而失行之患。○朱墉引大全曰：將之於士，平昔貴以恩德相感，既戰，貴以形威相懼。畏敵則違命，畏我則用命，此兵家之所以尚威也。○淩堃曰：練習節制，豫以動者，必不至亂而失行，所對特束伍之粗跡耳。暗營襲伏，亦不專於如是之練耳目也。○曦案：本篇的第一節針對「車堅馬良，將勇兵强，卒遇敵人，亂而失行」的情況，吴起强調此時指揮員要用嚴刑峻法來維護權威，「不從令者斬」。

武侯問曰：「若敵衆我寡，爲之奈何〔一〕？」起對曰：「避之於易，邀之於阨。故曰以一擊十，莫善於阨；以十①擊百，莫善於險；以千擊萬，莫善於阻。〔二〕今有少卒②，卒起擊金鳴鼓於阨路，雖有大衆，莫不驚動〔三〕。故曰：『用衆者務易③，用少④者務隘〔四〕。』」

【校記】

① 十：朱墉彙解本作「一」。

② 卒：底本作「年」。講義本、直解本、正義本、二十子全書本、兵垣四編本、武備志本、開宗本、朱墉彙解本、全解本、黎利賓彙解本、四庫全書本、平津館叢書本、淩堃評校本、四部備要本均作「卒」，於義爲佳，今據改。

③ 易：直解本作「平」。

④ 少：兵垣四編本作「寡」。

【集釋】

〔一〕若敵衆我寡，爲之奈何

施子美曰：兵有數，地有形。數異乎衆寡，形分乎險易。且以兵法觀之，一曰度，二曰量，三曰數，四曰稱，五曰勝。蓋言因地用兵，而多寡險易之適稱者之可以勝也。若夫人衆而地隘，則難於馳逐。人寡而地易，則何所依據？不過曰用衆者務於易，用少者務於隘而已。周禮曰：「險野人爲主，易野車爲主。」人主於險，謂其所用者少而務隘也。車主於易，謂其人衆而務易也。武侯問吴起以彼衆我寡，爲之奈何，武侯之意，蓋慮其寡之不可以敵衆也，而不知寡有時而可以勝者，據得其地也。○朱墉曰：爲之，言何以應敵也。○丁洪章曰：此篇所問若屬平常，然處敵衆我寡之勢者甚多。若不先爲擬議，何以應猝？故避之於易，邀之於阨，真是妙訣，真是經語。

〔二〕「避之於易，邀之於阨」八句

施子美曰：避之以易，邀之以險，雖衆，無所用之。夫何避之易而邀之阨也？用少者務隘故也。大抵以寡勝衆，在兵必有異數，而少之所用則惟隘是務。其於地也，獨無異形乎？

以一擊十，以十擊百，以千擊萬，寡勝衆也。曰阨、曰險、曰阻，用少者務隘也。阨、險、阻，皆隘也，而所以異者，阻大於險，阨，而阨小於險、阻。阨者，阨塞之地也。阨可以塞，則阨之形小。阻者，長江大川之限也。惟可以限阻，則其形爲大矣。至於險之爲地，則可以爲守國之形。不惟阻也，而亦匪阨也，不小亦不大耳。阨惟小，故可以一擊十；阻惟大，故可以千擊萬；險惟不小不大，故可以百擊千。此因地而論其大概也。分而謂之，則有一、有十、有千之異數。合而言之，均之以寡勝也。分而言之，則有阨、有險、有阻之異形。合而言之，均之用少者，惟隘之務也。但其數有多寡，故其形有大小也。孫臏之馬陵、韓信之井陘、謝玄之淮淝者是也。○劉寅曰：避之於平易之地，邀之於險阨之處。故曰以一人而擊十人，莫善於地之阨。阨，道路狹隘也。以十人而擊百人，莫善於地之險。險，山坂峻絶也。以千人而擊萬人，莫善於地之阻。阻，坑坎高下也。○趙光裕曰：避之於平易之地，而邀擊之於險阨之地，則其衆不足恃矣。阨、險、阻，皆以地言。○茅元儀曰：阨者，道路狹隘也。險者，山阪峻絶也。阻者，坑坎高下也。○朱墉引大全曰：平易之地便於馳縱，故用衆敵寡者務焉。隘窄之地便於詭譎，故用寡敵衆者務焉。○又引醒宗曰：用衆者務鬬於平易之地，分合出奇爲便也。用少者務阨於險阻，敵之衆不得施，我反有據可恃，蓋避其所短、用其所長也。

〔三〕「今有少卒」四句

施子美曰：今有少卒，卒起擊金鳴鼓於阨路，雖有大衆，莫不驚動者，爲其阨隘之中，寡可以勝吾衆也。用兵者可不相地形而分兵數乎？○劉寅曰：今有寡少之兵，卒然而起擊金鳴鼓於狹隘之路，雖有大衆，莫不驚擾騷動。○趙光裕曰：卒，倉卒。○王士騏曰：此段是設言。○朱墉曰：卒起，卒然而起也。

〔四〕用衆者務易，用少者務隘

施子美曰：故用衆者則務易，用少者務隘，亦因數而異其地也。思明得加兵，則兵多於光弼矣，故恨不得野戰，非欲務易乎？光弼之兵少於思明，故欲迫險而陣，非寡務隘乎？○趙光裕曰：此節申言邀之於阨之意，言用兵衆者固務易地，而用兵少者則務隘地也。此論以少擊衆之法。○王士騏曰：此申明上文邀之於阨之意。○黄獻臣曰：「易」、「隘」皆以地言。○又曰：此言以寡敵衆，法在務隘。李弼曰彼衆我寡，不可平地，據渭而取勝矣；竇泰依山爲陳，反以致潰，則應變者同，而所以應變者殊也。務隘者亦顧鎮治之者何如耳。○朱墉曰：務者，專用力於此也。○丁洪章曰：此言避易邀阨爲用兵以寡擊衆之法也。○又曰：易者，平易之地。隘者，窄狹之地也。言用衆敵寡者務要易地，易地則便於操縱；而用寡敵衆者務要隘地，隘地則便於照應，故曰務易務隘。○又曰：用衆者務聞於平易之地，分合以奇爲變也。用少者務阨於險阻，敵之衆不得施，我反有據可恃矣。避其所短，用其所長也。○淩堃曰：以寡敵衆，有險可恃，固善矣。無險亦當出奇制勝，顧視敵將何如耳。○曦案：本篇的第二節針對「敵衆我寡」的情況，吴起給出了「避之於易，邀之於厄」的對策。在險要的地勢截擊敵人，會有「以一擊十」、「以十擊百」、「以千擊萬」的功效。

武侯問曰：「有師甚衆，既武且勇，背大險阻①，右山左水；深溝高壘，守以彊弩；退如山移，進如風雨；糧食又多，難與長守，則如之何②〔一〕？」對③曰：「大哉問乎！非此④車騎之力，聖人之謀也〔二〕。能備千乘萬騎，兼之徒步，分爲五軍，各軍一衢〔三〕。夫五軍五衢，敵人必惑，莫之⑤所加〔四〕。敵人⑥若堅守，以固其兵，急行間諜，以觀其慮。彼聽吾説，解之而去；不聽吾説，斬使焚書〔五〕。分爲五戰，戰勝勿追，不勝疾歸⑦〔六〕。如是佯北，安行疾鬭〔七〕，一結其前，一絶其後，兩軍銜枚，或左或右，而襲⑧其處〔八〕，五軍交至，必有其利⑧〔九〕。此擊彊之道也〔一〇〕。」

【校記】

①險阻：二十子全書本、兵垣四編本、開宗本、全解本、黎利賓彙解本、平津館叢書本、淩堃評校本

作「阻險」，四部備要本無「阻」字。

② 則如之何：底本無此句，據講義本、直解本、正義本、二十子全書本、兵垣四編本、武備志本、開宗本、朱墉彙解本、全解本、黎利賓彙解本、四庫全書本、平津館叢書本、淩堃評校本、四部備要本補。

③ 對：講義本、直解本、二十子全書本、兵垣四編本、武備志本、開宗本、朱墉彙解本、全解本、黎利賓彙解本、四庫全書本、平津館叢書本、淩堃評校本、四部備要本「對」上有「起」字。

④ 非此：講義本、直解本、正義本、二十子全書本、兵垣四編本、武備志本、開宗本、朱墉彙解本、全解本、黎利賓彙解本、四庫全書本、平津館叢書本、淩堃評校本、四部備要本作「此非」。

⑤ 之：講義本、正義本、二十子全書本、兵垣四編本、開宗本、朱墉彙解本、全解本、黎利賓彙解本、四庫全書本、平津館叢書本、淩堃評校本、四部備要本作「知」。

⑥ 人：講義本、直解本、正義本、二十子全書本、兵垣四編本、武備志本、開宗本、朱墉彙解本、全解本、黎利賓彙解本、四庫全書本、平津館叢書本、淩堃評校本、四部備要本無「人」字。

⑦ 歸：直解本、正義本、兵垣四編本、武備志本、開宗本、黎利賓彙解本、四庫全書本、朱墉彙解本、全解本作「走」。劉寅曰：「舊本『歸』字作『走』字，文用韻，今從之。」

⑧ 襲：開宗本作「聚」。

⑨ 利：底本作「力」。講義本、直解本、正義本、二十子全書本、兵垣四編本、武備志本、開宗本、朱

埔彙解本、全解本、黎利賓彙解本、四庫全書本、平津館叢書本、淩堃評校本、四部備要本均作「利」，於義爲佳，今據改。

【集釋】

〔一〕「有師甚衆」十一句

劉寅曰：敵有師甚衆，既武且勇，言士卒練習而勢力之强也。背倚高大之勢，前阻險絶之地，右依山陵，左近水澤，言得地之利也。深溝高壘，守以强弩，言備禦固也。退如山移，進如風雨，言有節制也。糧食又多，言無飢疲也。我之勢力難以長守，則將如之何？○趙光裕曰：「既武且勇」，力强。「背大阻險，右山左水」，地利。「糧食又多」，又足食。○王士騏曰：「退如山移，進如風雨」二句，言其兵有節制。○黄獻臣曰：背大，後背寬大之勢。阻險，前阻險絶之地。右山左水，得地利。守以强弩，備禦固。「退如山移」兩句，有節制。糧食又多，無飢疲。○朱墉曰：武謂嫻習武事也。勇，有力也。背大，後背寬大之地也。阻險，前阻險絶之勢也。山移，象其鎮静也。風雨，象其迅疾也。難與長守，不能與之長久相持也。○朱墉引翁鴻業曰：師衆武勇，言士卒練習而勢力之强也。右有高山，左有深水，言得地之利也。「深溝」二句，言備禦固也。退如山移，進如風雨，言有節制也。糧食又多，言無飢疲也。

〔二〕「大哉問乎」三句

施子美曰：在彼有難擊之勢，在我有擊之之術，此固非可以力爭也，智勝之也。較以力，則彼强我弱；較以智，則我雄彼雌。有師甚衆，既武且勇，故難擊也。況又背大險阻，右山左澤，而得地之利；深溝高壘，守以强弩，而盡守之法。進不可當，如風雨然；退不可乘，如山移然。將欲與守，其糧食又多，此固不容易擊也。宜爲武侯之所疑，而吴起亦以爲問之大也。謂之大者，以其兵之衆，事之重，非可以輕進而力爭也。必聖人之謀，有以大過人者，而後可以勝之也。謂之聖人之謀者，以其非常智所可及也。○趙光裕曰：言欲決勝於此，非車騎之力所能，必有聖人之謀慮，乃可以勝。○茅元儀曰：此非但用車騎之力耳，乃聖人之謀慮也。○黄獻臣曰：彼師如此之强，非車騎之力能勝，在聖智之人謀以勝之。○朱墉曰：聖人，通明之稱，言不以力爭，必以謀勝也。○朱墉引周魯觀曰：聖人不作德全之聖人看，通明之謂也。言禦敵捍患，固貴於謀，然謀非通明的聖人之謀，終不足以禦强而捍敵。今既衆且勇矣，又得地利而善守之，且進止有節，而糧餉充足，是豈人力所可勝哉！則非有明敏之才運謀決策，以計取，不以力爭，未可以語者，故曰聖人之謀也。○又引胡君常曰：聖人之謀，是出鬼入神、千變萬化、不可測識之謂。如此强敵，非勢力所可拒，小智所能勝，除非神明坐照謀發，而人不及知之，聖人乃可耳。○又引鄧伯瑩曰：「聖人」二字不必太説尊高了。○又引汪升之曰：善謀者雖金城湯池可襲可攻，何師衆武勇之足論哉！何背大阻險、右山左水之足懼哉！何强弩之守、糧食之多足怯哉！○丁洪章曰：此論禦强敵也。聖人之謀是出化入神、千變萬化、不可測識之謂，要緊照上文，見如此强敵，非勢力所可拒，小智所能勝，除非神明坐照謀發，而人不知之，聖人乃可耳。大，大其問也，而非大其謀。聖人之謀，亦非無車騎之力也。有謀以行乎其間，而不徒恃乎車騎之力也。「此」字指上文「有師甚衆」十句而言。如此兵勢，難以力爭，雖車之堅、騎之良，不足恃也。

〔三〕「能備千乘萬騎」四句

劉寅曰：國家能備車千乘，騎萬匹，兼之徒步，其法共一十萬衆也。可分爲五軍，令一軍當一衢。○黄獻臣曰：徒步，步兵。衢，路也。○朱墉曰：兼之者，車、騎、步俱用也。五軍，我軍分爲五隊也。衢，通路也。

〔四〕「夫五軍五衢」三句

劉寅曰：夫五軍分爲五衢，敵人必疑惑，莫知加我軍之處。○趙光裕曰：五軍分爲五路，則敵人不知所以加我矣。○朱墉曰：莫知所加，莫知我軍加彼之處也。

〔五〕「敵人若堅守」八句

劉寅曰：敵若堅守壁壘以固其兵，吾當急行間諜以觀其謀慮。彼若聽我，使之説解，釋而去則已。不聽信吾說，斬吾之使，焚吾之書。○趙光裕曰：敵若固守，吾當間諜以觀其謀慮。若聽吾使者之說，則解之而去。若不聽吾說而斬吾使、焚吾書，則在所必戰矣。○黄獻臣曰：斬吾使，焚吾書，則在所必戰矣。○朱墉曰：解，釋兵也。斬使，斬彼之使也。焚書，焚彼之書也。○曦案：當從朱說，使、書，爲彼之使、彼之書。

〔六〕「分爲五戰」三句

劉寅曰：五軍分爲五戰，戰若勝，則勿追，恐有伏也；若不勝，當疾走，避其强也。○趙光裕曰：當分兵爲五，與之交戰。戰勝勿追，防其伏。不勝疾走，引其入我伏。○王士騏曰：戰勝勿追，防其伏兵也。○朱墉曰：五戰，分兵爲五，與之交戰也。勿追，恐有伏也。疾走，引其入我伏也。

〔七〕如是佯北，安行疾鬬

劉寅曰：如是敵人佯爲敗北，我當安行疾鬬，不可忽也。或曰：我當佯北以誘之，亦通。○趙光裕曰：若佯敗誘，當緩行速鬬。○朱墉曰：安，緩也。疾，速也。

〔八〕「一結其前」五句

劉寅曰：使一軍結其前，一軍絶其後，又使兩軍銜枚而進，或於左，或於右，而襲其不足之處。○趙光裕曰：一結其前，一絶其後，一前一後以孤其勢。或左或右，而襲其處，一左一右以襲其虚。○黄獻臣曰：結，交搆。銜枚，以木幹如箸，衡銜於口，禁聲也。「或左或右」兩句，或於左，或於右，以襲其虚。○朱墉曰：絶，横斷也。啣枚，以木幹如箸，横啣以口，禁聲也。

〔九〕五軍交至，必有其利

趙光裕曰：五路之軍交至而戰，必有一利。○朱墉引大全曰：五軍交至，此形人之法也。我以五兵分營迭戰，使敵人莫測其虚實，彼將分兵以應我矣。分兵以應我者，不且有救援不暇之虞乎？彼有救援不暇之虞，我必有到處獲利之機矣。○又引太原劉氏曰：據孫子之法，宜務專而不可分。若五軍五衢，我分於勢，而敵得以十攻一，戒遇大敵者，勿以形兵爲其所分可矣。然郭子儀迫於李歸仁，使王昇等伏兵連橋，五衢合擊，大破之，此又深得五軍五衢之術者。是法不可混，神而明之，存乎其人也。

〔一〇〕此擊彊之道也

施子美曰：聖人之謀何如哉？分兵以形之，遣間以疑之，然後從而夾攻之，是必備之以千乘萬騎，兼之以徒步之兵，其爲車步騎，亦足用矣。分爲五軍，軍之五衢，所以形之也。彼於見吾形，必惑而不知所加。彼若堅守不動以自固，我則用間以動之，以觀其謀。彼聽吾説，則爲無謀矣，故解之而去。彼若不然，則爲有謀矣，斬使焚書，以無通其往來，亦以必戰。分爲五戰，使五軍各自戰也。戰之而勝，不可追之，謂其敵衆故也。不勝則遽歸，懼其乘我也。必也佯北以致之，安行而疾鬭，或結其前，或絶其後，或含枚而進，或左右而襲之，是乃夾攻之也。故五軍交至，必有得其利者。擊强之道，其在是乎？昔楚漢之强弱固不容言，然漢終以勝，楚終以弱者，漢得夫擊之之道也。觀其使黥布留楚，使韓信當一面，使陳平行反間，至於垓下一集，而楚亡無日，非得所以擊强之道乎？○趙光裕曰：此乃攻擊强敵之道。○黄獻臣曰：此言擊强之道，法在分軍，而推本於聖人之謀。按孫子之法，宜務專而不可分。若五軍五衢，我分於勢，而敵得以十攻一，戒遇大敵者，勿以形兵爲其所分可矣。然郭子儀赴鳳翔，李歸仁率五千精騎邀之，儀使僕固懷恩、王昇、陳迴光、渾釋之、李國正等伏兵連橋，五衢合擊，大破歸仁，是深得於五軍五衢之術者。然則法不可泥，在乎神明之者耳。○丁洪章曰：「此」字是總結上文語，言擊强之道最不容易，必有如此之謀，而後可以勝之。「道」字即作「謀」字看。○淩堃曰：所問進退有度，間諜不行，善避勿戰，非可誘、可結、可絶、可襲者也。○曦案：本篇的第三節針對敵軍人多勢衆、擁有地利、糧食充足、戰鬭力强的情況，吴起給出了他的「擊强之道」，即兵分五軍以迷惑敵人，派遣間諜以探明敵情，與敵作戰時，五軍分工明確，相互配合，合圍殲敵。

武侯問曰：「敵近而薄我，欲去無路；我衆甚懼，爲之奈何〔一〕？」對①曰：「爲此之術，若我衆彼寡，各②分而乘之；彼衆我寡，以方從之；從之③無息④，雖衆可服〔二〕。」

【校記】

①對：講義本、直解本、正義本、二十子全書本、兵垣四編本、武備志本、開宗本、朱墉彙解本、全解本、黎利賓彙解本、四庫全書本、平津館叢書本、淩堃評校本、四部備要本「對」上有「起」字。

②各：講義本、直解本、正義本、二十子全書本、兵垣四編本、武備志本、開宗本、朱墉彙解本、全解本、黎利賓彙解本、四庫全書本、平津館叢書本、淩堃評校本、四部備要本無「各」字。

③從之：兵垣四編本無「從之」二字。

④息：劉寅曰：「舊本『忌』作『息』。」録之備考。

【集釋】

〔一〕「敵近而薄我」四句

劉寅曰：敵近而迫我，欲捨去而無還返之路，我之兵衆，又甚恐懼，則爲之奈何？○朱墉曰：薄我，逼近我也。欲去，捨敵也。○丁洪章曰：此段可商處在「欲去無路，我衆甚恐」

二句。下皆自量衆寡死地能生法。分而乘之者，分兵出奇，乘其不備而出也。以方從之者，看何方將稍輕、兵稍弱、備稍弛，從之而去。一説武侯此問甚爲迫切，即以聖人而臨此，亦無奈何，故吴子只叫他把前方來用耳。乃前方何在？如太王事獯鬻、勾踐事吴故事尋之。所以本文不曰「敵衆可敗」，而曰「雖衆可服」。

〔二〕「若我衆彼寡」六句

施子美曰：法曰：「識衆寡之用者勝。」知衆寡之用可以勝，則敵雖薄我，吾何畏焉？是以吴起對武侯之問，必欲知其衆寡，而爲之勢以制之。當其險而薄我之時，我去無路，我衆又甚懼，此不得已則戰之時也。戰之之際，必量其衆寡而用之。我衆彼寡，則分而乘之，此得夫法之所謂「倍則分之」之説也。彼衆我寡，則因其方而從。其從之也，又無得休息，此得夫法之所謂「皆戰則强」也。故彼雖衆，可得而服之矣。北戎侵鄭，鄭伯懼其侵軼我，而公子突乃請爲三覆以待之，而戎師果奔，此則分而乘之也。光弼擊周摰，使郝廷玉以三百騎擊西北隅，使論惟正以二百騎擊東南隅，此則以方從之也。從之而不止，則彼必爲我所困，故雖衆可服也。○劉寅曰：若我軍衆，彼軍少，分吾兵，更迭而乘之。若彼軍衆，我軍少，當以方法從之。若能從之而無息，彼雖衆，亦可服矣。○趙光裕曰：分而乘之，分兵更迭以乘之。從之無息，以方法從之而無止。○又曰：此言敵來薄我而應之之術。○王士騏曰：「以方從之，從之無息」，須用術法以從事，此時不得少歇息。○黄獻臣曰：此言敵來薄我而應之術，在酌衆寡而妙分合之權。○朱墉曰：方，即臨敵出奇之方。從之，從其薄我之處而與戰也。無息，不止息也。○朱墉引汪殿武曰：重「無息」二字。彼兵雖衆，我兵雖寡，不足慮也。我以出奇變化之方，更番而迭戰之，使彼無有休息，自可懾服之矣。○丁洪章曰：吴子此時最爲奇變，不明言以寡應衆之法，而曰以方從之。這「方」字最有意味在内，有不可攖一之意在内。○淩堃曰：觀我觀人呼吸變化，軍懼則練膽、練氣失之平時，臨陣振之甚難。○曦案：本篇第四節針對「敵近而薄我，欲去無路，我衆甚懼」的情況，吴起認爲可根據敵我力量的多寡而採取不同的戰術。若「我衆彼寡」，就兵分幾路展開進攻；若「彼衆我寡」，就集中力量打擊敵人。

武侯問曰：「若遇敵於溪谷之間，傍多險阻，彼衆我寡，爲之奈何？」起對曰：「遇①諸丘②陵、林谷、深山、大澤，疾行亟去，勿得從容〔一〕。若高山深谷，卒然相遇，必先鼓譟而乘之。進弓與弩，且射且虜〔二〕。審察其政③，亂則擊之勿疑〔三〕。」

【校記】

① 遇：底本無「遇」字，正義本、二十子全書本、兵垣四編本、武備志本、朱墉彙解本、全解本、黎利

賓彙解本、四庫全書本有「遇」字，於義爲順，今據補。

②丘：二十子全書本作「山」。

③政：直解本、正義本、兵垣四編本、武備志本、開宗本、朱墉彙解本、全解本、黎利賓彙解本、四庫全書本作「治」。劉寅曰：「舊本『政』作『治』。」

【集釋】

〔一〕「遇諸丘陵」三句

趙光裕曰：「亟去，勿得從容」，遇此險地即當速去。○王士騏曰：「亟去，勿得從容」，值此險地而不速去，此龐士元隕於落鳳坡，爲可惜也。○朱墉曰：土高曰邱。大阜曰陵。叢木曰林。山路曰谷。深山，山之僻遠者。大澤，水之廣積者。勿得從容，不可延緩久留也。

〔二〕「若高山深谷」五句

劉寅曰：若高山深谷，卒然與敵相遇，必先鼓噪而從之。春秋傳曰：「寧我薄人，勿人薄我。」所謂先人，有奪人之心也。此云必鼓噪從之者，薄之也。進弓與弩，且射且虜者，乘人之不及也。○王士騏曰：先鼓譟，虛張聲勢。「進弓」兩句，一面射矢，一面虜獲，亦乘勢耳。○黄獻臣曰：乘之者，薄之也。「進弓與弩」兩句，乘人之不及也。○朱墉曰：鼓噪，鳴鼓喧噪也。

〔三〕審察其政，亂則擊之勿疑

施子美曰：善用兵者，無所往而不勝。羊腸可以勝，鋸齒可以勝，緣山可以勝，入谷可以勝。是雖遇於溪谷之間，傍多險阻，衆寡不敵，吾何患焉？諸丘陵、林谷、深山、大澤，此固非用兵之地也，疾行亟去，不可從容，此常法也。設不幸而卒遇於此，則何以哉？必也鼓噪以乘之，所以奪之也。進弓與弩，且射且虜，所以驅之也。然必審察其政，果亂，則擊之勿疑。使其未亂，則未可擊也。馬援壺頭之役，匈奴升險鼓噪，此乃援失其利，而匈奴爲得之也。然匈奴卒不敢取之者，以援軍猶治故也。使援而不善兵，其不亡於匈奴也幾希。○劉寅曰：審察其治亂之勢，若亂，則擊之勿疑；若治，則又當設奇以亂之也。○趙光裕曰：察其軍旅治否。若其陣亂，則必擊之矣。此言遇敵於高山深谷，當進兵擊之。○黄獻臣曰：其兵治，當設奇以亂之；若亂，則必擊。○又曰：此言溪谷遇敵擊之之法。山谷原非舍止之地，若率爾相遇，必先乘其所不及。春秋傳曰：「寧我薄人，毋人薄我。」所謂先人者，有奪人之心。○朱墉曰：治亂，敵人軍旅之治亂也。○又引醒宗曰：大抵應變之法在於審時勢，察機宜，不疾不徐，不離不合，用無不當，施無不得，敵我衆寡在所不計也。○丁洪章曰：此言遇敵於高山深谷，當進兵擊之之法也。○淩堃曰：此以設疑、設奇爲要，翻實作虛，翻强爲弱，因敵變制，勵衆一心。○曦案：本篇第五節針對「若遇敵於溪谷之間，傍多險阻，彼衆我寡」的情況，吴起認爲應該快速撤離不利地形。如果在不利地形突然與敵遭遇，要先鼓噪吶喊，乘勢進攻，敵人若亂，則「擊之無疑」。

武侯問曰：「左右高山，地甚狹迫，卒遇敵人，擊之不敢，去之不得〔一〕，爲之奈何？」起對曰：「此謂谷戰，雖衆不用〔二〕。募吾材士，與敵相當，輕足利兵，以爲前行〔三〕，分車列騎，隱於四旁，相去數里，無見其兵，敵必堅陳，進退不敢〔四〕。於是出旌列旆，行出山外營①之。敵人必懼，車騎挑之，勿令得休〔五〕。此谷戰之法也〔五〕。」

【校記】

①營：二十子全書本作「觀」。

【集釋】

〔一〕擊之不敢，去之不得

劉寅曰：欲擊之，不敢前進。欲去之，不敢後退。○朱墉曰：去之不得，擊時不得退後也。○曦案：對「去之不得」的解釋，以劉氏爲優。「擊之」二句意謂想進攻卻又不敢，想撤退卻又不行。

〔二〕雖衆不用

王士騏曰：我兵雖衆，勢不可用。

〔三〕「募吾材士」四句

劉寅曰：招募吾材勇之士，與敵人相當。輕足善走者，持鋒利之兵爲前行。○趙光裕曰：選才力之士，衆寡之數，其敵相當。以爲前行，置於軍行之前。○朱墉曰：材士，有力之士也。當，抵敵也。○朱墉引醒宗曰：山谷之戰不在兵卒之衆多，而在募吾材士爲前行，趙奢所謂將勇者勝也。

〔四〕「分車列騎」六句

劉寅曰：分吾之車，列吾之騎，隱伏於四旁，使相去數里，無顯露其兵，敵人必堅陣固守，進退皆不敢矣。○趙光裕曰：隱於四旁，匿於軍之四旁。相去數里，無見其兵，兩軍相去數里，勿令敵人見之。○黄獻臣曰：無見其兵，無令敵人見我之兵也。「車騎挑之」兩句，谷中所隱車騎更番迭出，勿使敵人得以休息。

〔五〕「於是出旌列旆」五句

劉寅曰：如是，令吾軍出旌列旆，行出山外營之，敵人必有懼恐之心，繼以車騎兩旁挑之，勿令彼得休息。○王士騏曰：行出山外營之，移營山谷之外以示敵人。勿令得休，更番迭出，勿使敵人得以休息。○黄獻臣曰：□營俟之也。○朱墉曰：營之，移營於山谷之外以示敵人也。勿令得休，谷中所隱之車騎更番迭出，勿使敵人得休息也。○朱墉引汪升之曰：既募勇士以爲前行，又分車列騎隱於四旁，既制敵人堅陣不出，又營山外以挑其戰，奇正互用無窮。

〔六〕此谷戰之法也

施子美曰：秦伐韓於閼與，王召趙奢而問以救韓之事。奢對曰：「其道遠險狹，譬如兩鼠鬭於穴中，將勇者勝。」奢之所言，谷戰之法也。卒遇敵人於左右高山之間，其道甚狹迫，既不敢擊，又不能去，此其地正所謂谷戰也。一可擊十，十可擊百，千可擊萬，何以衆爲？然必擇士而使之，伏兵以襲之，引而致之，撓而勞之，然後可勝也。募吾材士，與敵可以相當者，與夫輕足利兵者，爲利於戰，故以爲前行，此則擇士而使之也。分車隱於四旁，相去數里，無見其兵，此則伏兵以致用也。彼既不見吾之兵，則必堅陣以待我，而進退有所不敢。於是出旌列旆，行出山外而營之，所以引而致之也。敵人既不知吾謀，則必懼吾覆彼也，吾則撓之以車騎，勿使得息，則彼必爲我所勞也。凡此者，乃戰於山谷之間者之所爲也，故曰此谷戰之法也。○趙光裕曰：此山谷中交戰之法。○茅元儀曰：使我之鋭卒反出於谷外，則先揺其心矣。○黄獻臣曰：此言谷戰之法。隱兵以疑之，列旆以懼之，挑戰以勞之，其妙正在用寡。○淩堃曰：神器非常，疑城幻霧，疾乘潛退，因時出没，庶可致勝。○曦案：六韜烏雲山兵論「山兵」，可參看。又，本篇第六節針對「左右高山，地甚狹迫，卒遇敵人，擊之不敢，去之不得」的情况，吴起給出了出奇制勝的「谷戰之法」，令敵驚懼，「進退不敢」。

武侯問曰：「吾與敵①相遇大水之澤，傾輪没轅，水薄車騎，舟楫不設，進退不得，爲之奈何〔一〕？」起對曰：「此謂水戰，無用車騎，且留其傍。登高四望，必得水情。知其廣狹，盡其淺深，乃可爲奇以勝之〔二〕。敵若絶水，半渡而薄②之〔三〕。」

【校記】

① 敵：講義本「敵」下有「人」字。

② 薄：武備志本作「擊」。

【集釋】

〔一〕「吾與敵相遇大水之澤」六句

劉寅曰：吾與敵人卒然相遇大水之澤，傾覆車輪，沉没車轅，水迫車騎，舟楫不曾設備，進退皆不可得，將爲之奈何？○趙光裕曰：傾輪没轅，傾車輪，没車轅。水薄車騎，大水逼車騎。不設，不曾預設。〇丁洪章引陸經翼曰：大水之遇，亦意外之災，自是輪傾轅没，水薄車騎者，而況舟楫素所未識乎？此時出奇一策斷不可少。但不得水情，何以運用機謀？何以度量淺深廣狹乎？

〔二〕「無用車騎」七句

劉寅曰：車騎皆無所用，且留之於旁，令人登高阜四望，必得水之情狀，知其水之廣狹，盡其水之淺深，乃可爲奇以取勝。〇趙光裕曰：留居水傍，令人登高瞭望，而得水廣狹淺深之情，乃設奇策以勝之。〇黄獻臣曰：留其旁，留居水旁。廣狹淺深，正所謂水情也。〇朱墉曰：爲奇，設奇策以求勝也。絶水，過水也。〇朱墉引新宗曰：大凡兩軍相遇，未有不登高遠望以覘虚實者也。豈當大水猝遇之頃，反不登高瞭望者乎？〇丁洪章曰：谷，山谷也。澤，水澤也。言我兵遇敵於山谷而欲取勝之，功不在兵卒之多，在募吾材士以爲前行，趙奢所謂「將勇者勝」是也。若我兵遇敵於水澤，則不得用車騎，但要得水情，知其廣狹、淺深，又或俟半渡而擊之，如公孫瓚破黄巾賊於東光是也。

〔三〕敵若絶水，半渡而薄之

施子美曰：孫子行軍有處山之軍，有水上之軍。武侯之所問者，水上之軍也。〇又曰：古者水戰有蒙沖，有鬬艦，有海鶻，若此之類，皆水戰之具也。設與敵遇於此，舟楫未具，則何以哉?不過留而不行,登高以望,知其淺深廣狹之處,則水情爲可以得矣。既得其情,必制以奇,乃可以勝。敵若絶水而來,必候其半渡而擊之,此韓信之所以囊沙睢水,候其半渡而擊之者,得乎此也。○劉寅曰:敵若過水,令其半渡而迫之。○趙光裕曰:此水戰之法。○黄獻臣曰:此言水戰之法。既無舟楫,且須阻水爲險,與敵相持,審察水情,出奇以取勝,半渡而薄,如公孫瓚破黄巾賊於東光是也。○曦案:六韜烏雲澤兵論「澤兵」,可參看。又,本篇第七節針對「吾與敵相遇大水之澤,傾輪没轅,水薄車騎,舟楫不設,進退不得」的情況,吴起給出了「水戰」之法。要求「必得水情」,再「爲奇以勝之」,趁敵人「半渡而薄之」。

武侯問曰:「天久連雨,馬陷車止,四面受敵,三軍驚駭,爲之奈何〔一〕?」起對曰:「凡用車者,陰濕則停,陽燥則起,貴高賤下,馳其强車〔二〕。若進若止,必從其道。敵人若起,必逐其跡〔三〕。」

【集釋】

〔一〕「天久連雨」五句

施子美曰:太公論車騎之地,有曰:「汙下沮澤,進退漸如,此騎之患地也。圮下漸澤,黑土粘埴，此車之勞地也。日夜霖雨，旬日不止，道路潰陷，前不能進，後不能解，車之陷地也。若是者，皆車騎死敗之地。」武侯之所問，天久連雨，馬陷車止，此正太公之所戒也。加之四面受敵，三軍驚駭，得無憂乎？○劉寅曰：天久連雨，馬陷没，車停止，皆無所用。吾四面受敵，三軍驚駭不安，將爲之奈何？○朱墉曰：陷，馬陷於泥也。止，車停不行也。受敵，敵人四面攻我也。

〔二〕「凡用車者」五句

施子美曰：高則陽燥之地也，故貴之。下則陰濕之地也，故賤之。凡此皆車之用，貴得其地也。是以成周輪人爲輪，有行山之輪，有行澤之輪。行山者欲侔，行澤者欲舒。侔以行山則不甐，舒以行澤，是刀以割途也。成周之法，因地而異其制。吳子之言，則論其地之所宜。○劉寅曰：凡用車戰者，天道陰濕則停止，陽燥則興起，貴隆高之地，賤卑下之處，馳騁其强車。○趙光裕曰：「陰濕」兩句，以天之晴雨爲行止。「貴高賤下」，以地之高下爲行止。○茅元儀曰：貴隆高之地，賤卑下之處。○朱墉曰：起，行走也，以天之晴雨爲行止也。貴高賤下，貴行高地，勿行卑地也，以地之高下爲行止也。○朱墉引汪殿武曰：此言車戰之法，不可亂用也。如進止之間，必由高燥之道，則馳騁自如而縱横由我。○又引醒宗曰：陰濕則停，此用車趨避法。必逐其跡者，前車即後車之鑑。

〔三〕「若進若止」四句

施子美曰：若夫用之，又當馳其强車，或進或止，必從其道。從其道者，所以求其利也。敵人若起，必逐其跡，此正踐墨隨敵也。○劉寅曰：若進若止，必由其道。敵人若起，必追逐其跡，庶無失也。○趙光裕曰：用堅强之車以馳，必由高燥之道。敵若起行，必尋其去跡，始不相失。○又曰：此車戰之法。○黄獻臣曰：此言車戰之法。上因天，陰止陽行。下因地，貴高賤下。中因人，車强以馳。進止必由高燥，雨久道失，敵軍起行，即是道矣。追其去跡，何難之有？○朱墉曰：從者，進與止必由高燥之路也。○朱墉引大全曰：必從其道，道指高燥言，言車道貴高燥，賤陰濕，今久雨道失，務必追尋其道，以爲進止。下文云敵人若起，必逐其跡，亦是追其去跡，恐失迷其道也。○丁洪章曰：用車與用步、用騎不同。車利於晴燥之日，不利於陰雨之時；利於高燥之處，不利於卑濕之地。今久雨道失，務必追尋其道以爲進止。故下文云敵人若起，必逐其跡，亦是逐其去跡，恐失迷其道之意。○淩堃曰：高不得就，彊不得馳，從逐中陷，覆没必矣。毁車夷陷，散重誘敵，設奇要截，徒兵奮擊，出險就高，庶可救敗。○曦案：本篇第八節針對「天久連雨，馬陷車止，四面受敵，三軍驚駭」的情況，吳起提出了與敵車戰的具體措施，提出了「陰濕則停，陽燥則起，貴高賤下，馳其强車」的車戰原則。

武侯問曰：「暴寇卒來，掠吾田野，取吾牛羊①，則如之何〔一〕？」起對曰：「暴寇之②來，必慮其强，善守勿應〔二〕。彼將暮去，其裝必重，其心必恐，還退務速，必有不屬〔三〕，追而擊之，其兵可覆〔四〕。」

【校記】

① 羊：直解本、兵垣四編本、開宗本、全解本、黎利賓彙解本、四庫全書本作「馬」。

② 之：講義本作「卒」。

【集釋】

〔一〕「暴寇卒來」四句

劉寅曰：强暴之寇卒然而來，剽掠吾田野，攘取吾牛馬，則如之何？

〔二〕「暴寇之來」三句

劉寅曰：暴寇初來，必慮其勢力之强，善守吾壘，勿輕出應之。○趙光裕曰：勿應，勿輕出以應之。○朱墉曰：必慮其强，當慮其氣勢之强盛，且堅壁固守，勿輕出以應之也。○朱墉引葉伯升曰：暴寇之來，必在掠取，若即應之，彼不得貨，必傷人也，故無如善守勿應。

〔三〕「彼將暮去」五句

劉寅曰：彼將暮晚而去，其所負載之物必重，其心必恐懼，還歸退去，務在急速，必有不相連屬者。○趙光裕曰：「還退務速」兩句，歸還務在疾速，行列必不連屬。○黄獻臣曰：裝，負載之物。○朱墉曰：必重者，掠取多也。必恐者，得貨財則各懷懼心也。務速，求急歸也。不屬，不相連接也。○朱墉引大全曰：暮去，是我料其暮歸也。彼既恣情掠取，輜裝必然衆多，且暮歸懈怠可乘，因其恐心速念，追而擊之，其兵可覆。

〔四〕追而擊之，其兵可覆

施子美曰：凡爲客之道，利於速戰。彼暴寇之來，掠田野，取牛羊，其勢雖暴，然不能久居。吾必慮其强，而思所以制之。故善守而勿應，彼不得所欲，必將暮去。其裝必重者，以其務於侵掠，故其裝重也。裝重則行遲，故其心恐吾之襲其後也。其還退也，必務於速，速則其行列必不相繼屬，吾因而追擊，則其兵可覆而取。大抵鋭於進取者其退必速，而貪於所得者必無遠圖，欲速則不達。今暴寇卒來，亦鋭矣，而不知鋭者易失之躁，見小利則大事不成，亦古之戒也。今暴寇惟以掠取爲務，亦貪矣，而不知貪於得者必喪於所得，此所以反爲人所擊也。○趙光裕曰：此擊暴寇之法。○黄獻臣曰：孫子所謂「避其鋭氣，擊其惰歸」也。如馬援開道襲擊諸羌，縱火焚其寇掠之輜重；李拒散畜利誘名酋，發伏殲其爭取之巨魁是也。○朱墉曰：可覆，可得而覆敗也。○朱墉引張江陵曰：如馬援因諸羌數萬屯聚寇掠，輜重盈幕，乃潛行間道襲擊之，羌驚散往北山，援復縱火焚之罄盡，獲牛馬萬餘是也。〇丁洪章曰：知其志在掠取，所以止務善守而不應之爲妙筭，此是順情保身之法。而其至妙之策，尤在預料其暮去，必速乘其不屬，追而擊之之一法。〇又曰：此言擊暴寇之法當善守，以俟其暮去而追擊之也。〇曦案：本篇第九節針對「暴寇卒來，掠吾田野，取吾牛羊」的情況，吴起給出的禦敵之策是先「善守勿應」，待敵暮歸，再「追而擊之」。

吴子曰：「凡攻敵圍城之道，城邑既破，各入其宫，御①其禄秩，收其器物〔一〕。軍之所至，無刊其木、發②其屋、取③其粟、殺④其六畜、燔⑤其積聚，示民無殘心〔二〕。其有請降⑥，許而安之〔三〕。」

【校記】

①御：劉寅曰：「舊本『御』作『銜』。」録之備考。

②發：二十子全書本、武備志本「發」上有「無」字。劉寅曰：「舊本『發』作『伐』。」録之備考。

③取：二十子全書本、武備志本「取」上有「無」字。

④殺：二十子全書本、武備志本「殺」上有「無」字。

⑤燔：二十子全書本、武備志本「燔」上有「無」字。

⑥降：武備志本「降」下有「者」字。

【集釋】

〔一〕「凡攻敵圍城之道」五句

趙光裕曰：御其禄秩，用其有禄秩之人。收其器物，收其可用之器物。刊，伐。○黄獻臣曰：御其禄秩，如周官所載有禄秩之人御而用之。○朱墉曰：宫，官府之處也。禄秩，有爵禄之人御而用之也。收者，器物可用者收之也。○又引大全曰：「攻敵圍城之道」，此「道」字，即湯、武安民恤衆、誅暴除殘之道也。○朱墉引醒宗曰：攻敵圍城之事，得道者少，失道者多，城邑既破之後入其宫，皆以子女玉帛爲重，何暇御其禄秩、收其器物乎？「軍之所至」以下一段，真帝王仁義之師也，謂非有道之兵不可。○丁洪章曰：此「道」字，即湯、武安民恤衆之道、誅暴除殘之道。此司馬法仁本篇、虎韜略地篇大約相同。昔漢高入關，赦子嬰，籍吏民，封府庫，秋毫無犯，深得此道也。

〔二〕「軍之所至」三句

朱墉曰：刊，伐也。燔，燒焚官民積聚也。殘，暴虐也。許而安之，聽許而安撫之也。○丁洪章曰：承上無刊木、發屋、取粟、殺六畜、燔積聚來，「示」字有昭揭其愛民之心，使其知我非殘民以逞的意思。

〔三〕其有請降，許而安之

施子美曰：司馬法曰：「入罪人之地，無暴神祇，無行田獵，無毁土功，無燔牆屋，無伐林木，無取六畜、禾黍、器械，見其老幼，奉歸勿傷。」法之所言，蓋仁人之師，本欲弔民伐罪，豈以殘民爲心？齊之伐燕，孟子勸之以反其旄倪，歸其重寶，亦此意也。吴子，戰國之將，豈意所言乃有仁人之舉耶？謂凡攻敵圍城之道，破其城邑，入其宫室，非利其物也，爲之御其禄秩，收其寶器而已。軍之所至，無刊其木，無發其屋，無取其粟，無殺其六畜，無燔其積聚，凡若是者，所以示民以無殘害人之心也。蓋林木者，民之所資以用；屋室者，民之所托以居；粟、畜、積聚，又民之所資以養。此而無所害，則其不殘民也可知。其有降者，許而安之，蓋人既不我敵，則我亦不人殺，且人已降，殺之不祥，宜有以許其來而安定之也。項王羽入關之初，燒秦宫室，坑秦子弟，秦民失望。嗟夫，羽剽悍賊也！咸陽三月火，骸骨亂如麻，慘怛之容，略不形於色，何其忍也？其死垓下亦晚耳。○劉寅曰：此章與司馬法所載之意同。○趙光裕曰：此攻破敵城之道。○王士騏曰：張睢陽曰：「行兵如雲和烏集，變態不常，即數步之間，勢有同異。臨機應卒，呼吸之際，蓋難言之矣。」觀起之數對，如示諸掌，各中窾會。語云：「運用之妙，存乎一心。」諒哉！○黄獻臣曰：此言處攻破敵城之道。王者之師，馭變而不失其常，是以終之應變。司馬法曰：「入罪人之地，無行田獵，無毁土功，無燔牆屋，無取六畜、禾黍、器械。」意與此同。若春秋時，陳人伐鄭，井湮木刊；吳師入郢，以班處宮；楚子圍宋，積久不下，至於易子而食，析骸而爨，一何賤也？○朱墉曰：許而安之，聽許而安撫之也。○丁洪章曰：此章行事即是湯、武之師。不然，一入其宫，便以收其子女玉帛爲重，何暇及此？讀「軍之所至」以下一段文字，堪與虎韜略地篇同看。○曦案：本篇第十節論述了「攻敵圍城」之道，其内容可與司馬法仁本篇以及六韜虎韜略地篇的以下文字對讀，即「入罪人之地，無暴神祇，無行田獵，無毁土功，無燔牆屋，無伐林木，無取六畜、禾黍、器械。見其老幼，奉歸勿傷。雖遇壯者，不校勿敵。敵若傷之，醫藥歸之」；「無燔人積聚，無壞人宫室，冢樹社叢勿伐，降者勿殺，得而勿戮，示之以仁義，施之以厚德。令其士民曰：罪在一人。如此，則天下和服」，彰顯了吳起對西周「軍禮」和儒家仁本思想的繼承。

勵士第六

【解題】

劉寅曰：勵士者，以功之大小設爲燕賞之禮，而激勵無功者。篇中但言勵士之法，故以名篇。凡一章。○趙光裕曰：此篇言賞功以勵士衆。○朱墉曰：此章着眼在二「恃」字。得所恃則足以取勝於諸侯而威震天下，失所恃則必取笑於列國而開隙於鄰封。而所恃又不在號令與賞罰，直從人心中一點歡欣鼓舞念頭。平日蓄積者甚深，而一旦發之於翻然勃然之頃，此其有可思致也。武侯苟思何以致其「樂聞」、「樂戰」、「樂死」如此也，自可尋出本源善根來，亦使有一番實際。惜吳子不講愛民大道，亦只以飲食、餚席爲激勸之功，使人主即便流入霸者氣習。篇中極言取勝功勳，聲光赫奕動人，兵機如此，時君烏能不爲之移席而聽哉？○丁洪章曰：「勵」以激勵言。古來勵士之法，兵家不廢，而未若此篇所行之爲痛快也。吳子與武侯談兵至此，可謂詳且盡矣，而激勵之法未立，恐軍心不固，又不足以爲人主之所恃。此篇故以功之大小設爲燕饗之禮，以激勵無功者而歸於有功也。○黎利賓曰：勵，激勵也。士卒與我同仇敵愾，使不有以激勵之，人孰肯爲我戮力疆埸乎？此所謂勵士者，以功之大小設爲燕賞之禮，以激勵之，則無功者皆欲建功也。士既激勵，則戰勝之績以成，故吴子於終篇及之。〇曦案：本篇文字共有四節，在内容上各節緊密相承，講述了魏武侯在吴起的指導下，施行了鼓勵將士立功的有效措施。

武侯問曰：「嚴刑明賞，足以勝①乎〔一〕？」起對曰：「嚴明之事②，臣不能悉〔二〕，雖然，非所恃也〔三〕。夫③發號布④令而人⑤樂聞，興師動衆而人樂戰，交兵接刃而人樂⑥死〔四〕，此三者，人主⑦之所恃也〔五〕。」

【校記】

①勝：群書治要卷三十六「勝」下有「敵」字。

②事：群書治要卷三十六「事」下無「臣不能悉雖然」六字。

③夫：群書治要卷三十六無「夫」字。

④布：全解本、黎利賓彙解本、四庫全書本作「施」。

⑤人：群書治要卷三十六作「民」。下兩句中的「人」字，群書治要卷三十六均作「民」。

⑥樂：群書治要卷三十六作「安」。

⑦主：群書治要卷三十六無「主」字。

【集釋】

〔一〕「吴侯問曰」三句

施子美曰：驅之而用之，不若使人之自爲用。刑賞之用，所以驅之也。驅而用之，出乎勉强，有所不足恃也，孰若自爲之用者出於誠心耶！○朱墉曰：刑賞原是用兵要典，後人之所以戰而不能勝者，多不嚴明之故也，故武侯問之。○丁洪章曰：賞信罰必，動則有威，武經七書燦如星日，孰能外此？但武侯用此作問，而吴子以樂聞、樂戰、樂死進，則是竿頭更入一步矣。

〔二〕嚴明之事，臣不能悉

施子美曰：人主之所恃者，人心也。人心自從，則不必待賞而後勸，不待罰而後懲。彼惟恐攻之不取而戰之不克也，豈嚴刑明賞所能驅乎？宜吴起以爲不能悉其事。起非不能詳盡其事也，以其不足恃，故不之悉也。○朱墉曰：悉，詳諭也。

〔三〕雖然，非所恃也

王士騏曰：言致勝不專在乎刑罰。○朱墉曰：恃，依賴也。○朱墉引張賁曰：武侯嚴明足恃之問，只是要使人畏服，殊不知嚴刑之威，能行於刑之所加，而不能行於刑之所不加；明賞之令，能結於賞之所及，而不能結於賞之所不及，又何可恃？○又引唐荆川曰：人最難得者心，而況號令師旅兵刃之際，尤爲難之難者。使人主素無深仁厚澤以孚結其心，方且逡巡畏縮之不暇，而肯爲人主效力耶？惟欣欣踴躍而令出惟行，趨事恐後，奮不顧身焉，則雖有敵國外患，庶可恃以無恐矣。豈嚴刑明賞之足恃乎？

〔四〕「夫發號布令而人樂聞」三句

施子美曰：今夫三令五申，所以爲號令也。申令而有不如法者，則令所不行也。故將用之際，必使之樂聞而後可。一鼓再鼓，所以興師動衆也。鼓之而不進者，則衆爲不可用也。將用之際，必使之樂戰而後可。所指而莫不前死，所以爲交兵接刃也。一有棄甲曳兵而走者，則無以得其死力也。故於已用之際，必使之樂死而後可。○朱墉曰：樂聞，聞號令而喜悦也。樂戰，遇戰鬭而樂赴也。樂死，見兵刃而不畏死也。○朱墉引周魯觀曰：武侯之問嚴明，不第刑處使人畏，並賞處亦要使人畏，所以吴起以「樂」字對之。○又引傅服水曰：兵凶戰危，將又死官，有何可樂？須知所以樂戰者，以未戰之先，有一步作用在。教之有勇知方，親上死長，有以深入士卒之心，方與師而樂戰。○又引大全曰：三「樂」字真覺人心這一段踴躍，雖虎狼之衆亦不可當，故云人主之所可恃者，非恃其鬭戰死也，恃其樂也。設一有不樂，彼雖鬭、雖戰、雖死，已不足恃矣。但吴子既言三「樂」，其所以使之樂者，何不説些仁民愛物的工夫，而乃僅及三行享士，依然一刑賞之餘緒也。

〔五〕此三者，人主之所恃也

施子美曰：是三者，皆人心之樂從也。人主之所恃者，不在是乎？昔武王伐商之後，牧誓一作而人莫不從，白旄一麾而人莫不進，至於如熊、如羆、如虎、如貔於商郊，則其爲交兵接刃之際又爲如何？其爲樂聞、樂戰、樂死者可立見矣。武王惟此之恃，所以一戎衣而天下定也。○趙光裕曰：自始至終人皆樂之，此人主所恃以勝人者也。○黄獻臣曰：此言刑賞不足恃，必士卒樂爲之用，乃爲可恃。即教之以禮，勵之以義，使之有恥意。○王士騏曰：有此三者，乃可恃以致勝。○朱墉曰：人主之所恃，言人心爲我用，雖敵國外患不足恐，而勝常在我也。○朱墉引鄧伯瑩曰：「樂」字正是「恃」字根源，是人心各有所自恃處。○丁洪章引周氏曰：未戰而人樂聞令，既令而人樂戰，當戰而人樂死，此其可恃之原也。蓋當凶危憂懼之時，戰競不暇，而乃樂於從事，如此是人心各有所自恃處。金城湯池，此物此志，豈不爲人主之所恃乎？○曦案：本篇第一節提出了「三樂」説，即「夫發號布令而人樂聞，興師動衆而人樂戰，交兵接刃而人樂死」，認爲士卒在戰場上的「樂聞」、「樂戰」、「樂死」，才是君主所應依賴的關鍵所在。

武侯曰：「致之奈何〔一〕？」對①曰：「君舉有功而進饗之②，無功而勵之〔二〕。」

於是武侯設坐廟廷，爲三行饗士大夫〔三〕。上功坐前行，餚席兼③重器、上牢；次功坐中行，餚席器差減；無④功坐後行，餚席無重器⑤〔四〕。饗畢而出，又⑥頒賜有功者⑦父母妻子於廟門⑧外，亦以功爲差⑨〔五〕。有⑩死事之家，歲使⑪使者勞賜其父母，著不忘於心⑫〔六〕。行之三⑬年，秦人興師，臨於西河，魏士聞之，不待吏令，介胄⑭而⑮奮擊之⑯者以萬數⑰〔七〕。武侯召吴起而謂⑱曰：「子前日之教⑲行矣〔八〕。」

【校記】

①對：正義作「起」。
②饗之：群書治要卷三十六作「之饗」字。
③兼：群書治要卷三十六作「有」。
④無：朱墉彙解本作「次」。
⑤器：群書治要卷三十六無「器」字。
⑥又：群書治要卷三十六「又」上有「乃」字。
⑦者：群書治要卷三十六「者」下有「之」字。
⑧門：群書治要卷三十六「門」下有「之」字。
⑨差：群書治要卷三十六「差」下有「數唯無功者不得耳」八字。

⑩有：群書治要卷三十六無「有」字。

⑪使：底本作「被」，群書治要卷三十六、講義本、直解本、兵垣四編本、開宗本、平津館叢書本、淩堃評校本、四部備要本作「使」，於意爲順，今據改。正義本、二十子全書本、武備志本、朱墉彙解本、全解本、黎利賓彙解本、四庫全書本作「遣」。

⑫著不忘於心：群書治要卷三十六無此五字。

⑬三：群書治要卷三十六作「五」。

⑭介冑：群書治要卷三十六「介冑」二字在「不待吏令」句前。

⑮而：群書治要卷三十六無「而」字。

⑯擊之：武備志本無「擊之」二字。

⑰萬數：兵垣四編本作「數萬」。群書治要卷三十六此二字下無「武侯召」至「行矣」二句。

⑱謂：開宗本「謂」下有「之」字。

⑲教：二十子全書本作「政」。

【集釋】

〔一〕武侯曰：「致之奈何」

施子美曰：將有以得士卒之力，必有以盡勸勉之術。吴起之所對，勸勉之術也。方武侯未知其術，則必求所以致之之道，曰「致之奈何」者，蓋欲致此人心之樂從而未得其道也。○劉寅曰：武侯問曰：「使人樂聞、樂戰、樂死，將如之何？」○朱墉曰：致之，言有何術以使人能如此也。

〔二〕君舉有功而進饗之，無功而勵之

施子美曰：吴起對曰：「舉有功而進饗之，無功而勵之。」正所謂勸勉之術也。夫人有功而見知則悦，賞當功而後臣下勵。○劉寅曰：君舉前日有功者進於朝廷燕饗之，無功者激勵之。○趙光裕曰：進有功於廟庭以燕享，則無功者自知激勵，此即致三樂之方。○朱墉曰：進饗，進於廟廷，賜以燕饗也。待有功者厚，則無功者自知激勵也。

〔三〕於是武侯設坐廟廷，爲三行饗士大夫

施子美曰：三行之禮，以功之高下而爲等，則有功者已見知，而上之所以報功者亦當矣，何懼其不勸乎？上功者，功之莫大者也。其功大者，其禮宜隆。○趙光裕曰：行，列。○王士騏曰：分爲行列者三，以饗有功。○朱墉曰：設坐，陳設坐席也。行，列也。分爲行列者三，以享有功士大夫也。○朱墉引張賁曰：三行享士者，國家事功多成於激勵，使一概混施，則人心懈而自勉者少矣。武侯則爲三行享士，上功坐前行，次功坐中行，無功坐後行，餚席重輕皆有豐減，激勵人心奮發以成功，吴起迪君之功大矣哉！○又引大全曰：當此饗士之日，不獨居前者固因榮而愈勵，即居後者亦且因所見以自奮，交相鼓舞之機，較之嚴刑者，奚啻天淵？

〔四〕「上功坐前行」六句

朱墉曰：重器，如盃、匜等項也。上牢，犧用牛羊也。差減，稍減於上功者。

〔五〕「饗畢而出」三句

施子美曰：彼有功者既等而當其功，無功者又奮而思立功，其爲勉勵之術亦至矣！且以周成待諸侯之禮觀之，公於上等，侯、伯於中等，子、男於下等，其車服旗物有異制，其芻積牢禮有異數，其擯相有異人，其所立有異地，凡若此者，亦以其爵有尊卑，命有隆殺，故不得不異之也。以是觀之，吴子三行之法，不無所本也。不獨吴子言之，其在李筌陰經勵士篇，亦備言三行之制。筌之所言，其有得於吴子也。三行之享，享於廟内也。其於廟内之外，又頒賜有功者之父母妻子。其頒賜之也，亦不容無差等，此正周官司勳「凡賞無常，輕重視功」之説也。○趙光裕曰：亦以功爲差，亦以功之大小爲差等。

〔六〕「有死事之家」三句

施子美曰：其有死於王事者，是爲伏節死義之人，人君亦必有所不敢忘也。必歲使勞賜其父母，所以示吾著於心而不敢忘也。此正周官司關所謂「以其財養老死與其孤」之意也。

彼見其君報之以禮如此其厚，彼而木石則已，若猶人也，獨不思所以報乎？是宜行之三年，秦人臨西河，而魏之士卒莫不思奮。雖吏令有所未及，而皆欲介胄奮擊，殆以萬數。所以然者，由吾勵士之法，有以感激之也。非所謂賞當功而臣下勸乎？○趙光裕曰：著不忘於心，示不忘有功之心。○王士騏曰：著不忘於心，以示君心之不忘有功也。○朱墉曰：死事，死於王事之家也。勞賜，慰勞賞賜也。著，明也。不忘，人君之心不忘有功也。○朱墉引張江陵曰：激勵人心，固在三行享士一端，尤在注念死事之家上。蓋陣亡之人雖没，而忠魂正自難忘，所以歲遣使者勞賜其父母，著不忘於心，是勵士之恩不獨厚於其生者，亦且痛念於既死。○曦案：墨子號令第七十：「諸門下朝夕立若坐，各令以年少長相次，旦夕就位，先佑有功有能，其餘皆以次立。」讓有功有能的人居上位，與本篇所述相近。

〔七〕「行之三年」六句

王士騏曰：行之，行此饗賜之法。○朱墉曰：行之，行此燕享之法，時及三年也。西河，魏地，秦師來伐，至於此地也。吏令，將吏之戒令也。介胄而奮擊，被甲胄而奮起侯擊也。○丁洪章曰：武侯如此行事猶必三年，況徒以刑賞之具羈人者乎？又況方爲招集、方爲安家而即責之以赴死者乎？○曦案：軍隊禮儀文化能够發揮鼓舞士氣的重要作用，吴起設計的「爲三行饗士大夫」的做法，可謂提供了一則範例。

〔八〕子前日之教行矣　黄獻臣曰：此教武侯以致人樂爲用之道。當燕享時，隆殺已見。席重賞者，感激厚恩。坐末功者，思圖後效。且錫及有功之家，眷及死事之臣，安得不聞命奮擊？而目中已不復有秦矣。○朱墉曰：前日之教，前日所教燕享之法也。○朱墉引王圻曰：「教行」，「行」字當「效」字看，要見忠勇之氣，人所素具，只是不激勵則不奮發耳。○曦案：李筌太白陰經勵士篇的如下文字，在主張以榮譽激勵士氣方面，借鑒發揮了吴子的思想，可互爲參看，即：「經曰：激人之心，勵士之氣，發號施令，使人樂聞；興師動衆，使人樂戰；交兵接刃，使人樂死。其在以戰勸戰，以賞勸賞，以士勵士。木石無心，猶可危而動，安而静，況於勵士乎？古先帝王伯有天下，戰勝於外，班師校功，集衆於中軍之門。上功賜以金璋紫綬，錫以錦綵，衣以繒帛，坐以重裀，享以太牢，飲以醇酒；父母妻子皆賜紋綾，坐以重席，享以少牢，飲以酎酒。大將軍捧賜，偏將軍捧觴。大將軍令於衆曰：『戰士某乙等，奮不顧身，功超百萬，斬元戎之首，搴大將之旗，功高於衆，故賞上賞。子孫後嗣，長稱卿大夫之家；父母妻子，皆受重賞。牢席有差，衆士咸知。』次功賞以銀璋朱綬、紋綾之衣，坐以重席，享以少牢，飲以酎酒；父母妻子贈以繒帛，坐以單席，享以雞豚，飲以醨酒。偏將軍捧賜，子將軍捧觴。大將軍令於衆曰：『戰士某乙等，勇冠三軍，功經百戰，斬驍雄之首，搴虎豹之旗，功出於人，賜以次賞。子孫後嗣，長爲勳給之家；父母妻子，皆受榮賞。牢席有差，衆士咸知。』下功賞以布帛之衣，坐以單席，享以雞豚，飲以醨酒；父母妻子，立而無賞，坐而無席。子將軍捧賜，卒捧觴。大將軍令於衆曰：『戰士某乙等，戮力行間，劬勞歲月，雖無搴旗斬將，實以跋涉疆埸，賜以下賞。子孫後嗣，無所庇諸；父母妻子，不及坐享。衆士咸知。』令畢，命上功起，再拜大將軍，讓曰：『某乙等，忝列王臣，敢不盡節？有愧無功，叨受上賞。』大將軍避席曰：『某乙等不德，謬居師長，賴爾之功，梟懸凶逆，盛績美事，某乙等無專善。』退而復坐。命次功再拜上功。上功曰：『某乙等無謀無勇，遵師長之命，有進死之榮，無退生之辱，身受殊賞，上光父母，下及妻子，子其勉旃。』退而復坐。命下功再拜次功。次功坐受曰：『某乙等少猛寡毅，遵師長之命，決勝負於一時，身受次賞，上光父母，下及妻子，子其勉旃。』下功退而復坐。夫如是勵之，一會則鄉勉黨，里勉鄰，父勉子，妻勉夫；二會則縣勉州，師勉友；三會則行路相勉。聞金革之聲，相踐而出，鄰無敵國，邑無堅城，何患乎不勉哉？」又，本篇第二節寫魏武侯爲實現「三樂」，經吴起指導，在廟廷「爲三行饗士大夫」，獎勵有功者，激勵無功者。此法「行之三年」，成效顯著，數以萬計的魏國將士「不待吏令」，便奮勇爭先，迎戰秦人。

起對①曰：「臣聞②人有短長，氣有盛衰〔一〕。君試發無功者五萬人，臣請③率以當之④〔二〕。脱其不勝，取笑於諸侯，失權於天下矣⑤〔三〕。今使一死賊，伏於曠野，千人追之，莫不梟視狼顧。何者？忌⑥其暴起而⑦害己⑧〔四〕。是以⑨一人投命，足懼千夫〔五〕。今臣以五萬之衆而爲一死賊，率以⑩討之，固難敵⑪矣〔六〕。」

【校記】

① 起對：群書治要卷三十六作「吴子」。

② 聞：群書治要卷三十六「聞」下有「之」字。

③ 請：武備志本作「謀」。

④ 之：群書治要卷三十六「之」下有「其可乎」三字。

⑤ 「脱其不勝」至「天下矣」三句：群書治要卷三十六無。

⑥ 忌：群書治要卷三十六、正義本、二十子全書本、兵垣田編本、開宗本、全解本、黎利賓彙解本、四庫全書本、平津館叢書本、淩堃評校本、四部備要本作「恐」。

⑦ 而：直解本、正義本、全解本、兵垣四編本無「而」字。

⑧ 己：武備志本作「之也」。群書治要卷三十六、講義本、直解本、正義本、二十子全書本、兵垣四編本、開宗本、朱墉彙解本、全解本、黎利賓彙解本、四庫全書本、平津館叢書本、淩堃評校本、四

部備要本「已」下有「也」字。

⑨以：群書治要卷三十六作「則」。

⑩率以：群書治要卷三十六作「以率」。

⑪敵：群書治要卷三十六作「當」。

【集釋】

〔一〕臣聞人有短長，氣有盛衰

施子美曰：不憤不啓，不悱不發，常人之情也。人君因其情而用之，故先之以激勸之術，而後可以作其敢爲之心。武侯之報功既盡其術，而魏士之報也，至於不待令而奮擊，其效可見矣。宜武侯召而謂曰：「子前日之教行矣。」而起又從而申其説，謂「人有短長，氣有盛衰」，用其所長擊之使盛，則可以必勝矣。○趙光裕曰：上句起下句，言士氣有盛有衰，不可强齊。○朱墉曰：人有短長，藉以喻盛衰也，言士卒之氣有盛有衰，不可强齊也。

〔二〕君試發無功者五萬人，臣請率以當之

施子美曰：苟爲不然，試發無功者五萬人，而令起率以當之，其勝未可必也。何者？非其所長，衰而不盛也。

〔三〕「脱其不勝」三句

施子美曰：設其不勝，必取笑於諸侯，失權於天下。若是，則其可無術以使之憤悱乎？○劉寅曰：起恐人不能致死而取敗也。○趙光裕曰：言無功之人雖有五萬之多，而其氣則衰，故雖令己率之以當敵，必不能勝，而遺笑諸侯，喪失威權矣。○黄獻臣曰：雖有五萬之多，而其氣則衰，知於用矣。○朱墉曰：脱，倘也。取笑，貽笑也。失權，失制勝之威權也。

〔四〕「今使一死賊」六句

施子美曰：且以一死賊伏於曠野，其人未爲衆也，而千人追之，至於梟視狼顧，卻而不敢進者，非其衆寡不敵也，死賊之氣盛，而千夫之氣餒也。是雖千夫，惟恐其暴起而害己，所以反顧而莫有進士也。一死賊投命於必死，猶足以懼千夫，況以五萬之衆而爲一死賊以討之，其誰敢當我？其難敵也必矣。其在尉繚子亦曰：「一賊伏劍擊於市，萬人無不避之者，非一人之獨勇，萬人皆不肖也。何則？必死與必生，固不侔也。然臣之術，足使三軍爲一死賊，莫當其前，莫隨其後，而能獨出獨入焉。」是亦吴子死賊之説也。○劉寅曰：梟，惡鳥也。日午不見物，故數視。狼怯於行，故數顧。○朱墉曰：死賊止一人，至少也。暴起，卒然而起也。

〔五〕是以一人投命，足懼千夫

劉寅曰：是以一人能投命，足可懼千夫。起欲人人致死而戰也。○趙光裕曰：死賊投棄身命，故人雖寡而其氣則盛，雖千夫不能敵矣。設此爲喻。○王士騏曰：投棄身命者，人雖寡而其氣則盛。○朱墉曰：投命，投棄身命。一人雖寡，而其氣則盛，故足以使千夫恐懼也。○丁洪章曰：千夫何以懼？懼其投命也。然這千夫亦是怕死之人耳。若不怕死，亦奚一人之足懼哉？可見吾人平時氣魄不可偶肰，爲人所奪。吴子之意，正欲人人致死，則人人皆投命矣。其足懼又何如哉！

〔六〕「今臣以五萬之衆而爲一死賊」三句　黄獻臣曰：爲一，合爲一也。以五萬衆而勵其氣，如死賊之果敢，則率以討敵，而敵難當矣。○王士騏曰：言用五萬衆而勵其氣，如一死賊之果敢。○曦案：在本篇第三節，吴起首先指出「人有短長，氣有盛衰」，將帥要想辦法發揮士卒的特長，激發他們的士氣，繼而以「一人投命，足懼千夫」爲例，向魏武侯説明，他能將「無功者五萬人」中的每個人都訓練成「死賊」，讓敵人難以抵擋。

於是①武侯從之，兼車五百乘，騎三千匹，而②破秦五十萬衆，此勵士之功也〔一〕。先戰一日，吴起令三軍曰：「諸吏士當從受敵③。車騎與徒，若車不得車，騎不得騎，徒不得徒，雖破軍，皆無功④〔二〕。」故戰之日，其令不煩而威震⑤天下⑥〔三〕。

【校記】

① 於是：群書治要卷三十六無此二字。

② 而：群書治要卷三十六「而」下有「以」字。

③ 敵：底本作「馳」，於意不順。講義本、直解本、正義本、二十子全書本、兵垣四編本、武備志本、開宗本、朱墉彙解本、全解本、黎利賓彙解本、四庫全書本、平津館叢書本、淩堃評校本、四部備要本均作「敵」，今據改。

④ 功：底本作「易」，於意不順。講義本、直解本、正義本、二十子全書本、兵垣四編本、武備志本、開宗本、朱墉彙解本、全解本、黎利賓彙解本、四庫全書本、平津館叢書本、淩堃評校本、四部備要本均作「功」，今據改。

⑤ 震：直解本作「鎮」。

⑥ 「先戰一日」至「威震天下」十一句：群書治要卷三十六無。

【集釋】

〔一〕「於是武侯從之」五句

施子美曰：惟武侯能從其説，故付以兼車五百乘，騎三千匹，而破秦五十萬。兼車者，以其兼輕重二車而爲一也。向非勵士有術，其何以致然？故曰：「此勵士之功也。」○趙光裕曰：以少擊衆，皆激勵士卒之功。○朱墉曰：兼，雜用車、騎也。○曦案：兼有兩解，施子美的解釋是兼有輕車、重車，朱墉的解釋是「雜用車、騎也」。

〔二〕「先戰一日」九句

施子美曰：戰敵易，勝敵難。勝之易，勝之而不失其所當者難。車、步、騎三者，各有所當也。彼徒我車，懼其侵軼我，則車與徒，非所當從也。何者？徒之勝車也易。夫車當車徒二十四人，則車徒與騎，非所當從也。何者？騎之勝車徒也亦易。以易而勝，其誰不能？使其車從車、騎從騎、徒從徒，三者皆從其所當敵者而勝之，然後可以爲能也。苟車不得車，騎不得騎，徒不得徒，則非所謂當從受敵，亦非其所令也。雖能破軍，皆不足以爲功。○劉寅曰：先戰前一日，吴起號令三軍曰：「諸將吏士卒，當從吾令，必受敵而無敗。車騎與徒，若用車戰者不獲敵人之車，用騎戰者不獲敵人之騎，用徒者不獲敵人之徒，雖破秦兵，皆如無功。」○趙光裕曰：此亦激勵之意。○黄獻臣曰：令，臨陣申戒之詞。騎，用以騎戰者。徒，用以徒戰者。○王士騏曰：車不得車，謂用車戰者不獲敵人之車。下句仿此。○朱墉曰：我車士必求得敵人之車，我騎士必求得敵人之騎。若不能得者，縱破秦軍，亦同無功。

〔三〕其令不煩而威震天下

施子美曰：惟其法之素定，故當戰之日，其令不煩，而威振天下矣。在法有曰：「教約，人輕死。」如起之所令，其教亦約矣。人而輕死，則其威之所振，宜如何耶？此李克言之武侯所以曰「其用兵，雖司馬穰苴莫能及」，非溢美也。○王士騏曰：大都兵之集也，多不逞之徒，其氣咆哮而難制，其心頑獷而弗馴，苟非行賞以結其心，示罰以勵其氣，則百萬熊羆錚錚狡狡，安能爲我用命哉？信乎軍政之不可一日不講也。○朱墉曰：不煩，不必煩擾也。○黄獻臣曰：此言得士卒敢死之氣，則雖衆，難與爲敵。是故舉五萬，而可以破敵五十萬。雖戰之日，其令不煩而威震天下。然非平時勵士之功，何以得此？試詳吴起所以致之之法，不獨瘡痍是恤，與士卒同甘苦，僅□撫循以作敢死之氣，且頒賜榮及其家，死事厚恤其親。上著不忘於心，則下自不衰於氣。如趙盾更賓食肉於橐，以賜靈輒母，盾及難，輒御公徒以護盾。孔融常遺粟帛於太史慈母，融被圍，慈奉母命以救融。唐太宗掩骸設祭，聞天子痛哭，而亡者之父母不恨。楊行審籍戍賑饑，得歲時存問，而死者之妻子有依。誠體其所憂，自鼓其所樂，勵士者毋徒以嚴明自詡也。○朱墉引周魯觀曰：威震天下，是稱其勵士之效，贊其用兵之神，正謂有軍令在先也。故此時不必煩瑣，而得勝之威自足以震疊於天下。○丁洪章曰：言平時設三行享士以激勵士卒，使人人有樂聞、樂戰、樂死之心，故臨戰之日，號令不必繁瑣，而得勝之威自足以震疊天下矣。○又曰：此言得士卒敢死之氣，則秦兵雖衆，亦易於取勝矣。然非平時勵士之功，何以幾此？〇曦案：本篇第四節寫「勵士之功」。武侯聽從了吴起的建議，打敗了五十萬秦敵。戰前一日，吴起號令三軍，説如果車兵没有擒獲敵人的車兵，騎兵没有擒獲敵人的騎兵，步兵没有擒獲敵人的步兵，便屬「無功」，意在强調三大兵種各負其責，充分發揮各自優勢。作戰當天，「其令不煩而威震天下」。

附録一　史記吴起列傳

吴起者，衛人也，好用兵。嘗學於曾子，事魯君。齊人攻魯，魯欲將吴起，吴起取齊女爲妻，而魯疑之。吴起於是欲就名，遂殺其妻，以明不與齊也。魯卒以爲將。將而攻齊，大破之。

魯人或惡吴起曰：「起之爲人，猜忍人也。其少時，家累千金，游仕不遂，遂破其家，鄉黨笑之，吴起殺其謗己者三十餘人，而東出衛郭門。與其母訣，齧臂而盟曰：『起不爲卿相，不復入衛。』遂事曾子。居頃之，其母死，起終不歸。曾子薄之，而與起絶。起乃之魯，學兵法以事魯君。魯君疑之，起殺妻以求將。夫魯小國，而有戰勝之名，則諸侯圖魯矣。且魯衛兄弟之國也，而君用起，則是棄衛。」魯君疑之，謝吴起。

吴起於是聞魏文侯賢，欲事之。文侯問李克曰：「吴起何如人哉？」李克曰：「起貪而好色，然用兵，司馬穰苴不能過也。」於是魏文侯以爲將，擊秦，拔五城。

起之爲將，與士卒最下者同衣食。卧不設席，行不騎乘，親裹贏糧，與士卒分勞苦。卒有病疽者，起爲吮之。卒母聞而哭之。人曰：「子卒也，而將軍自吮其疽，何哭爲？」母曰：「非然也。往年吴公吮其父，其父戰不旋踵，遂死於敵。吴公今又吮其子，妾不知其死所矣，是以哭之。」

文侯以吴起善用兵，廉平，盡能得士心，乃以爲西河守，以拒秦、韓。

魏文侯既卒，起事其子武侯。武侯浮西河而下，中流，顧而謂吴起曰：「美哉乎山河之固，此魏國之寶也！」起對曰：「在德不在險。昔三苗氏左洞庭，右彭蠡，德義不修，禹滅之。夏桀之居，左河濟，右泰華，伊闕在其南，羊腸在其北，修政不仁，湯放之。殷紂之國，左孟門，右太行，常山在其北，大河經其南，修政不德，武王殺之。由此觀之，在德不在險。若君不修德，舟中之人盡爲敵國也。」武侯曰：「善。」

吴起爲西河守，甚有聲名。魏置相，相田文。吴起不悦，謂田文曰：「請與子論功，可乎？」田文曰：「可。」起曰：「將三軍，使士卒樂死，敵國不敢謀，子孰與起？」文曰：「不如子。」起曰：「治百官，親萬民，實府庫，子孰與起？」文曰：「不如子。」起曰：「守西河而秦兵不敢東鄉，韓趙賓從，子孰與起？」文曰：「不如子。」起曰：「此三者，子皆出吾下，而位加吾上，何也？」文曰：「主少國疑，大臣未附，百姓不信，方是之時，屬之於子乎？屬之於我乎？」起默然良久，曰：「屬之子矣。」文曰：「此乃吾所以居子之上也。」吴起乃自知弗如田文。

田文既死，公叔爲相，尚魏公主，而害吴起。公叔之僕曰：「起易去也。」公叔曰：「奈何？」其僕曰：「吴起爲人節廉而自喜名也。君因先與武侯言曰：『夫吴起賢人也，而侯之國小，又與强秦壤界，臣竊恐起之無留心也。』武侯即曰：『奈何？』君因謂武侯曰：『試延以公主，起有留心則必受之，無留心則必辭矣。以此卜之。』君因召吴起而與歸，即令公主怒而輕君。吴起見公主之賤君也，則必辭。」於是吴起見公主之賤魏相，果辭魏武侯。武侯疑之而弗信也。吴起懼得罪，遂去，即之楚。

楚悼王素聞起賢，至則相楚。明法審令，捐不急之官，廢公族疏遠者，以撫養戰鬭之士。要在强兵，破馳説之言從横者。於是南平百越；北併陳、蔡，卻三晉；西伐秦。諸侯患楚之强。故楚之貴戚盡欲害吴起。及悼王死，宗室大臣作亂而攻吴起，吴起走之王尸而伏之。擊起之徒因射刺吴起，並中悼王。悼王既葬，太子立，乃使令尹盡誅射吴起而並中王尸者。坐射起而夷宗死者七十餘家。

太史公曰：世俗所稱師旅，皆道孫子十三篇，吴起兵法，世多有，故弗論，論其行事所施設者。語曰：「能行之者未必能言，能言之者未必能行。」孫子籌策龐涓明矣，然不能蚤救患於被刑。吴起説武侯以形勢不如德，然行之於楚，以刻暴少恩亡其軀。悲夫！

附録二　吴子評述資料

（一）戰國策

（蔡）澤曰："若秦之商君、楚之吴起、越之大夫種，其卒亦可願矣？"應侯知蔡澤之欲困己以説，復曰："何爲不可？……吴起事悼王，使私不害公，讒不蔽忠，言不取苟合，行不取苟容，不爲危易行，行義不固毁譽，必有伯主强國，不辭禍凶。……若此三子者，義之至，忠之節也。故君子殺身以成名，義之所在，身雖死，無憾悔，何爲不可哉？"（卷五秦策三）

蔡澤得少間，因曰："商君、吴起、大夫種，其爲人臣盡忠致功，則可願矣；閎夭事文王，周公輔成王也，豈不亦忠聖乎？以君臣論之，商君、吴起、大夫種其可願孰與閎夭、周公哉？"應侯曰："商君、吴起、大夫種不若也。"蔡澤曰："然則君之主，慈仁任忠，不欺舊故，孰與秦孝公、楚悼王、越王乎？"應侯曰："未知何如也。"蔡澤曰："今主固親忠臣，不過秦孝、越王、楚悼，君之爲主正亂、批患、折難、廣地、殖穀、富國、足家、强主，威蓋海内，功章萬里之外，不過商君、吴起、大夫種，而君之禄位貴盛，私家之富過於三子，而身不退，竊爲君危之。……吴起爲楚悼罷無能，廢無用，損不急之官，塞私門之請，壹楚國之俗。南收楊越，北併陳、蔡，破横散從，使馳説之士無所開其口，功已成矣，而卒支解……今君相秦，計不下衽席，謀不出廊廟，坐制諸侯，利施三川，以實宜陽，決羊腸之險，塞太行之口，又斬范、中行之塗，棧道千里於蜀、漢，使天下皆畏秦。秦之欲得矣，君之功極矣，此亦秦之分功之時也。如是不退，則商君、白公、吴起、大夫種是也。」（同上）

蘇秦説齊閔王曰：「……臣之所聞，攻戰之道非師者，雖有百萬之君，比（北）之堂上；雖有闔閭、吴起之將，禽之户内；千丈之城，拔之尊俎之間；百尺之沖，折之衽上。」（卷十二齊策五）

初，燕將攻下聊城，人或讒之。燕將懼誅，遂保守聊城，不敢歸。田單攻之歲餘，士卒多死，而聊城不下。魯連乃書，約之矢，以射城中，遺燕將曰：「……今公又以弊聊之民距全齊之兵，朞年不解，是墨翟之守也；食人炊骨，士無反北之心，是孫臏、吴起之兵也。能以見於天下矣！」（卷十三齊策六）

魏武侯與諸大夫浮于西河，稱曰：「河山之險，豈不亦信固哉！」王錯侍坐曰：「此晉國之所以强也。若善修之，則霸王之業具矣。」吴起對曰：「吾君之言，危國之道也；而子又附之，是重危也。」武侯忿然曰：「子之言有説乎？」吴起對曰：「河山之險，信不足保也。是伯王之業，不從此也。昔者三苗之居，左彭蠡之波，右洞庭之水，文山在其南，而衡山在其北。恃此險也，爲政不善，而禹放逐之。夫夏桀之國，左天門之陰，而右天谿之陽，廬、睪在其北，伊、洛出其南。有此險也，然爲政不善，而湯伐之。殷紂之國，左孟門，而右漳、釜，前帶河，後被山。有此險也，然爲政不善，而武王伐之。且君親從臣而勝降城，城非不高也，人民非不衆也，然而可得并者，政惡故也。從是觀之，地形險阻，奚足以霸王矣！」武侯曰：「善。吾乃今聞聖人之言也！西河之政，專委之子矣。」（卷二十二魏策一）

魏公叔痤爲魏將，而與韓、趙戰澮北，禽樂祚。魏王説，郊迎，以賞田百萬禄之。公叔痤反走，再拜辭曰：「夫使士卒不崩，直而不倚，撓而不辟者，此吴起餘教也，臣不能爲也……」王曰：「善。」於是索吴起之後，賜之田二十萬。（同上）

（二）墨子

是故比干之殪，其抗也；孟賁之殺，其勇也；西施之沈，其美也；吴起之裂，其事也。故彼人者，寡不死其所長。故曰太盛難守也。（卷一親士第一）

（三）荀子

臨武君曰：「不然。兵之所貴者埶利也，所行者變詐也。善用兵者，感忽悠闇，莫知其所從出，孫、吴用之，無敵於天下，豈必待附民哉！」孫卿子曰：「不然。臣之所道，仁人之兵，王者之志也。君之所貴，權謀埶利也；所行，攻奪變詐也……」（卷十議兵第十五）

魏武侯謀事而當，群臣莫能逮，退朝而有喜色。吴起進曰：「亦嘗有以楚莊王之語聞於左右者乎？」武侯曰：「楚莊王之語何如？」吴起對曰：「楚莊王謀事而當，群臣莫逮，退朝而有憂色。申公巫臣進問曰：『王朝而有憂色，何也？』莊王曰：『不穀謀事而當，群臣莫能逮，是以憂也。其在中蘬之言也，曰：「諸侯自爲得師者王，得友者霸，得疑者存，自爲謀而莫己若者亡。」今以不穀之不肖，而群臣莫吾逮，吾國幾於亡乎！是以憂也。』楚莊王以憂，而君以憙。」武侯逡巡再拜曰：「天使夫子振寡人之過也。」（卷二十堯問第三十二）

（四）韓非子

以智説愚必不聽，文王説紂是也。……吴起收泣於岸門，痛西河之爲秦，卒枝解於楚……此十數人者，皆世之仁賢忠良有道術之士也，不幸而遇悖亂闇惑之主而死。然則雖賢聖不能逃死亡、避戮辱者何也？則愚者難説也，故君子難言也。且至言忤於耳而倒於心，非賢聖莫能聽，願大王熟察之也！（卷一難言第三）

主用術則大臣不得擅斷，近習不敢賣重；官行法則浮萌趨於耕農，而游士危於戰陣，則法術者，乃群臣士民之所禍也。人主非能倍大臣之議，越民萌之誹，獨周乎道言也，則法術之士雖至死亡，道必不論矣。昔者吴起教楚悼王以楚國之俗曰：「大臣太重，封君太衆。若此，則上偪主而下虐民，此貧國弱兵之道也。不如使封君之子孫三世而收爵禄，絶滅百吏之禄秩，損不急之枝官，以奉選練之士。」悼王行之期年而薨矣，吴起枝解於楚。商君教秦孝公以連什伍，設告坐之過，燔詩、書而明法令，塞私門之請而遂公家之勞，禁遊宦之民而顯耕戰之士。孝公行之，主以尊安，國以富强，八年而薨，商君車裂於秦。楚不用吴起而削亂，秦行商君法而富强。二子之言也已當矣，然而枝解吴起而車裂商君者何也？大臣苦法而細民惡治也。當今之世，大臣貪重，細民安亂，甚於秦、楚之俗，而人主無悼王、孝公之聽，則法術之士安能蒙二子之危也而明己之法術哉！（卷四和氏第十三）

君臣之相與也，非有父子之親也，而群臣之毁言，非特一妾之口也，何怪夫賢聖之戮死哉！此商君之所以車裂於秦，而吴起之所以枝解於楚者也。（卷四奸劫弑臣第十四）

魯季孫新弑其君，吴起仕焉。或謂起曰：「夫死者，始死而血，已血而衂，已衂而灰，已灰而

土，及其土也，無可爲者矣。今季孫乃始血，其毋乃未可知也。」吴起因去，之晉。（卷七説林上第二十二）

吴起爲魏武侯西河之守，秦有小亭臨境，吴起欲攻之。不去，則甚害田者；去之，則不足以徵甲兵。於是乃倚一車轅於北門之外而令之曰：「有能徙此南門之外者，賜之上田上宅。」人莫之徙也。及有徙之者，遂賜之如令。俄又置一石赤菽於東門之外而令之曰：「有能徙此於西門之外者，賜之如初。」人争徙之。乃下令曰：「明日且攻亭，有能先登者，仕之國大夫，賜之上田上宅。」人争趨之。於是攻亭，一朝而拔之。（卷九内儲説上七術第三十）

吴起爲魏將而攻中山，軍人有病疽者，吴起跪而自吮其膿，傷者母立而泣，人問曰：「將軍於若子如是，尚何爲而泣？」對曰：「吴起吮其父之創而父死，今是子又將死也，今吾是以泣。」（卷十一外儲説左上第三十二）

吴起出，遇故人而止之食，故人曰：「諾。」期返而食。吴子曰：「待公而食。」故人至暮不來，吴起至暮不食而待之。明日，早令人求故人，故人來，方與之食。（同上）

吴起，衛左氏中人也。使其妻織組，而幅狹於度。吴子使更之，其妻曰：「諾。」及成，復度之，果不中度，吴子大怒。其妻對曰：「吾始經之而不可更也。」吴子出之，其妻請其兄而索入。其兄曰：「吴子，爲法者也。其爲法也，且欲以與萬乘致功，必先踐之妻妾，然後行之，子毋幾索入矣。」

其妻之弟又重於衛君，乃因以衛君之重請吴子。吴子不聽，遂去衛而入荆也。一曰，吴起示其妻以組曰：「子爲我織組，令之如是。」組已就而效之，其組異善。起曰：「使子爲組，令之如是，而今也異善，何也？」其妻曰：「用財若一也，加務善之。」吴起曰：「非語也。」使之衣而歸。其父往請之，吴起曰：「起家無虚言。」（卷十三外儲説右上第三十四）

堂谿公問韓子曰：「臣聞服禮辭讓，全之術也；修行退智，遂之道也。今先生立法術，設度數，臣竊以爲危於身而殆於軀。何以效之？所聞先生術曰：『楚不用吴起而削亂，秦行商君而富彊。二子之言已當矣，然而吴起支解而商君車裂者，不逢世遇主之患也。』逢遇不可必也，患禍不可斥也。夫舍乎全遂之道而肆乎危殆之行，竊爲先生無取焉。」（卷十七問田第四十二）

民之所譽，上之所禮，亂國之術也。今境内之民皆言治，藏商、管之法者家有之，而國愈貧，言耕者衆，執耒者寡也。境内皆言兵，藏孫、吴之書者家有之，而兵愈弱，言戰者多，被甲者少也。故明主用其力不聽其言，賞其功必禁無用，故民盡死力以從其上。（卷十九五蠹第四十九）

（五）尉繚子

有提十萬之衆而天下莫當者誰？曰：桓公也。有提七萬之衆而天下莫當者誰？曰：吴起也。有提三萬之衆而天下莫當者誰？曰：武子也。今天下諸國士，所率無不及二十萬之衆者，然不能濟功名者，不明乎禁、舍、開、塞也。（卷第一制談第三）

吴起與秦戰，舍不平隴畝，樸樕蓋之，以蔽霜露。如此何也？不自高人故也。（卷第二武議第八）

吴起臨戰，左右進劍。起曰：「將專主旗鼓爾。臨難決疑，揮兵指刃，此將事也。一劍之任，非將事也。」（同上）

吴起與秦戰，未合，一夫不勝其勇，前獲雙首而還，吴起立斬之。軍吏諫曰：「此材士也，不可斬。」起曰：「材士則是矣，非吾令也。」斬之。（同上）

（六）吕氏春秋

子貢、子夏、曾子學於孔子，田子方學於子貢，段干木學於子夏，吴起學於曾子；禽滑釐學於墨子，許犯學於禽滑釐，田繫學於許犯。孔墨之後學顯榮於天下者衆矣，不可勝數，皆所染者得當也。（卷二仲春紀第二當染）

吴起治西河之外，王錯譖之於魏武侯，武侯使人召之。吴起至於岸門，止車而望西河，泣數行而下。其僕謂吴起曰：「竊觀公之意，視釋天下若釋躧。今去西河而泣，何也？」吴起抿泣而應之曰：「子不識。君知我，而使我畢能，西河可以王。今君聽讒人之議而不知我，西河之爲秦取不久矣，魏從此削矣。」吴起果去魏入楚。有間，西河畢入秦，秦日益大，此吴起之所先見而泣也。（卷十一仲冬紀第十一長見）

郢人之以兩版垣也，吴起變之而見惡，賞罰易而民安樂；氐羌之民，其虜也，不憂其系纍，而憂其死不焚也，皆成乎邪也。故賞罰之所加，不可不慎，且成而賊民。（卷十四孝行覽第二義賞）

吴起謂商文曰：「事君果有命矣夫！」商文曰：「何謂也？」吴起曰：「治四境之内，成馴教，變習俗，使君臣有義，父子有序，子與我孰賢？」商文曰：「吾不若子。」曰：「今日置質爲臣，其主安重；今日釋璽辭官，其主安輕，子與我孰賢？」商文曰：「吾不若子。」曰：「士馬成列，馬與人敵，人在馬前，援桴一鼓，使三軍之士樂死若生，子與我孰賢？」商文曰：「吾不若子。」吴起曰：「三者，子皆不吾若也，位則在吾上，命也夫事君！」商文曰：「善。子問我，我亦問子。世變主少，群臣相疑，黔首不定，屬之子乎？屬之我乎？」吴起默然不對，少選曰：「與子。」商文曰：「是吾所以加於子之上已。」吴起見其所以長，而不見其所以短；知其所以賢，而不知其所以不肖，故勝於西河而困於王錯，傾造大難，身不得死焉。（卷十七審分覽第五執一）

爲天下及國，莫如以德，莫如行義。以德以義，不賞而民勸，不罰而邪止。此神農、黄帝之政也。以德以義，則四海之大，江河之水，不能亢矣；太華之高，會稽之險，不能障矣；闔廬之教，

孫、吴之兵，不能當矣。（卷十九離俗覽第七上德）

墨者鉅子孟勝，善荆之陽城君。陽城君令守於國，毁璜以爲符，約曰「符合聽之」。荆王薨，群臣攻吴起，兵於喪所，陽城君與焉，荆罪之。陽城君走，荆收其國。（同上）

闔廬之用兵也不過三萬，吴起之用兵也不過五萬。萬乘之國，其爲三萬五萬尚多。（卷十九離俗覽第七用民）

聖人之所以過人以先知，先知必審徵表，無徵表而欲先知，堯、舜與衆人同等。徵雖易，表雖難，聖人則不可以飄矣，衆人則無道至焉。無道至則以爲神，以爲幸。非神非幸，其數不得不然。郈成子、吴起近之矣。……吴起治西河之外，王錯譖之於魏武侯，武侯使人召之。吴起至於岸門，止車而休，望西河，泣數行而下。其僕謂之曰：「竊觀公之志，視舍天下若舍屣。今去西河而泣，何也？」吴起雪泣而應之曰：「子弗識也。君誠知我，而使我畢能，秦必可亡，而西河可以王。今君聽讒人之議而不知我，西河之爲秦也不久矣，魏國從此削矣。」吴起果去魏入荆，而西河畢入秦，魏日以削，秦日益大。此吴起之所以先見而泣也。（卷二十恃君覽第八觀表）

吴起謂荆王曰：「荆所有餘者，地也；所不足者，民也。今君王以所不足益所有餘，臣不得而爲也。」於是令貴人往實廣虚之地，皆甚苦之。荆王死，貴人皆來，尸在堂上，貴人相與射吴起。吴起號呼曰：「吾示子吾用兵也。」拔矢而走，伏尸插矢而疾言曰：「群臣亂王！」吴起死矣。且荆國

之法，麗兵於王尸者，盡加重罪，逮三族。吴起之智，可謂捷矣。（卷二十一開春論第一貴卒）

吴起治西河，欲諭其信於民，夜日置表於南門之外，令於邑中曰：「明日有人僨南門之外表者，仕長大夫。」明日日晏矣，莫有僨表者。民相謂曰：「此必不信。」有一人曰：「試往僨表，不得賞而已，何傷？」往僨表，來謁吴起。吴起自見而出，仕之長大夫。夜日又復立表，又令於邑中如前。邑人守門爭表，表加植，不得所賞。自是之後，民信吴起之賞罰。賞罰信乎民，何事而不成，豈獨兵乎？（卷二十五似順論第五慎小）

（七）新書（賈誼）

於是六國之士，有甯越、徐尚、蘇秦、杜赫之屬爲之謀，齊明、周最、陳軫、召滑、樓緩、翟景、蘇厲、樂毅之徒通其意，吴起、孫臏、帶佗、倪良、王廖、田忌、廉頗、趙奢之屬制其兵。嘗以十倍之地，百萬之衆，仰關而攻秦。（卷一過秦上）

（八）韓詩外傳

傳曰：水濁則魚喁，令苛見民亂。城峭則崩，岸峭則陂。故吴起峭刑而車裂，商鞅峻法而支

解。（卷一）

（九）淮南子

吴起、張儀，智不若孔、墨，而爭萬乘之君，此其所以車裂支解也。（卷九主術訓）

水濁者魚噞，令苛者民亂。城峭者必崩，岸崝者必陀。故商鞅立法而支解，吴起刻削而車裂。（卷十繆稱訓）

吴起爲楚令尹，適魏，問屈宜若曰：「王不知起之不肖，而以爲令尹。先生試觀起之爲人也。」屈子曰：「將奈何？」吴起曰：「將衰楚國之爵而平其制禄，損其有餘而綏其不足，砥礪甲兵，時爭利於天下。」屈子曰：「宜若聞之：昔善治國家者，不變其故，不易其常。今子將衰楚國之爵而平其制禄，損其有餘而綏其不足，是變其故，易其常也。行之者不利！宜若聞之曰：『怒者，逆德也；兵者，凶器也；爭者，人之所本也。』今子陰謀逆德，好用凶器，始人之所本，逆之至也。且子用魯，兵不宜得志於齊，而得志焉；子用魏，兵不宜得志於秦，而得志焉。宜若聞之，非禍人不能成禍。吾固惑吾王之數逆天道，戾人理，至今無禍，差！須夫子也。」吴起惕然曰：「尚可更乎？」屈子曰：「成形之徒，不可更也。子不若敦愛而篤行之。」（卷十二道應訓）

今夫盲者行於道，人謂之左則左，謂之右則右；遇君子則易道，遇小人則陷溝壑。何則？目無以接物也。故魏兩用樓翟、吴起而亡西河，湣王專用淖齒而死於東廟，無術以御之也。（卷十三氾論訓）

商鞅爲秦立相坐之法，而百姓怨矣；吴起爲楚減爵禄之令，而功臣畔矣。商鞅之立法也，吴起之用兵也，天下之善者也。然商鞅之法亡秦，察於刀筆之跡，而不知治亂之本也。吴起以兵弱楚，習於行陳之事，而不知廟戰之權也。晉獻公之伐驪，得其女，非不善也，然而史蘇歎之，見其四世之被禍也。吴王夫差破齊艾陵，勝晉黄池，非不捷也，而子胥憂之，見其必禽於越也。小白奔莒，重耳奔曹，非不困也，而鮑叔、咎犯隨而輔之，知其可與至於霸也。句踐棲於會稽，脩政不殆，謨慮不休，知禍之爲福也。襄子再勝而有憂色，畏福之爲禍也。故齊桓公亡汶陽之田而霸，智伯兼三晉之地而亡。聖人見禍福於重閉之内，而慮患於九拂之外者也。（卷二十泰族訓）

（十）史記

按：王劭云：「此李克言吴起貪。下文云『魏文侯知起廉，盡能得士心』，又公叔之僕稱起『爲人節廉』，豈前貪而後廉，何言之相反也？」今按：李克言起貪者，起本家累千金，破産求仕，非實貪也；蓋言貪者，是貪榮名耳，故母死不赴，殺妻將魯是也。或者起未委質於魏，猶有貪跡，及其見用，則盡廉能，亦何異乎陳平之爲人也。（卷六十五孫子吴起列傳第五司馬貞索隱）

吴起相魏，西河稱賢；慘礉事楚，死後留權。（卷六十五孫子吴起列傳第五司馬貞索隱述贊）

當是之時，秦用商君，富國彊兵；楚、魏用吴起，戰勝弱敵；齊威王、宣王用孫子、田忌之徒，而諸侯東面朝齊。天下方務於合從連衡，以攻伐爲賢，而孟軻乃述唐、虞、三代之德，是以所如者不合。（卷七十四孟子荀卿列傳第十四）

蔡澤曰：「若夫秦之商君，楚之吴起，越之大夫種，其卒然亦可願與？」應侯知蔡澤之欲困己以説，復謬曰：「何爲不可？……吴起之事悼王也，使私不得害公，讒不得蔽忠，言不取苟合，行不取苟容，不爲危易行，行義不辟難，然爲霸主强國，不辭禍凶。……若此三子者，固義之至也，忠之節也。是故君子以義死難，視死如歸。生而辱不如死而榮，士固有殺身以成名。唯義之所在，雖死無所恨。何爲不可哉？」

蔡澤曰：「……今商君、吴起、大夫種之爲人臣，是也；其君，非也。故世稱三子致功而不見德，豈慕不遇世死乎？……」

蔡澤少得間，因曰：「夫商君、吴起、大夫種，其爲人臣盡忠致功則可願矣，閎夭事文王，周公輔成王也，豈不亦忠聖乎？以君臣論之，商君、吴起、大夫種，其可願孰與閎夭、周公哉？」應侯曰：「商君、吴起、大夫種弗若也。」蔡澤曰：「然則君之主慈仁任忠，惇厚舊故，其賢智與有道之士爲膠漆，義不倍功臣，孰與秦孝公、楚悼王、越王乎？」應侯曰：「未知何如也。」蔡澤曰：「今主親忠臣，不過秦孝公、楚悼王、越王，君之設智，能爲主安危修政，治亂彊兵，批患折難，廣地殖穀，富國足家，彊主，尊社稷，顯宗廟，天下莫敢欺犯其主，主之威蓋震海内，功彰萬里之外，聲名光輝傳於千世，君孰與商君、吴起、大夫種？」應侯曰：「不若。」蔡澤曰：「今主之親忠臣不忘舊故不若孝公、悼王、勾踐，而君之功績愛信親幸又不若商君、吴起、大夫種，然而君之禄位貴盛，私家之富過於三子，而身不退者，恐患之甚於三子，竊爲君危之。……吴起爲楚悼王立法，卑減大臣之威重，罷無能，廢無用，損不急之官，塞私門之請，一楚國之俗，禁遊客之民，精耕戰之士，南收楊越，北併陳、蔡，破横散從，使馳説之士無所開其口，禁朋黨以勵百姓，定楚國之政，兵震天下，威服諸侯。功已成矣，而卒枝解。……今君相秦，計不下席，謀不出廊廟，坐制諸侯，利施三川，以實宜陽，决羊腸之險，塞太行之道，又斬范、中行之塗，六國不得合從，棧道千里，通於蜀漢，使天下皆畏秦，秦之欲得矣，君之功極矣，此亦秦之分功之時也。如是而不退，則商君、白公、吴起、大夫種是也。」

（卷七十九范睢蔡澤列傳第十九）

驃騎將軍爲人少言不泄，有氣敢任，天子嘗欲教之孫、吴兵法，對曰：「顧方略何如耳，不至學

古兵法。」（卷一百一十一衛將軍驃騎列傳第五十一）

自孔子卒後，七十子之徒散遊諸侯，大者爲師傅卿相，小者友教士大夫，或隱而不見。故子路居衛，子張居陳，澹臺子羽居楚，子夏居西河，子貢終於齊。如田子方、段干木、吴起、禽滑釐之屬，皆受業於子夏之倫，爲王者師。是時獨魏文侯好學。（卷一百二十一儒林列傳）

白圭，周人也。當魏文侯時，李克務盡地力，而白圭樂觀時變，故人棄我取，人取我與。……故曰：「吾治生産，猶伊尹、吕尚之謀，孫吴用兵，商鞅行法是也。是故其智不足與權變，勇不足與決斷，仁不能以取予，彊不能有所守，雖欲學吾術，終不告之矣。」（卷一百二十九貨殖列傳）

非兵不彊，非德不昌，黄帝、湯、武以興，桀、紂、二世以崩，可不慎歟？司馬法所從來尚矣，太公、孫、吴、王子能紹而明之，切近世，極人變。作律書第三。（卷一百三十太史公自序）

非信廉仁勇不能傳兵論劍，與道同符，内可以治身，外可以應變，君子比德焉。作孫子吴起列傳第五。（同上）

（十一）鹽鐵論

文學曰：「……商鞅峭法長利，秦人不聊生，相與哭孝公。吴起長兵攻取，楚人搔動，相與泣悼王。其後，楚日以危，秦日以弱。故利蓄而怨積，地廣而禍構，惡在利用不竭而民不知，地盡西河而人不苦也？今商鞅之册任於內，吴起之兵用於外，行者勤於路，居者匱於室，老母號泣，怨女歎息。」（卷二非鞅第七）

文學曰：「……商鞅困於彭池，吴起之伏王屍，願被布褐而處窮鄙之蒿廬，不可得也。李斯相秦，席天下之勢，志小萬乘；及其囚於囹圄，車裂於雲陽之市，亦願負薪入東門，行上蔡曲街徑，不可得也。蘇秦、吴起以權勢自殺，商鞅、李斯以尊重自滅，皆貪禄慕榮以没其身，從車百乘，曾不足以載其禍也！」（卷四毁學第十八）

御史曰：「……夫善爲政者，弊則補之，決則塞之，故吴子以法治楚、魏，申、商以法强秦、韓也。」（卷十申韓第五十六）

文學曰：「……商鞅、吴起以秦、楚之法爲輕而累之，上危其主，下没其身，或非特慈母乎！」（卷十周秦第五十七）

（十二）揚子法言

魏武侯與吴起浮於西河，寶河山之固。起曰：「在德不在固。」曰：「美哉言乎！」使起之兵每

如斯，則太公何以加諸？（卷五寡見）

（十三）新序（劉向）

昔者魏武侯謀事而當，群臣莫能逮，朝而有喜色。吴起進曰：「今者有以楚莊王之語聞者乎？」武侯曰：「未也。莊王之語奈何？」吴起曰：「楚莊王謀事而當，群臣莫能逮，退而有憂色。申公巫臣進曰：『君朝而有憂色，何也？』莊王曰：『吾聞之，諸侯自擇師者王，自擇友者霸，足己而群臣莫之若者亡。今以不穀之不肖而議於朝，且群臣莫能逮，吾國其幾於亡矣，吾是以有憂色也。』莊王之所以憂而君獨有喜色，何也？」武侯逡巡而謝曰：「天使夫子振寡人之過也！天使夫子振寡人之過也！」（卷一雜事一）

（十四）説苑（劉向）

子方曰：「何子賜車轝之厚也？」翟黄對曰：「昔者，西河無守，臣進吴起而西河之外寧；鄴無令，臣進西門豹而魏無趙患；酸棗無令，臣進北門可而魏無齊憂；魏欲攻中山，臣進樂羊而中

山拔；中山已拔，魏無使治之臣，臣進李克而魏國大治，是以進此五大夫者，爵禄倍，以故至於此。」（卷二臣術）

魏武侯問元年於吴子，吴子對曰：「言國君必慎始也。」「慎始奈何？」曰：「正之。」「正之奈何？」曰：「明智。」「智不明何以見正？」「多聞而擇焉，所以明智也。是故古者君始聽治，大夫而一言，士而一見，庶人有謁，必達，公族請問，必語，四方至者勿距，可謂不壅蔽矣。分禄必及，用刑必中，君心必仁，思民之利，除民之害，可謂不失民衆矣。君身必正，近臣必選，大夫不兼官，執民柄者不在一族，可謂不權勢矣。此皆春秋之意，而元年之本也。」（卷三建本）

魏武侯浮西河而下，中流，顧謂吴起曰：「美哉乎河山之固也，此魏國之寶也！」吴起對曰：「在德不在險。昔三苗氏左洞庭，右彭蠡，德義不修，而禹滅之；夏桀之居，左河、濟而右太華，伊闕在其南，羊腸在其北，修政不仁，而湯放之；殷紂之國，左孟門而右太行，常山在其北，大河經其南，修政不德，武王伐之。由此觀之，在德不在險。若君不修德，船中之人盡敵國也。」武侯曰：「善。」（卷五貴德）

吴起爲魏將，攻中山，軍人有病疽者，吴子自吮其膿，其母泣之，旁人曰：「將軍於而子如是，尚何爲泣？」對曰：「吴子吮此子父之創，而殺之於涇水之戰，戰不旋踵而死。今又吮之，安知是子何戰而死？是以哭之矣。」（卷六復恩）

吴起爲苑守，行縣，適息。問屈宜臼曰：「王不知起不肖，以爲苑守，先生將何以教之？」屈公不對。居一年，王以爲令尹，行縣，適息。問屈宜臼曰：「起問先生，先生不教。今王不知起不肖，以爲令尹，先生試觀起爲之也。」屈公曰：「子將奈何？」吴起曰：「將均楚國之爵而平其禄，損其有餘而繼其不足，厲甲兵，以時爭於天下。」屈公曰：「吾聞昔善治國家者，不變故，不易常。今子將均楚國之爵而平其禄，損其有餘而繼其不足，是變其故而易其常也。且吾聞兵者，凶器也；爭者，逆德也。今子陰謀逆德，好用凶器，殆人所棄，逆之至也。淫佚之事也，行者不利。且子用魯兵不宜得志於齊，而得志焉。子用魏，兵不宜得志於秦，而得志焉。吾聞之曰：『非禍人不能成禍。』吾固怪吾王之數逆天道，至今無禍，嘻！且待夫子也。」吴起惕然曰：「尚可更乎？」屈公曰：「不可。」吴起曰：「起之爲人謀。」屈公曰：「成刑之徒，不可更已！子不如敦處而篤行之。楚國無貴於舉賢。」（卷十五指武）

（十五）别録（劉向）

左丘明授曾申，申授吴起，起授其子期，期授楚人鐸椒，鐸椒作抄撮八卷授虞卿，虞卿作抄撮九卷授荀卿，荀卿授張蒼。（春秋左傳正義卷一春秋序孔疏引）

（十六）漢書

雄桀之士，因勢輔時，作爲權詐，以相傾覆。吴有孫武，齊有孫臏，魏有吴起，秦有商鞅，皆禽敵立勝，垂著篇籍。當此之時，合從連衡，轉相攻伐，代爲雌雄。齊愍以技擊强，魏惠以武卒奮，秦昭以鋭士勝。世方爭於功利，而馳説者以孫、吴爲宗。時唯孫卿明於王道，而非之曰：「彼孫、吴者，上勢利而貴變詐。施於暴亂昏嫚之國，君臣有間，上下離心，政謀不良，故可變而詐也……」（卷二十三刑法志第三）

凡兵，所以存亡繼絶，救亂除害也。故伊、吕之將，子孫有國，與商、周並。至於末世，苟任詐力，以快貪殘，爭城殺人盈城，爭地殺人滿野。孫、吴、商、白之徒，皆身誅戮於前，而（功）［國］滅亡於後。報應之勢，各以類至，其道然矣。（同上）

吴起四十八篇。（卷三十藝文志第十）

（劉）歆因移書太常博士，責讓之曰：「……及夫子没而微言絶，七十子終而大義乖。重遭戰國，棄籩豆之禮，理軍旅之陣，孔氏之道抑，而孫吴之術興。」（卷三十六劉歆傳）

（東方）朔初來，上書曰：「臣朔少失父母，長養兄嫂。年十三學書，三冬文史足用。十五學擊

劍。十六學詩書，誦二十二萬言。十九學孫吴兵法，戰陣治具，鉦鼓之教，亦誦二十二萬言。」（卷六十五東方朔傳）

湖三老公乘興等上書訟尊治京兆功効日著：「……昔白起爲秦將，東破韓、魏，南拔郢都，應侯譖之，賜死杜郵；吴起爲魏守西河，而秦、韓不敢犯，讒人間焉，斥逐奔楚。秦聽浸潤以誅良將，魏信讒言以逐賢守，此皆偏聽不聰，失人之患也。」（卷七十六王尊傳）

（十七）三國志

秋八月，令曰：「……昔伊摯、傅説出於賤人，管仲，桓公賊也，皆用之以興。蕭何、曹參，縣吏也，韓信、陳平負汙辱之名，有見笑之恥，卒能成就王業，聲著千載。吴起貪將，殺妻自信，散金求官，母死不歸，然在魏，秦人不敢東向，在楚，則三晉不敢南謀。」（卷一魏書武帝紀裴松之注引魏書）

太祖自統御海内，芟夷群醜，其行軍用師，大較依孫、吴之法，而因事設奇，譎敵制勝，變化如神。（卷一魏書武帝紀裴松之注引魏書）

（鄧）艾言景王曰：「……昔子胥、吴起、商鞅、樂毅皆見任時君，主没而敗，況恪才非四賢，而不慮不患，其亡可待也。」（卷二十八魏書鄧艾傳）

（劉）備欲自圖蜀，拒答不聽，曰：「……今暴師於蜀漢，轉運於萬里，欲使戰克攻取，舉不失利，此吴起不能定其規，孫武不能善其事也。」（卷三十二蜀書先主傳裴松之注引獻帝春秋）

或勸（諸葛）亮更發兵者，亮曰：「……曹操智計殊絶於人，其用兵也，髣髴孫、吴。」（卷三十五蜀書諸葛亮傳裴松之注引漢晉春秋）

（諸葛）亮流涕曰：「孫、吴所以能制勝於天下者，用法明也。是以楊干亂法，魏絳戮其僕。四海分裂，兵交方始，若復廢法，何用討賊邪？」（卷三十九蜀書馬謖傳裴松之注引襄陽）

（孫堅）曰：「大勳垂捷而軍糧不繼，此吴起所以歎泣於西河，樂毅所以遺恨於垂成也。願將軍深思之。」（卷四十六吴書孫破虜討逆傳裴松之注引江表傳）

時魏降人或云魏都督河北振威將軍吴質，頗見猜疑，（胡）綜乃僞爲質作降文三條：「……今日無罪，横見譖毁，將有商鞅、白起之禍。尋惟事勢，去亦宜也。死而弗義，不去何爲！樂毅之出，吴起之走，君子傷其不遇，未有非之者也。」（卷六十二吴書胡綜傳）

（十八）抱朴子外篇

或智小敗於謀大，或轅弱折於載重，或獨是陷於衆非，或盡忠訐於兼會，或倡高算而受晁錯之

禍，或竭心力而遭吴起之害。（卷四十九知止）

（十九）後漢書

論曰：……（公孫）述雖爲漢吏，無所馮資，徒以文俗自憙，遂能集其志計。道未足而意有餘，不能因隙立功，以會時變，方乃坐飾邊幅，以高深自安，昔吴起所以慙魏侯也。（卷十三公孫述傳）

論曰：吴起與田文論功，文不及者三，朱買臣難公孫弘十策，弘不得其一，終之田文相魏，公孫宰漢，誠知宰相自有體也。（卷三十三朱浮傳）

及吴起相悼王，南併蠻越，遂有洞庭、蒼梧。（卷八十六南蠻西南夷列傳）

孫吴兵法云：「有巾有蓋，謂之武剛車。」（後漢書司馬彪後漢書志第二十九輿服上）

（二十）宋書

楚、魏之君，皆阻帶山河，憑城據漢，國富民殷，而不能保其强大，吴起、屈完所以爲歎也。（卷十四志第四禮一）

煌煌京洛行，文帝詞（五解）：「……禍夫吴起，智小謀大，西河何健，伏尸何劣。（四解）」（卷二十一志第十一樂三）

（二十一）文心雕龍

古之將相，疵咎實多；至如管仲之盜竊，吴起之貪淫，陳平之污點，絳灌之讒嫉，沿兹以下，不可勝數。（卷十程器第四十九）

（二十二）南齊書

時攸之遺太祖書曰：「……如其失理乖道，金城湯池無所用也。文長以戈戟自衛，何解滅亡？吴起有云：『義禮不修，舟中之人皆讎也。』」（卷二十五列傳第六張敬兒傳）

（二十三）顏氏家訓

必有天才，拔群出類，爲將則闇與孫武、吴起同術，執政則懸得管仲、子産之教，雖未讀書，吾亦謂之學矣。（卷三勉學第八）

（二十四）梁書

天監四年，詔太尉臨川王宏率衆軍北討，宏命記室丘遲私與伯之書曰：「……暮春三月，江南草長，雜花生樹，群鶯亂飛。見故國之旗鼓，感平生於疇日，撫弦登陴，豈不愴悢？所以廉公之思趙將，吴子之泣西河，人之情也。將軍獨無情哉！」（卷二十列傳第十四陳伯之傳）

言奏，高祖大怒，召主書於前，口授敕責琛曰：「……勇怯不同，貪廉各用，勇者可使進取，怯者可使守城，貪者可使捍禦，廉者可使牧民。向使叔齊守於西河，豈能濟事？吴起育民，必無成功。若使吴起而不重用，則西河之功廢。今之文武，亦復如此。取其搏噬之用，不能得不重更任，彼亦非爲朝廷爲之傳翼。」（卷三十八列傳第三十二賀琛傳）

（二十五）經典釋文

左丘明作傳，以授曾申，申傳衛人吴起，起傳其子期，期傳楚人鐸椒，椒傳趙人虞卿，卿傳同郡荀卿名況，況傳武威張蒼，蒼傳洛陽賈誼，誼傳至其孫嘉，嘉傳趙人貫公，貫公傳其少子長卿，長卿傳京兆尹張敞及侍御史張禹。（卷一序録）

（二十六）藝文類聚

吕氏春秋曰：「吴起，魏武侯送之曰：『何以治西河？』對曰：『以忠信。』」（卷二十九人部十三）

（二十七）李衛公問對

太宗曰：「霍去病暗與孫、吴合，誠有是夫！當右軍之却也，高祖失色，及朕奮擊，反爲我利。孫、吴暗合，卿實知言。」（卷上）

太宗曰：「分合爲變者，奇正安在？」靖曰：「善用兵者，無不正，無不奇，使敵莫測，故正亦勝，奇亦勝。三軍之士，止知其勝，莫知其所以勝，非變而能通，安能至是哉？分合所出，惟孫武能之，吴起而下，莫可及焉。」太宗曰：「吴術若何？」靖曰：「臣請略言之。魏武侯問吴起兩軍相向。起曰：『使賤而勇者前擊，鋒始交而北，北而勿罰，觀敵進取。一坐一起，奔北不追，則敵有謀矣；若悉衆追北，行止縱横，此敵人不才，擊之勿疑。』臣謂吴術大率多此類，非孫武所謂以正合也。」太宗曰：「卿舅韓擒虎嘗言，卿可與論孫、吴，亦奇正之謂乎？」靖曰：「擒虎安知奇正之極？但以奇爲奇，以正爲正爾！曾未知奇正相變、循環無窮者也。」（卷上）

（李）靖曰：「吴起云：『絶而不離，却而不散。』此步法也。」（卷中）

（李）靖再拜曰：「深乎，聖人之法也！攻是守之機，守是攻之策，同歸乎勝而已矣。若攻不知守，守不知攻，不惟二其事，抑又二其官，雖口誦孫、吴，而心不思妙，攻守兩齊之説，其孰能知其然哉？」（卷下）

（李）靖曰：「夫含生稟血，鼓作鬭爭，雖死不省者，氣使然也。故用兵之法，必先察吾士衆，激吾勝氣，乃可以擊敵焉。吴起『四機』，以氣機爲上，無他道也，能使人人自鬭，則其鋭莫當。」（卷下）

（二十八）晉書

壬戌，（元帝）詔曰：「……昔吴起爲楚悼王明法審令，捐不急之官，除廢公族疏遠，以附益將

士，而國富兵强。况今日之弊，百姓凋困邪！且當去非急之務，非軍士所須者皆省之。」（卷六帝紀第六元帝）

漢儀，立秋之日，自郊禮畢，始揚威武，斬牲於東門，以薦陵廟……還宫，遣使者齎束帛以賜武官。武官肄兵，習戰陣之儀。斬牲之禮，名曰貙劉。兵官皆肄孫、吴兵法六十四陣。（卷二十一志第十一禮下）

（段灼）臨去，遣息上表曰：「……士之立業，行非一概。吴起貪官，母死不歸，殺妻求將，不孝之甚，然在魏，使秦人不敢東向；在楚，則三晉不敢南謀。曾參、閔騫，誠孝子也，不能宿夕離其親，豈肯出身致死，涉危險之地哉！」（卷四十八段灼傳）

（張）載以蜀人恃險好亂，因著銘以作誡曰：「……昔在武侯，中流而喜。河山之固，見屈吴起。洞庭孟門，二國不祀。興實由德，險亦難恃。自古及今，天命不易。憑阻作昏，鮮不敗績。」（卷五十五張載傳）

（苻）堅自臨晉登龍門，顧謂其群臣曰：「美哉山河之固！婁敬有言，『關中四塞之國』，真不虚也。」權翼、薛贊對曰：「臣聞夏、殷之都非不險也，周、秦之衆非不多也，終於身竄南巢，首懸白旗，軀殘於犬戎，國分於項籍者何也？德之不修故耳。吴起有言：『在德不在險。』深願陛下追蹤唐、虞，懷遠以德，山河之固不足恃也。」堅大悦，乃還長安。（卷一百十三載記第十三苻堅傳上）

（吕）光後讌群僚，酒酣，語及政事。時刑法峻重，參軍段業進曰：「嚴刑重憲，非明王之義也。」光曰：「商鞅之法至峻，而兼諸侯；吴起之術無親，而荆蠻以霸，何也？」業曰：「明公受天眷命，方君臨四海，景行堯、舜，猶懼有弊，奈何欲以商、申之末法臨道義之神州，豈此州士女所望於明公哉！」光改容謝之，於是下令責躬，及崇寬簡之政。（卷一百二十二載記第二十二吕光傳）

（二十九）隋書

吴起兵法一卷。賈詡注。（卷三十四志第二十九經籍三）

（三十）太白陰經（李荃）

吴子曰：「料敵有不卜而戰者，先知也。」（卷一人謀上天無陰陽篇第一）

語曰：「夫妻諧，可以攻齊；小夫怒，可以攻魯」。王翦、李牧、吴起、田穰苴竟如此而兵强於諸侯也。（卷二人謀下子卒篇第十五）

（三十一）長短經（趙蕤）

議曰：夫忘家殉國則以爲「不懷其親，安能愛君」，衛公子開方、吴起、樂羊三人是也。（卷八雜説忠疑第二十四）

是以含蓼問疾，越王霸於諸侯；吮疽恤士，吴起淩於敵國。陽門慟哭，勝三晉之兵；單醪投河，感一軍之士。（卷九兵權道德第四）

（三十二）初學記

吴氏春秋曰：「吴起行，魏武侯自送之，絶河西，與起相辭。」（卷十八人部中）

（三十三）通典（杜佑）

戰國吴子曰：「凡行師越境，必審地形，則知主客之向背。地利若不悉知，往必敗矣。故軍有

所至，先五十里内山川形勢，使軍士伺其伏兵，將必自行，視地之勢，因而圖之，知其險易也。」（卷一百五十七兵十）

及吴起相悼王，南并蠻越，遂有洞庭、蒼梧之地。今長沙、衡陽等郡地。（卷一百八十七邊防三）

（三十四）元和郡縣圖志（李吉甫）

禹貢冀州之城。其在虞舜十二州及周，皆屬并州。春秋時爲晉地，後屬魏，謂之西河。子夏居西河，吴起爲西河守，皆謂此也。（卷第十三河東道二）

（三十五）白居易集

昔有吴起者，母殁喪不臨。嗟哉斯徒輩，其心不如禽。慈烏復慈烏，烏中之曾參。（卷一諷諭一慈烏夜啼）

（三十六）太平御覽

（桓範要集）又曰：昔霸王之戰策貴廟勝，故曰上兵伐謀而戰勝也。吴起臨陣，推劍不持；項羽初學劍，後貴兵略。此勇難獨用，況無勇乎！（卷二七三兵部四將帥下）

（吴子）又曰：夫將可樂而不可憂，謀可深而不可疑。將憂則内疑，謀疑則敵國奮。以此征伐，則可致亂。故將能清淨，能平，能整，能受諫，能聽訟，能納人，能採善言，能知國俗，能圖山川，能裁阨難，能制軍權，危者安之，懼者懽之，叛者還之，冤者原之，訴者察之，卑者貴之，彊者抑之，敵者殘之，貪者豐之，欲者使之，畏者隱之，謀者近之，讒者覆之，毁者復之，反者廢之，横者挫之，服者活之，降者訟之，獲城者割之，獲地者裂之，獲國者守之，獲阨塞之，獲難屯之，獲財散之，敵動伺之，敵彊下之，敵淩假之，敵暴安之，敵勃義之，敵睦携之，順舉挫之，因勢破之，放言過之。此爲將之道也。（同上）（曦案：此段文字亦見載於黄石公三略卷上上略、趙蕤長短經卷九兵權將體第十一，文字略有不同）

（吴子）又曰：故將拒諫則英雄散，策不從則謀士叛，善惡同則功臣倦，將專己則下歸咎，將自臧則下少功，將受讒則下有離心，將貪財則奸不禁，將内顧則士卒淫。將有一則衆不服，有二則軍無試，有三則軍乘背，有四則禍及國。（同上）（曦案：此段文字亦見載於黄石公三略卷上上略、趙蕤長短經卷九兵權將體第十一，文字略有不同）

（吴子）又曰：軍志曰：「將謀欲密，士衆欲一，攻敵欲疾。」將謀密則奸心閉，士衆一則群心結，攻敵疾則詐不及設。軍有此三者，則計不奪。將謀泄則軍無勢，以外窺内則禍不制，財入營則衆奸會。將有此三者，軍必敗也。（同上）（曦案：此段文字亦見載於黄石公三略卷上上略、趙蕤長短經卷九兵權將體第十一，文字略有不同）

（吴子）又曰：將無慮則謀士去，將無勇則吏士恐，將遷怒則軍士懼。慮也，謀也，將之所重。勇也，怒也，將之所用意。故曰必死可殺也，必生可虜也，忿速可侮也，廉潔可辱也，愛人可煩也。此五者，將兵之過，用兵之災也。（同上）（曦案：此段文字亦見載於趙蕤長短經卷九兵權將體第十一；其中「將無慮則士去」九句見於黄石公三略卷上上略，「必死可殺也」八句見於孫子兵法卷中九變，文字略有不同）

（吴子）又曰：智而心緩者可迫也，勇而輕死者可暴也，急而心速者可誘也，貪而喜利者可襲也，可遺也，仁而不忍於人者可勞也，智而心緩者可驚也，信而喜信於人者可誑也，廉潔而不愛人者可侮也，剛毅而自用者可事也，懦心喜用於人者可使人欺也。此皆用兵之要、爲將之略也。（同上）（曦案：此段文字亦見載於趙蕤長短經卷九兵權將體第十一，六韜卷三龍韜論將有相近表述，

文字略有不同）

吴子曰：凡行師越境，必審地形，審知主客之向背。地形若不悉知，往必敗矣。故軍有所至，先五十里内山川形勢，使軍士伺其伏兵，將必自行，視地之勢，因而圖之，知其險易也。（卷三三二兵部六三據要）

吴子曰：夫提鼓揮桴，臨難決疑，接兵用刃，此將軍也。一劍之任，非將軍事也。（卷三四四兵部七五劍下）

（吴子）又曰：一賊鋏劍擊於市，萬人無不觸辟者，臣以爲非一人獨勇，一市萬人皆不肖。（同上）

春秋後語曰：「魏文侯謀事而當，群臣莫之逮者，逮，及也。朝而喜色，吴起進曰：『昔楚莊王朝而有憂色，申公巫臣問曰：「君有憂色，何也？」莊王曰：「吾聞諸侯擇師，王者擇友，霸者自足，而群臣莫之若者亡。今以不穀之不肖而議於朝，群臣莫能逮，吾國其幾於亡乎？幾，近。吾是以憂色。」』」（卷三八八人事部二九色）

吕氏春秋曰：「吴起行，魏武侯自送之西河，而與起辭。武侯曰：『先生將何以治西河？』對曰：『以忠，以信，以仁，以義。』」（卷四八九人事部一三〇別離）

（皇甫士安高氏傳）又曰：段干木者，晉人也。少貧目賤，心志不遂，乃治清節，遊西河，師事

卜子夏。與田子方、李克、翟璜、吴起等居於魏，皆爲將，惟干木守道不仕。（卷五〇七逸民部七逸民七）

（唐書）又曰：開元十九年，始於兩京置齊太公廟，以張良配。上元初，特加封太公爲武成王，以歷代名將從其祀。然有其制而未之行，祠宇日荒。至是，宰臣盧杞、京兆尹盧甚以盧者齊之裔，乃鳩其裔孫若盧、崔、丁、吕之族，合錢以崇飾之。請復舊典，兼擇自古名將，如孔門十哲，皆配饗。詔下史官，乃定張良、穰苴、孫武、吴起、樂毅、白起、韓信、諸葛亮、李靖、李勣配焉。（卷五三五禮儀部一四立廟）

吕氏春秋曰：「吴起行，魏武侯自送之，絶河，謂吴起曰：『先生將何以治之西河？』對曰：『以忠，以信，以勇，以敢。』武侯曰：『四者足矣。請以四者恃先生。』」（卷六二五治道部六貢賦上）

馬融奏事曰：「楚將吴起，或遺之一榼酒，注之上流，使士卒迎流飲其下，明不獨也。」（卷七六一器物部六榼）

（三十七）舊唐書

儀鳳中，吐蕃頻犯塞，元忠赴洛陽上封事，言命將用兵之工拙曰：「……又今之將吏，率多貪暴，

所務唯狗馬，所求唯財物，無趙奢、吴起散金養士之風，縱使行軍，悉是此屬。」（卷九十二魏元忠傳）

天授中，爲左補闕，時選舉頗濫，謙光上疏曰：「……臣謹案吴起臨戰，左右進劍，吴子曰：『夫提鼓揮桴，臨難決疑，此將事也。一劍之任，非將事也。』謹案諸葛亮臨戎，不親戎服，頓蜀兵於渭南，宣王持劍，卒不敢當。此豈弓矢之用也！」（卷一百一薛登傳）

（三十八）武經總要（曾公亮等）

古者國家雖安，必常擇將。擇將之道，惟審其才之可用也。不以遠而遺，不以賤而棄，不以詐而疏，不以罪而廢。故管仲射鈎，齊威公任之以霸；孟明三敗，秦繆公赦之以勝；穰苴拔於寒微，吴起用於羈旅。（前集卷一制度一選將）

今取古今陣法，繪出其圖，以存梗概，俾將帥度宜而行之。若能沿古以便今，聞一而悟十，觸類以長，此又寄之明哲，要之與孫吴暗合爲極致耳。（前集卷七制度七陣法總説）

右方陣，即黄帝五行之金陣，孫子之方陣，吴起之車箱，諸葛亮之洞當陣也。（前集卷七制度七本朝八陣法）

右圓陣，即黄帝五行之土陣，孫子之圓陣，吴起之車輪，諸葛亮之中黄也。（同上）

右牝陣，即黄帝五行之水陣，孫子之牝陣，吴起之曲陣，諸葛亮之龍勝，劉豫之却月也。（同上）

右牡陣，即黄帝五行之火陣，孫子之牡陣，吴起之鋭陣，諸葛亮之鳥翔。（同上）

右衝方陣，即黄帝五行之木陣，孫子之衝方，吴起之直陣，諸葛亮之折衝也。（同上）

右車輪陣，即太公三才之地陣，孫子之車輪陣，吴起之衝陣，諸葛亮之握機也。（同上）

右罘罝陣，即太公三才之人陣，孫子之罘罝，吴起之卦陣，諸葛亮之虎翼，左傳之魚麗也。（同上）

右雁行陣，即太公三才之天陣，孫子之雁行，吴起之鵝鸛，諸葛亮之衝陣也。（同上）

舊説漢儀立秋日斬牲祀白帝，大司馬隸孫吴六十四陣。其圖亦亡，其説不明，難以究宣，今所不取。（前集卷八制度八古陣法敘）

方陣圖，乃黄帝五行之金陣，於卦屬兑宫，於五音屬商，爲白獸。則孫子之方陣，吴起之車箱陣，諸葛亮之洞當陣，以其行伍洞徹而相當也。（前集卷八制度八八陣圖）

圓陣圖者，黄帝五行之土陣，於卦屬艮宫，於五音屬宫，爲勾陳。則孫子之圓陣，吴起之車輪陣，諸葛亮之中黄陣，以居其中位者土也。（同上）

右牝陣圖者，黄帝五行之水陣，於卦屬坎宫，於五音屬羽，爲玄武。則孫子之牝陣，吴起之曲陣，諸葛亮之龍騰陣，以其曲屈如龍騰也。（同上）

右牡陣圖者，乃黄帝五行之火陣，於卦屬離宫，於五音屬徵，爲朱雀，太公名鳥雲陣，則孫子之

牡陣，吳起之銳陣，諸葛亮之鳥翔陣，以其輕銳如鳥飛翔也。（同上）

衝方陣者，乃黃帝五行之木陣，於卦屬震宮，於五音屬角，爲青龍。則孫子之衝方陣，吳起之直陣，諸葛亮之折衝陣，以其直前折衝於敵。（同上）

右車輪陣圖者，太公三才之地陣，於卦屬坤宮。則孫子之車輪陣，吳起之衝陣，諸葛亮之握機陣，以其進止機巧爲名。（同上）

右罘罝陣圖者，太公三才之人陣，一曰飛翼陣，於卦屬巽宮。則孫子之罘罝陣，吳起之卦陣，諸葛亮之名虎或作「禽」。翼，以其遊騎兩傍而舒翼也。（同上）

雁行陣者，乃太公三才之天陣，於卦屬乾宮。則孫子之雁行陣，吳起之鵝鸛陣，諸葛亮之衡陣，以其連接如秤衡也。（同上）

太公六韜、黃石公三略、穰苴法、吳子書，皆遠古所存可觀者。……戰國如二孫、吳起輩，號善用兵者，而著書皆有圖。（前集卷八制度八小論）

（三十九）新唐書

上元元年，尊太公爲武成王，祭典與文宣王比，以歷代良將爲十哲象坐侍。秦武安君白起、漢淮陰侯韓信、蜀丞相諸葛亮、唐尚書右僕射衛國公李靖、司空英國公李勣列於左，漢太子少傅張良、齊大司馬田穰苴、吴將軍孫武、魏西河守吴起、燕昌國君樂毅列於右，以良爲配。後罷中祀，遂不祭。（卷十五禮樂志）

賈詡注吴子兵法一卷。吴起。（卷五九藝文志）

（李靖）嘗謂所親曰：「丈夫遭遇，要當以功名取富貴，何至作章句儒？」其舅韓擒虎每與論兵，輒叹曰：「可與語孫、吴者，非斯人，尚誰哉！」（卷九三李靖傳）

天授中，（薛登）累遷左補闕。時選舉濫甚，乃上疏曰：「……願陛下降明制，頒峻科，斷無當之游言，收實用之良策，文試効官，武閲守禦。昔吴起將戰，左右進劍，吴子辭之；諸葛亮臨陣，不親戎服，蓋不取弓劍之用也。」（卷一一二薛登傳）

（四十）資治通鑑

吴起者，衛人，仕於魯。齊人伐魯，魯人欲以爲將，起取齊女爲妻，魯人疑之，起殺妻以求將，大破齊師。或譖之魯侯曰：「起始事曾參，母死不奔喪，曾參絶之；今又殺妻以求爲君將。起，殘忍薄行人也！且以魯國區區而有勝敵之名，則諸侯圖魯矣。」起恐得罪，聞魏文侯賢，乃往歸之。

文侯問諸李克，李克曰：「起貪而好色，然用兵，司馬穰苴弗能過也。」於是文侯以爲將，擊秦，拔五城。起之爲將，與士卒最下者同衣食，卧不設席，行不騎乘，親裹贏糧，與士卒分勞苦。卒有病疽者，起爲吮之。卒母聞而苦之。人曰：「子，卒也，而將軍自吮其疽，何哭爲？」母曰：「非然也。往年吴公吮其父疽，其父戰不旋踵，遂死於敵。吴公今又吮其子，妾不知其死所矣，是以哭之。」（卷一周紀一威烈王二十三年）

（四十一）崇文總目（王堯臣等）

吴子一卷。（卷六兵家類）

（四十二）嘉祐集（蘇洵）

且吴起與武，一體之人也，皆著書言兵，世稱之曰「孫吴」。然而吴起之言兵也，輕法制，草略無所統紀，不若武之書詞約而意盡，天下之兵説皆歸其中。然吴起始用於魯，破齊，及入魏，又能制秦兵，入楚，楚復霸。而武之所爲反如是，書之不足信也，固矣。（卷三權書孫武）

（四十三）元豐類稿（曾鞏）

戰國之游士則不然，不知道之可信，而樂於説之易合，其設心注意，偷爲一切之計而已。故論詐之便而諱其敗，言戰之善而蔽其患。其相率而爲之者，莫不有利焉，而不勝其害也；有得焉，而不勝其失也。卒至蘇秦、商鞅、孫臏、吴起、李斯之徒以亡其身，而諸侯及秦用之者亦滅其國，其爲世之大禍明矣，而俗猶莫之寤也。（卷十一戰國策目録序）

（四十四）蘇軾文集

傳有之：「天時不如地利，地利不如人和。」此言形勢之不如德也。而吴起亦云：「在德不在險。」太史公以爲形勢雖强，要以仁義爲本。儒者之言兵，未嘗不以藉其口矣。請拾其遺説而備論之。（卷二形勢不如德論）

太史公曰：田文論相吴起説，相如回車廉頗屈，姪欲弊衣尹姬悔。甘、吉亦然。（卷十三黄甘陸吉傳）

（四十五）欒城集（蘇轍）

其後田子方、段干木之徒，講之不詳，乃竊以爲虚無澹泊之説。而吴起、禽滑釐之類，又以倡狂於戰國。（卷二十二上兩制諸公書）

（四十六）東京夢華録（孟元老）

大内西右掖門外街巷……次曰吴起廟。（卷三）

（四十七）通志（鄭樵）

吴起兵法一卷。魏將吴起撰，賈詡注。又一卷，孫鎬注。（卷六十八藝文略第六）

（四十八）郡齋讀書志（晁公武）

元豐中，以六韜、孫子、吴子、司馬法、黄石公三略、尉繚子、李衛公對問頒行武學，令習之，號「七書」云。（卷十四兵家類）

吴子三卷。右魏吴起撰。言兵家機權法制之説。唐陸希聲類次爲之説，料敵、治兵、論將、變化、勵士，凡六篇。（同上）

（四十九）梅溪王先生文集（王十朋）

曾參以孝著於孔門。得參之學而行之者，宜其以孝而施於有政也。孰謂喪母不歸、殺妻求將者，反出參之門哉？（卷一三前集問策）

（五十）續資治通鑑長編（李燾）

諫官余靖言：「……昔魏侯恃險，吴起以爲失詞；宣王料民，山甫言其害政。惟是二者，皆古

今之所戒，而安危之所起，願陛下捨此二策，别議遠圖之術。」（卷一百四十九仁宗慶曆四年）

詔：「武學生員以百人爲額……三班使臣無贓罪及私罪情輕、仕族或草澤人無違負亦聽入學，量試馬射以六斗，步射以九斗，策一道，孫、吴、六韜義十道，以五通爲合格。」（卷二百三十六神宗熙寧五年）

庚辰，上語及遼國與董氈結姻，於西夏有犄角之勢，曰：「彼不自修其政事，而託婚數千里之外，所謂舍己之田而耘人之田者也。」王安石曰：「誠如聖諭。此吴起所以務在富國强兵，破弛説之言縱横者。」上曰：「起欲富國强兵，則廢宗室之疏屬與官之無用者，由此言之，欲富國强兵，則冗費不可以不省。」馮京曰：「吴起以刻暴殺身。」上曰：「如此等事，恐雖先王亦當爲之。」安石曰：「陛下之言是也。然吴起所爲，自非君子之道，故亡其軀爾。」（卷二百五十神宗熙寧七年）

詔校定孫子、吴子、六韜、司馬法、三略、尉繚子、李靖問對等書，鏤板行之。（卷三百三神宗元豐三年）

上曰：「世衡不知教養士卒，使之樂戰，欲以口舌取勝。昔吴起爲楚將，損不急之官，廢公族疏遠者，以撫養戰鬭之士，要在彊兵，破馳説之從横者，遂成霸業。此所謂知本矣。」（卷三百二十七神宗元豐五年）

是日，輔臣論及人材，上曰：「人材固有大小，然古之立功名者，管仲之於齊，商鞅之於秦，吴起之於楚，皆能使政令必行，若於道則未也；傅説之於商，周公之於周，可謂尚道義而兼功名者也。人臣但能言道義，而亡功名之實，亦無補於事。」（同上）

丙辰，國子司業朱服言：「承詔校定孫子、吴子、司馬兵法、衛公問對、三略、六韜。諸家所注孫子互有得失，未能去取，它書雖有注解，淺陋無足采者。臣謂宜去注，行本書，以待學者之自得。」詔：「孫子止用魏武帝注，餘不用注。」（卷三百四十一神宗元豐六年）

（五十一）將鑑論斷（戴少望）

起著書六篇，垂法萬世。爲魏守西河，秦兵不敢東向。與諸侯大戰七十六，全勝六十四，闢土四面，拓地千里，可謂戰國才士矣。後讀其傳，考其行事，何猜忌、暴刻、寡恩、鮮德之甚邪？唯其如是，故所至怨謗隨之。事魯事魏皆不克終，事楚而卒見殺。嗚呼！有才無行之人其亦難行於世而保身哉！後之爲將者能師起之用兵，而戒起之行事，斯可以爲賢矣。（卷之一戰國吴起）

（五十二）歷代兵制（陳傅良）

自後兵多常聚，帥多世守，文武異途，將相爭長。吴起與田文論功，而廉頗之賢，恥居藺卿之

下。兵之所在，權實歸之，是以在外則外重，在内則内重。（卷二東漢）

（五十三）直齋書録解題（陳振孫）

吴子三卷，魏吴起撰。（卷十二兵書類）

（五十四）翠微先生北征録（華岳）

臣嘗觀太公練士，必因其能否聚爲十一等級，未嘗有廢棄不用之卒。吴起練鋭，各因其材别爲五等，故决圍屠城無施不可。夫天之降材，不可以一律拘。故君之用材，不可以一概論。（卷一平戎十策）

（五十五）子略（高似孫）

自有春秋而天下日窮於兵，孫武以言兵進於吴，吴起以言兵售於魏，各以書名家。然讀吴子，其説蓋與孫武截然其不相侔也。起之書幾乎正，武之書一乎奇；起之書尚禮義、明教訓，或有得於司馬法者，武則一切戰國馳騁戰爭、奪謀逞詐之術耳。武侯浮西河，下中流，喟然歎曰：「美哉，山河之固！國之寶也。」起言之曰：「在德不在險。德之不修，舟中之人盡敵國也。」斯言之善，質於經，求之古，奚慚焉？反復此編，則所教在禮，所貴在禮。夫以湯、武仁義律之，起誠有間；求之於齊、魯、晉、衛、秦、楚之論兵者，起庶幾乎！武侯賢矣，聽起者篤矣，君臣之遇，不爲不厚矣，讒間一生，棄如敝屣，勳名志業，迄不一就。士之思古，安得不歎息於斯？若其當新難之國，輔未壯之君，馭不附之大臣，臨未信之百姓，而乃明法審令，廢遠疏之公族，捐不急之庶官，持意太過，操制太嚴，是所以速禍耳。起乃疏於此耶？（卷三吴子）

（五十六）履齋示兒編（孫奕）

吴起之殺其妻，易牙之殺其子，樂羊之食其子，是皆忘其所甚愛而貪其所不必爲也。真忍人哉！（卷一七雜記殺妻食子）

（五十七）鶴林玉露（羅大經）

吴子之正，孫子之奇，兵法盡在是矣。吴子似論語，孫子似孟子。（甲編卷二孫吴）

（五十八）漢藝文志考證（王應麟）

吴起四十八篇。隋志：「吴起兵法一卷。」今本三卷六篇。圖國至勵士。所闕亡多矣。唐氏曰：「司馬法在六藝，兵法始孫吴，皆後世變詐之兵，非古之兵書也。雖陰陽神農、黄帝之號，皆託也。」（卷八）

（五十九）剡源戴先生文集（戴表元）

世儒言吴起，未有不艴然異之也。嘗讀其傳而得其爲人，蓋魏公子所謂「節廉而自喜名」者，起之實録也。當戰國時，士之道先王而守禮義者鮮矣。魯俗猶爲後衰。而起也及事曾子，曾子以孝聞。魯而議起者曰：起之學於其門也，齧母而訣，殺妻而求將。世有學於曾子而齧母殺妻者乎？若其答魏文侯舟中之問，與夫遜田文辭，尚主趣舍進退，從容可觀，則猶曾子之教爾。學不勝質，溺於技勇，後人循跡而議，置其輕者，推其重者，名之爲薄。夫君子惡居下流，其是之謂哉？（卷二二史論讀吴起傳）

（六十）文獻通考（馬端臨）

（高宗紹興元年）歲九月，命學士、兩省官考試於秘閣，御史監之，試六論，每首五百字以上。於九經、十七史、七書、國語、荀、揚、管子、文中子正文内出題，差楷書祗應，四通以上爲合格。（卷三十三選舉考六）

紹興十六年，始建武學。……凡武學生習七書兵法，步騎射分上、内、外三舍，學生以百人爲額。（卷三十四選舉考七）

太祖、太宗時……令開封府祭九龍、浚溝、黄溝、子張、子夏、信陵君、段干木、扁鵲、張儀、吴起、單雄信廟。（卷七十七郊社考十）

周氏涉筆曰：「……六韜不知出何時……此書並緣吴起，漁獵其詞，而綴緝以近代軍政之浮談，淺駁無可施用。蓋吴起、武侯，真答問也，故問者當其形，對者應其實，至於料六國形勢所當出，百代之下，猶可想像。」（卷二百二十一經籍考四十八子兵書）

（六十一）宋史

雍熙四年，詔以親耕籍田，遣官奏告外，又祭九龍、黄溝、扁鵲、吴起、信陵、張耳、單雄信七廟，後又增祭德安公、嶽臺諸神廟，爲定式。（卷一百二志第五十五禮五）

宣和五年，禮部言：「武成王廟從祀，除本傳已有封爵者，其未經封爵之人，齊相管仲擬封涿水侯，大司馬田穰苴横山侯，吴大將軍孫武滬瀆侯，越相范蠡遂武侯，燕將樂毅平虜侯，蜀丞相諸葛亮順興侯，魏西河守吴起封廣宗伯，齊將孫臏武清伯，田單昌平伯，趙將廉頗臨城伯，秦將王翦鎮山伯，漢前將軍李廣懷柔伯，吴將軍周瑜平虜伯。」於是釋奠日，以張良配享殿上，管仲、孫武、樂毅、諸葛亮、李勣並西向，田穰苴、范蠡、韓信、李靖、郭子儀並東向。東廡，白起、孫臏、廉頗、李牧、曹參、周勃、李廣、霍去病、鄧禹、馮異、吴漢、馬援、皇甫嵩、鄧艾、張飛、吕蒙、陸抗、杜預、陶侃、慕容恪、宇文憲、韋孝寬、楊素、賀若弼、李孝恭、蘇定方、王孝傑、王晙、李光弼，並西向；西廡，吴起、田單、趙奢、王翦、彭越、周亞夫、衛青、趙充國、寇恂、賈復、耿弇、段熲、張遼、關羽、周瑜、陸遜、羊祐、王濬、謝玄、王猛、王鎮惡、斛律光、王僧辯、于謹、吴明徹、韓擒虎、史萬歲、尉遲敬德、裴行儉、張仁亶、郭元振、李晟，並東向。凡七十二將云。（卷一百五志第五十八禮八）

紹興元年，初復館職試，凡預召者，學士院試時務策一道，天子親覽焉。然是時，校書多不試，而正字或試或否。二年，詔舉賢良方正能直言極諫科，一遵舊制，自尚書兩省諫議大夫以上，御史中丞、學士、待制各舉一人。凡應詔者，先具所著策、論五十篇繳進，兩省侍從參考之，分爲三等，次優以上，召赴秘閣，試論六首，於九經、十七史、七書、國語、荀、揚、管子、文中子内出題，學士兩省官考校，御史監之，四通以上爲合格。（卷一百五十六志第一百九選舉二）

元豐元年，立大小使臣試弓馬藝業出官法：第一等，步射一石，矢十發三中，馬射七斗，馬上武藝五種，孫、吴義十通七，時務邊防策五道文理優長，律令義十通七，中五事以上免短使、減一任監當，三事以上免短使、升半年名次，兩事升半年，一事升一季；第二等，步射八斗，矢十發二中，馬射六斗，馬上武藝三種，孫、吴義十通五，策三道成文理，律令義十通五，中五事免短使、升半年，三事升半年，兩事升一季，一事與出官；第三等，步射六斗，矢十發一中，馬射五斗，馬上武藝兩種，孫、吴義十通三，策三道成文理，律令義十通三，計算錢穀文書五通三，中五事升半年，三事升一季，兩事與出官。其步射並發兩矢，馬射發三矢，皆著爲格。四年，罷試律義。七年，止試孫、吴書大義一場，第一等取四通，次二等三通，三等二通爲中格。元祐四年，詔解試、省試增策一道。

（卷一百五十七志第一百一十選舉三）

建炎三年，詔武舉人先經兵部驗視弓馬于殿前司，仍權就淮南轉運司別場附試七書義五道，兵機策二首。（同上）

（元豐）七年八月，詔開封府界、京東西路專選監司提舉教閱。神宗留心武備，既命立武學、校七書以訓武舉之士，又頒兵法以肄軍旅，微妙淵通，取成于心，群臣莫望焉。（卷一百九十五志第一百四十八兵九）

吴起吴子三卷。（卷二百七志第一百六十藝文六）

朱服校定六韜六卷。又校定孫子三卷。校定司馬法三卷。校定吴子二卷。校定三略三卷。（同上）

應龍在講筵，多指陳時政。一日讀吴起爲卒吮疽事，應龍奏：「起恤士卒如此，故能得其死力。今軍將得以賄遷，專事掊克，未免多怨。」上驚曰：「債帥之風，今猶未除邪？」（卷三百九十五列傳徐應龍傳）

時左拾遺、知制誥高錫上封，議武成王廟配享七十二賢，内王僧辯以不令終，恐非全德。尋詔吏部尚書張昭、工部尚書竇儀與錫重銓定，功業終始無瑕者方得預焉。周翰上言曰：「……只如樂毅、廉頗，皆奔亡而爲虜；韓信、彭越，悉葅醢而受誅。白起則錫劍杜郵，伍員則浮尸江澨。左車亦僨軍之將，孫臏實刑餘之人。穰苴則僨卒齊庭，吴起則非命楚國。周勃稱重，有置甲尚方之疑；陳平善謀，蒙受金諸將之謗。亞夫則死於獄吏，鄧艾則追於檻車。李廣後期而自剄，竇嬰樹黨而喪身。鄧禹敗於回溪，終身無董戎之寄；馬援死於蠻徼，還尸闕遺奠之儀。其餘諸葛亮之儔，事偏方之主；王景略之輩，佐閏位之君。關羽則爲仇國所禽，張飛則遭帳下所害。凡此名將，悉皆人雄，苟欲指瑕，誰當無累，或從澄汰，盡可棄捐。況其功業穹隆，名稱烜赫，樵夫牧稚，咸所聞知；列將通侯，竊所思慕。若一旦除去神位，擯出祠庭，吹毛求異代之疵，投袂忿古人之惡，必使時情頓惑，竊議交興。景行高山，更奚瞻於往躅；英魂烈魄，將有恨於明時。」（卷四百三十九梁周翰傳）

（六十二）金史

被詔與翰林侍讀學士張行簡討論武成王廟配等列，思忠奏曰：「伏見武成王廟配享諸將，不以世代爲先後。按唐祀典，李靖、李勣居吴起、樂毅上。聖朝太祖以二千之衆破百萬之師，太宗克宋，成此帝業，秦王宗翰、宋王宗望、婁室、谷神與前代之將，各以功德間列可也。」（卷一〇四蒲察思忠傳）

（六十三）文憲集（宋濂）

吴子二卷，衛人吴起撰。起嘗學於曾子，其著書曰圖國、料敵、治兵、論將、應變、勵士，凡六篇。夫干戈相尋，至於戰國，慘矣。往往以智術詐譎馳騁於利害之場，無所不用其至，若無士矣。起於斯時，對魏武侯，則曰「在德不在險」；論制國治軍，則曰「教之以禮，勵之以義」；論天下戰國，則曰「五勝者禍，四勝者弊，三勝者霸，二勝者王，一勝者帝，數勝得天下者稀，以亡者衆」；論爲將之道，則曰「所慎者五：一曰理，二曰備，三曰果，四曰戒，五曰約」。何起之異夫諸子也！此所以守西河，與諸侯大戰七十六，全勝六十四，闢土四面，拓地千里，宜也。較之孫武，則起幾於正，武一乎奇，其優劣判矣。或者謂起爲武之亞，抑亦未之思歟？然則殺妻求將，齧臂盟母，亦在所取乎？曰：姑舍是。（卷二十七雜著）

（六十四）武經直解序（劉寅）

洪武三十年，歲在丁丑，太祖高皇帝有旨：「俾軍官子孫講讀武書，通曉者臨期試用。」寅觀孫武舊注數家，矛盾不一，學者難於統會。吴子以下六書無注，市肆板行者闕誤又多，雖嘗口授於人，而竟不能曉達其理。於是取其書，删繁撮要，斷以經傳所載先儒之奥旨，質以平日所聞父師之格言，訛舛者稽而正之，脱誤者訂而增之，幽微者彰而顯之，傅會者辨而析之。越明年藁就，又明年書成，凡二十五卷，一百一十四篇，總若千萬言，題曰武經直解。及取儒家諸書、先聖先賢之所著述，有切於兵法者，編爲附録，載之於前，以取童蒙講誦之便，非敢與識者道也。

嗚呼，兵豈易言哉？觀形勢、審虚實、出正奇、定勝負，凡所以禁暴弭亂、安民守國、鎮邊疆、威四夷者，無越於此也，聖人於是重之。故仁、義、忠、信、智、勇、明、決，兵之本也；行伍、部曲、有節、有制，兵之用也；潛謀、密運、料敵、取勝，兵之機也；一徐一疾、一動一静、一予一奪、一文一武，兵之權也。不有大智，其何能謀？不有深謀，其何能將？不有良將，其何能兵？不有鋭兵，其何能武？不有武備，其何能國？欲有智而多謀，善將而能兵，提兵而用武，備武而奪國，舍是書何以哉？

兵者詭道。是以孫、吴之流，專尚詐謀。司馬法以下數書，論仁義節制之兵者，間亦有之，在學者推廣默識，心融而意會耳。雖然，兵謀師律，儒者罕言；譎詭變詐，聖人不取。仁義節制，其猶大匠之規矩準繩乎？大匠能誨人以規矩準繩，而不能使之巧。寅爲此書，但直解經文，而授人以規矩準繩耳。出奇用巧，在臨時應變者自爲之，非寅所敢預言也。

狂斐踰僭，得罪聖門，誠不可免，然於國家戡定禍亂之道，學者修爲戰守之方，亦或有所小補云。書中差繆尚多，古人所謂校書，如塵埃風葉，隨掃隨有，信哉斯言！博聞君子覽者改而正之可也。洪武戊寅歲律中無射望日戊戌，前辛亥科進士太原劉寅序。

（六十五）方洲集（張寧）

起母死不奔喪，殺妻以求將，無人倫矣！豈有無人倫之人而能盡忠於君以愛其下者乎？彼問勞吮疽，皆詭術也。卒之自魯奔魏，自魏奔楚而見殺，宜哉。大抵悖義就時之人，雖有所成，終難倚重，由其所厚者薄也。（卷二十七讀史録）

（六十六）王陽明全集（王守仁）

何謂舍短以用長？臣惟人之才能，自非聖賢，有所長必有所短，有所明必有所弊。而人之常情，亦必有所懲於前，而後有所警於後。吴起殺妻，忍人也，而稱名將。陳平受金，貪夫也，而稱謀臣。管仲被囚而建霸，孟明三北而成功。顧上之所以駕馭而鼓動之者何如耳。故曰：用人之仁，去其貪；用人之智，去其詐；用人之勇，去其怒。夫求才於倉促艱難之際，而必欲拘於規矩繩墨

之中，吾知其必不克矣。（卷九别録一奏疏一陳言邊務疏）

吴子握機揣情，確有成畫，俱實實可見之行事，故始用於魯而破齊，繼入於魏而破秦，晚入於楚而楚伯，身試之，頗有成效。彼孫子兵法較吴豈不深遠，而實用則難言矣。想孫子特有意於著書成名，而吴子第就行事言之，故其效如此。（卷二十二補録武經七書評）

（六十七）史記考要（柯維騏）

太史公律書序云：「司馬法所從來尚矣，太公、孫、吴、王子能紹而明之，切近世，極人變。」又孫吴傳序云：「非信廉勇仁，不能論兵傳劍，與道同符，内可以治身，外可以應變，君子比德焉。」夫謂之「切近世」，似矣；謂之「君子比德」，非也。臨武君謂孫、吴用變詐，無敵於天下。荀卿非之曰：「攻奪變詐者諸侯之事也，仁人之兵不可詐也。」班固刑法志曰：「凡兵所以存亡繼絶，救亂除害也。故伊、吕之將，子孫有國，與商、周並。至於末世，苟任詐力以快貪殘，孫、吴、商、白之徒，皆身誅戮於前，而國滅亡於後，報應之勢各以類，至其道然矣。」二子之説，蓋本王道云。（卷八）

（六十八）藏書（李贄）

吴起料敵制勝，號知兵矣，而卒困於公叔之僕，何哉？其廢公族疏遠以養戰士，所以强楚者以是，所以殺身者亦以是。其鼂錯之徒與？任事者必任怨，雖殺身可也。（卷四十七武臣傳）

（六十九）練兵實紀（戚繼光）

但古人兵法，如七書之類，就同藥肆，五金八石、草木鱗蟲，無所不備，蓋不知患者何症，所宜何藥耳。必須醫家胗認病勢，真正宜用某藥，即取諸肆中，藥無不效。倘誤胗病患，取藥肆中，服之不瘳，將歸罪曰：「藥之不靈。」烏乎，靈也！七書内百法俱備，即藥肆也。爲將者，要先知士伍之情、山川之形，認察敵人動靜，即問病胗脈之醫也。稍有差誤，用法不效，將歸罪於法，曰：「前人兵法不效。」烏乎，效也！吾人童而習之，幼而學之，又須長壯之日，履名將之門，處實境之間，方知兵法爲有用，方能變化兵法，以施之行事之際。（卷九練將第九）

古人吮士之疽，殺愛妾以饗士，投醪於河以共滋味，此何等作爲！（同上）

近該本院調取所屬遵化等衛應襲舍人，親臨演武場，聊一試之，得年力精健、騎射閑習者三百餘人。竊欲將此輩群之武庠，擇立師長，授以武經總要、孫吴兵法、六壬、百將等書，俾各習讀，講解其義。（雜集卷之一儲練通論上）

習武者，不外於孫吴。是習孫吴者，皆孫吴之徒也。自夫世好之不同也，試文之餘，每於篇中必肆詆毁譏誚其師無所不至。試使今日之毁師者，受國家戡定之寄，而能攘外安内如孫吴者，幾人哉？（同上）

孫子以「信」居二，吴子以「果」居中，誠能着實用力於此二字，庶幾乎節制之師。（雜集卷之二儲練通論下）

（七十）史記評林（凌稚隆）

按吴起在衛則鄉黨謗之，事魯則魯君疑之，將魏則公叔害之，相楚則貴戚射刺之，豈其所遭然哉？觀太史公首著其殺妻一節與魯人惡起者言，則起猜忍之性，所如不合，不足怪也。（卷六十五）

（七十一）少室山房筆叢（胡應麟）

宋世以孫、吴、司馬、韜、略、尉繚、李衛公爲兵家七書。孫武、尉繚亡可疑者。吴起或未必起自著，要亦戰國人掇其議論成編，非後世僞作也。（卷三十一丁部四部正譌中）

（七十二）山堂肆考（彭大翼）

衛人吴起仕于魯，齊人伐魯，魯欲以爲將。起娶齊女，魯人疑之，起遂殺妻以求將，大破齊師。（卷七十臣職總將帥上吴起殺妻）

（七十三）武經總論（陸經翼）

然列國紛爭之際，兵法愈雄，王道寖微，不得不取材於將略，故孫武、吴起、尉繚之書附焉。武以伍員薦入吴，爲上將，西破强楚，入郢，北威齊、晉，顯名諸侯。起嘗學於曾子，與聞禮教之説，書較孫武爲簡，而考其破齊、制秦、伯楚，伐尤宣大。……然則編書何以首孫子？蓋孫子十三篇，適括諸書之意，而盡用兵之變。我莆宋儒鄭先生曰「文士亦當盡心」，況兜鍪家哉？故揭而首之。又虞學者之日尋於詐也，吴術幾正焉，故次之。此即「九伐」之意，仁爲本，而權謀濟之者也，故司馬法又次之。暢其説者，其李衛公乎，又次之。習其説，而不敷其教，未盡也，尉繚子詳言兵教、兵令者也，又次之。而大要皆發明三略、六韜之旨，故韜略終焉，令人知所會通云。乃知數子之功有軒輊，而數子之言無優劣，何也？書雖七，而旨則一也；通其旨，雖諸書盡廢可也。

（七十四）萬曆野獲編（沈德符）

唐高宗上元初，封太公爲武成王，開元間始置亞聖十哲以從祀，尋加七十二弟子。宋太祖初即位，即詔修廟，與國學相對。未幾幸廟，以白起殺降，命去之。至徽宗宣和間，又升張良配享殿上，以管仲、孫武、樂毅、諸葛亮、李勣西向，穰苴、范蠡、韓信、李靖、郭子儀東向，爲十哲；而兩廡則白起、吴起各爲之首，凡七十二人。南渡後又升管仲、郭子儀於殿上，又增曹彬一人。（補遺卷三）

（七十五）吴子序（王士騏）

今談兵家稱孫吴，又或以爲孫譎而吴正，則兩家之書具在也，而兩家之用兵，其戰勝攻取書之史册者具在也，先司寇之序孫子詳矣，而不及吴子。余觀史册所載吴子事，大都信賞必罰，與士卒同甘苦，故其爲書亦崇仁主義，申禮明信，初閲之似平平，究竟擁百萬之衆，臨不測之敵，有能師其説而行之，必無有不勝者，何也？至奇者每伏於至平，至平者每釀乎至奇。世之正吴子而譎孫子者，咫尺之見也。有人於此，其叱吒風雲，呼吸雷雨，見之者目眩，聽之者耳怖，彼非不駭且異之，而中寔疑之，不以爲幻，則以爲妖耳。夫其眩之怖之，駭且異之，而卒不免於疑之，此正而呼之以譎也。又有人於此，坐作由人，進止由人，而摧之不可破，擣之不可入，人非不望而靡之，而終不免於易之。夫其望而靡之，而終焉易之，則以其坐作由人，進止由人，即譎而呼之以正也。嗟乎！此世之所以論孫吴而正之譎之者也。孫吴可作，豈爾爾哉？

余往者校士晉中，道三卿之故墟，吊列侯之遺事，蓋即吴子昔日用兵地。云其民悍而易親，其俗信而輕死，當時欒郤中行已用之，以取威定伯，及吴子事文侯而用之，以西抗彊秦。余蓋徘徊其地而不能去者久之。且余觀吴子，其識深，其才富，所微嫌者量隘耳。而田文一言，能令心懾氣攝而噤不發一語，則其受業大勇之門，得力褐夫之惴，豈可以尋常策士目之也哉？夫其信義至使癰卒之母知之，則吴子誠知道者。而或謂其見擯於曾子，忍心於殺妻，則亦史氏點綴其急功名之狀，而重鳴鼓於大賢之門耳，是詎可信乎？至今憑吊西河之上，飄風落磧，敗竈陳墟，種種滿前，迴睇當年，九封函谷，羊叱嬴秦，不亦重可想哉？

其書不數篇，篇不數語，爲正爲譎，吾無暇深辨，獨其置之死地而後生，置之亡地而後存，則孫吴兩家若合一轍，而乃知兵不厭詭，師出以律，聖人有言，亶其然乎？易坎之象曰：「天險，不可升也。地險，山川丘陵也。王公設險以守其國。」而吴子之言曰：「在德不在險。」嗟乎！此深於習坎之旨者乎？而或謂吴子之才之識，而卒不終於魏，不免於楚。嗟乎！象以齒而焚其身，蚌以珠而剖其腹，古來豪傑之士，名聞諸侯，力雄一世，而七尺之不保者，豈一吴子也哉？今韜鈐家毋不以孫吴爲高會，而正譎之論方聚訟而未已，嗟乎！吾第不得其言而用之，用之而有所試於世焉。孫也可，吴也可，正也可，譎也可，彼爲是正與譎之論者，豈真能讀兩家之書者哉？吴子之書，汪司馬伯玉常校刻於閩中。近余同年焦太史弱侯取魏武帝二子注，刻於秣陵，俱稱善本。頃余家食之暇，不惜效顰，重爲參訂，一以踵先司寇之緒，一以合孫吴之局云爾。若夫爲正爲譎，又奚辨焉？

（兵垣四編）

（七十六）武備志（茅元儀）

魏將吴起爲西河守，與士卒最下者同衣食，卧不設席，行不乘騎，親裹嬴糧，與士卒分勞苦。卒有病疽者，起爲吮之。卒母聞而哭之。或曰：「子，卒也，而將軍自吮其疽，何哭爲？」母曰：「非然也。往年吴公吮其父，其父戰不旋踵，遂死於敵。吴公今又吮其子，妾不知其死所矣，是以哭之。」文侯以吴起用兵廉平，得士卒心，使守西河。與諸侯大戰七十六，全勝六十四。（卷二十戰略考）

（七十七）武經彙解序（朱墉）

余嘗從藝文志繙閲遺編，竊有所得也。若孫子之詭譎奥深、窮幽極渺，吴子之醇正簡要、恕己近情，司馬之縝密謹嚴、詳核周至，衛公之辨析精微、考據典確，尉繚之敦本務實、峻法明刑，黄石之機權敏幻、智術淵閎，太公之規模闊大、本末兼該，是以並列黌宫，武士得其一二，足以建立奇勳，豈得謂爲語言文字，而不身體力行哉？

（七十八）延津縣志（余心孺）

吴起城在沙門鎮以北，廣袤七里許，北門一座，東西門各一座，南鎮河，無門。南門一井尚存，以一石覆之，其水不可食。其城似鵝形，謂之鵝城。其井如眼，謂之鵝眼。其地多石，自漢唐以來，居民用其石不盡。每遇曉霧陰暗，遠視之，恍如城垛，樓櫓之狀宛然。（卷五遺跡）

（七十九）讀史方輿紀要（顧祖禹）

又吴起城，志云：在縣東北十里。相傳吴起屯兵處。（卷四十七河南二杞縣）

夫劍閣、瞿塘，三尺童子皆知其爲險也。知其爲險，則攻者必有之死而生之志，守者必有以逸待勞之情，用心一分，而成敗判焉。此魏武侯中流而喜，吴起所爲瞿然者也。（卷六十六四川方輿紀要敘）

（八十）古今僞書考（姚際恒）

吴子，稱魏吴起撰。漢志四十八篇，今六篇，其論膚淺，自是僞託。中有屠城之語，尤爲可惡。或以其有禮義等字，遂以爲正大，非武之比，誤矣。（子類）

（八十一）四庫全書總目

史記穰苴列傳稱，齊威王使大夫追論古者司馬兵法，是古有兵法之明證。然風后以下，皆出依託。其間孤虚王相之説，雜以陰陽五行風雲氣色之説，又雜以占候。故兵家恒與術數相出入，術數亦恒與兵家相出入，要非古兵法也。其最古者，當以孫子、吴子、司馬法爲本，大抵生聚訓練之術、權謀運用之宜而已。（卷九九子部九兵家類）

吴子一卷。周吴起撰。起事蹟見史記列傳。司馬遷稱起兵法世多有，而不言篇數。漢藝文志載吴起四十八篇。然隋志作一卷，賈詡注。唐志並同。鄭樵通志略又有孫鎬注一卷。均無所謂四十八篇者。蓋亦如孫武之八十二篇出於附益，非其本書，世不傳也。晁公武讀書志則作三卷，稱唐陸希聲類次爲之，凡説國、料敵、治兵、論將、變化、勵士六篇。今所行本雖仍併爲一卷，然篇目並與讀書志合，惟「變化」作「應變」，則未知孰誤耳。起殺妻求將，齧臂盟母，其行事殊不足道。然嘗受學於曾子，耳濡目染，終有典型，故持論頗不詭於正。如對魏武侯則曰「在德不在險」，論制國治軍則曰「教之以禮，勵之以義」。論爲將之道則曰「所慎者五，一曰理，二曰備，三曰果，四曰戒，五曰約」。大抵皆尚有先王節制之遺。高似孫子略謂其尚禮義，明教訓，或有得於司馬法者，斯言允矣。（同上）

又以孫子十三篇、吴子六篇爲握機緯。孫子輯諸家訓釋，凡十三卷。吴子惟用劉寅注，凡二卷。（卷一百子部十兵家類存目）

（八十二）續資治通鑑（畢沅）

初，帝幸武成王廟，歷觀兩廊所畫名將，以杖指白起曰：「起殺已降，不武之甚，何爲受享於此？」命去之。左拾遺知制誥高錫因上疏論王僧辯不克善終，不宜在配享之列。乃詔吏部尚書張昭、工部尚書竇儀與錫别加裁定，取功業始終無瑕者。癸巳，昭等議升漢灌嬰、後漢耿純、王霸、祭遵、班超、晉王渾、周訪、宋沈慶之、後魏李崇、傅永、北齊段韶、後周李弼、唐秦叔寶、張公謹、唐休璟、渾瑊、裴度、李光顔、李愬、鄭畋、梁葛從周、後唐周德威、符存審二十三人；退魏吴起、齊孫臏、趙廉頗、漢韓信、彭越、周亞夫、後漢段紀明、魏鄧艾、晉陶侃、蜀關羽、張飛、晉杜元凱、北齊慕容紹宗、梁王僧辯、陳吴明徹、隋楊素、賀若弼、史萬歲、唐李光弼、王孝傑、張齊丘、郭元振二十二人。詔塑齊相管仲像於堂，畫魏西河太守吴起於廡下，餘如昭等議。乙未，祕書郎直史館管城梁周翰上言曰：「凡名將悉皆人雄，苟欲指瑕，誰當無累！一旦除去神位，吹毛求異代之非，投袂忿古人之惡，似非允當。臣心惑焉。」不報。（卷三宋紀三太祖乾德元年）

知制誥田錫奏曰：「……昔吴起爲將，爲士卒吮癰。霍去病爲將，漢帝欲爲治第，去病曰：『匈奴未滅，何以家爲！』今之將帥，有如吴起、霍去病否？若以臣見，即將帥實無其人。將帥非才，即無威名，何以使敵人望風而懼！」（卷十四宋紀十四太宗端拱元年）

（八十三）惜抱軒文集（姚鼐）

今吴子僅三篇，尉繚子二十四篇。魏晉以後，乃以笳笛爲軍樂，彼吴起安得云「夜以金鼓笳笛爲節」乎？蘇明允言：「起功過於孫武，而著書顧草略，不逮武。」不悟其書僞也。（卷五讀司馬法六韜）

（八十四）文史通義（章學誠）

吴起殺妻，而效奏西河，於志不當追既往也；黄霸爲相，而譽滅潁川，於志不逆其將來也。以政爲重，而他事皆在所輕，豈與斯土之人原始要終，而編爲列傳者可同其體制歟？（卷七外篇二永清縣志政略序例）

（八十五）史記志疑（梁玉繩）

韓子外儲説右上有吴起令妻織組，因幅狹出妻事，此言殺妻求將，蓋兩事也，爲起妻者，不亦難乎！（卷二十七）

文侯以起廉平，使守西河，又公叔之僕稱起節廉，則不可謂貪。殺妻辭主，亦不可謂好色。索隱引王邵謂此言相反，良是。豈前貪後廉，變其舊跡，而輕棄故人，懼近禁臠，又漁色者之常態歟？小司馬以貪名解之，殊迂曲。（同上）

（八十六）史記蠡測（林伯桐）

孫、吴自古並稱，然孫武用兵之外無聞焉。吴起相楚，能明法審令，捐不急之官，破縱横之説。其與田文論功，以「治百官、親萬民、實府庫」自負；其對魏武侯，以「在德不在險」爲言，異乎以勇力見長者矣。

（八十七）南潯楛語（蔣超伯）

韓詩外傳：「水濁則魚喁，令苛則民亂。城峭則崩，岸峭則陂。故吴起峭刑而車裂，商鞅峻法而支解。」按：今南贛諸郡及楚粤毗連等處，皆吴起相楚悼王時所開，時在周安王十五年。就其事功言之，偉哉起也！固未可與商君同日語已。（吴起非商鞅比）

（八十八）吴子序（國英）

我朝武試默經不出孫吴二種。吴子六篇首重「圖國」，其曰「教百姓而親萬民」，又曰「綏以道，理以義，動以理，撫以仁」。信乎！治端其本，兵濟其窮，所謂持論不詭於正者近是。起嘗師事曾子，於聖功王道之旨積漸者深。特生當戰國，上非新民明德之君，下無深謀遠慮之敵，使於此高言三代，安足動當世諸侯王哉！論者以鮮王道、多霸術爲吴子病，不知古人因時立論，各擅所長。讀料敵、治兵、論將、應變諸篇，較孫子爲正。而勵士一篇分別賞罰，與三略實相表裏。起相魏擊秦，與士卒同甘苦，病疽者親爲吮之；相楚，捐官廢公族以養戰士，故盡得士心，而樂爲效死。不世之功，半出於此。太史公謂起兵法世多有，而不言篇數。隋志、唐志作一卷，晁公武讀書志作三卷，唐陸希聲類次之，凡六篇。今因之而試士焉。夫通經所以致用，食古尤貴化神，讀兵家言者必上參經史，旁及諸子百家，而後擷其精，通其變，庶不爲古書所囿。否則，吴子用兵雖穰苴弗能過，然使遇太公之文伐，三略之本圖，亦不能無所屈抑。余願爲讀是書者一考證焉。光緒丙子季夏輝發國英撰。（武經七書彙解）

（八十九）春秋左傳讀（章太炎）

韓非外儲説右上曰：「吴起，衛左氏中人也。」左氏者，衛邑名。内儲説上曰：「衛嗣君之時，有胥靡逃之魏，因爲襄王之后治病。衛嗣君聞之，使人請以五十金買之。五反，而魏王不予。乃以左氏易之。」注：「左氏，都邑名也。」左氏春秋者，固以左公名，或亦因吳起傳其學，故名曰左氏春秋，猶詩傳作於大毛公，而毛詩之名因小毛公而題與？以左氏名春秋者，以地名也，則猶齊詩、魯詩之比與？或曰：本因左公得名，及吳起傳之，又傳其子期，而起所居之地爲左氏學者群居焉，猶齊之稷下。因名其地曰左氏。以人名地，則黨氏之溝之比也。因有以韓非之文證左傳爲吳起作者，故發此二義正之。今曰左傳，若左氏本由地得名，則今所稱爲割裂，猶呼公羊、穀梁曰公、穀矣。（隱公篇丘明）

（九十）國學概論（章太炎）

吳子此書中所載器具，多非當時所有，想是六朝産品。但從前科舉時代把他當作武經，可見受騙已久。

（九十一）中國近三百年學術史（梁啓超）

孫子、吳子、司馬法。

右三書爲最古之兵家言，漢志以冠「兵書略」。今傳本惟孫子尚可信，餘二書恐出漢人依託，

但亦一古籍矣。（十四清代學者整理舊學之總成績（二））

（九十二）清史稿

内場論題，向用武經七書，聖祖以其文義駁雜，詔增論語、孟子，於是改論題二，首題用論語、孟子，次題用孫子、吴子、司馬法。（卷一〇八志八十三選舉三）

上命弁兵内通曉文義者得應武鄉會試，見伯疏言武經七書注解互異，請敕儒臣選定。下部議駁，上諭曰：「見伯此奏亦是。武經七書文義駁雜，朕曾躬歷行間，知用兵之道，七書所言，安可盡用耶？」命再議，乃議武試論二：一以論語、孟子命題，一以孫子、吴子、司馬法命題。見伯並請祭孔子，副將以下皆陪祭，上特允之。（卷二九九馬會伯傳）

熊光曰：「督撫率郡縣加意撫循，提鎮率將弁加意訓練，百姓有恩可懷，有威可畏，太平自不難致。若稍懈，則伏戎於莽，吴起所謂舟中皆敵國也。」（卷三五七吴熊光傳）

附録三　吴起師承問題考辨

孫、吴歷來並提，吴起是中國歷史上唯一一位能與孫武並駕齊驅的軍事理論家。然而關於他的師承問題，卻長期存有歧解。筆者不揣譾陋，嘗試考辨釋疑，以就正於方家。

現存古籍最早言及吴起師承的是吕氏春秋當染篇：「子貢、子夏、曾子學於孔子，田子方學於子貢，段干木學於子夏，吴起學於曾子。」史記孫子吴起列傳本於此，稱吴起「嘗學於曾子」。曾子，即孔子的親炙弟子曾參。「吴起師曾參」一説，經由史記的廣泛傳播而爲歷代學人所普遍接受。以「求實」著稱的資治通鑑便採用了史記的記述，説「（吴）起始事曾參」。然而到了清代，卻開始出現了另外一種説法，認爲吴起的老師不是曾參，而是曾參之子曾申（一説曾申爲曾參之孫，見趙岐孟子注）。最早提出該説的是黄式三，其周季編略卷三曰：

史本傳作曾子，而通鑑作曾參，本吕覽。據劉向别録，起受春秋左傳於曾申。禮檀弓：

「魯穆公母卒，使人問於曾子。對曰：『申也聞諸申之父。』」是曾申亦稱曾子，故依本傳。〔一〕

二十世紀三十年代初，日本學者瀧川資言撰成史記會注考證，他在吴起本傳「嘗學於曾子」句下的注釋中，引用了黄式三的這段話，以説明曾子爲曾申，而非曾參。一九三五年冬，錢穆的先秦諸子繫年一書問世，書中有專文論及「起師申，而非參也」。一九四三年九月，郭沫若寫有述吴起一文，亦論及「吴起所師者，乃曾申而非曾參」。一九九一年八月，孫開泰吴起傳一書在北京出版社出版，書中附有吴起師曾申考一文。當代研究吴子的軍事學學者，大都接受了「吴起師曾申」的説法。如李碩之、王式金的吴子淺説説：「史記中記載吴起曾在他的老師曾子（即曾申，曾參之子）門下受業。」〔二〕再如吴如嵩等的戰國軍事史説：「（吴起）曾學於著名儒家人物子夏與曾申等人。」〔三〕又如薛國安、楊斐的吴子新説説：「吴起從衛國出走後，投身儒家學派思想家曾子（孔子學生曾參之孫）門下，攻讀儒學。」〔四〕不過當代學界研究史記或曾子的學者，則大都繼續沿用「吴起師曾參」一説。如韓兆琦的史記選注集評對「嘗學於曾子」一句的「曾子」，注釋道：「名參，春秋

〔一〕清黄式三：周季編略，程繼紅點校，鳳凰出版社，二〇〇八年，第三六頁。
〔二〕李碩之、王式金：吴子淺説，解放軍出版社，一九八六年，第九頁。
〔三〕吴如嵩、黄樸民、任力、柳玲：中國軍事通史第三卷戰國軍事史，軍事科學出版社，一九九八年，第二九八頁。
〔四〕薛國安、楊斐：吴子新説，解放軍出版社，二〇一一年，第一四—一五頁。

末期魯國人，孔子的學生。」〔一〕張大可史記新注的注釋是：「孔子學生曾參。」〔二〕羅新慧的曾子研究提到曾參對包括吴起在内的弟子「要求十分嚴格」〔三〕，王永輝、高尚舉的曾子輯校説曾參「培養出了孔伋、樂正子春、公明宣、公明儀、公明高、陽膚、沈猶行、單居離、吴起、子襄等著名弟子」〔四〕，名單中吴起赫然在列。

面對吴起師承問題的歧解，筆者在信從吕氏春秋、史記所言「吴起師曾參」一説的同時，認爲黄式三、錢穆、郭沫若、孫開泰等爲否定「吴起師曾參」一説而做出的諸多論證，其實都是站不住脚的。先看黄式三的論證。他提出了兩條證據，第一條是劉向别録的一則佚文：

> 左丘明授曾申，申授吴起，起授其子期，期授楚人鐸椒，鐸椒作抄撮八卷授虞卿，虞卿作抄撮九卷授荀卿，荀卿授張倉。

别録早已亡佚，以上文字爲春秋左傳正義卷一孔疏所引。這則佚文記録的左傳學術承傳，其準確性是值得懷疑的。錢穆質疑道：「史記十二諸侯年表：『鐸椒爲楚威王傅……』今考吴起卒

〔一〕韓兆琦：史記選注集評，廣西師範大學出版社，一九九五年，第二〇四頁。
〔二〕張大可：史記新注，華文出版社，二〇〇〇年，第一三三八頁。
〔三〕羅新慧：曾子研究，商務印書館，二〇一三年，第七二頁。
〔四〕王永輝、高尚舉：曾子輯校前言，中華書局，二〇一七年，第三頁。

在楚悼王末年，下至威王元尚四十二年。謂鐸椒得吴起子期之傳，差尚可信，而謂其授虞卿，則年世不相及。」〔一〕即便如此，錢穆居然還支持黄式三的觀點，仍認定「起師申，非師參也」〔二〕。郭沫若雖然認爲「左氏傳授之説」實乃「不足信」〔三〕，但同錢穆一樣，也斷定曾申與吴起的師承關係是「較可信的」，説「吴起所師者，乃曾申而非曾參」〔四〕。依據一則錯漏明顯的佚文所下的結論，猶如平地起大廈，其可靠性可想而知。

黄氏的第二條證據出自禮記檀弓上：

> 穆公之母卒，使人問於曾子曰：「如之何？」對曰：「申也聞諸申之父曰：『哭泣之哀，齊、斬之情，饘粥之食，自天子達。布幕，衛也；縿幕，魯也。』」

黄氏由此證明「曾子」非曾參的專稱，曾申亦有此稱。但是，這條材料並不足以推翻史記所記「吴起師曾參」一説。須知，除了孫子吴起列傳，史記另有兩篇傳記提到曾子，一是魯仲連鄒陽列傳，文中載鄒陽之語：「臣聞盛飾入朝者不以利汙義，砥厲名號者不以欲傷行，故縣名『勝母』而曾

〔一〕錢穆：先秦諸子繫年，商務印書館，二〇〇一年，第二二五頁。
〔二〕錢穆：先秦諸子繫年，第一八〇頁。
〔三〕郭沫若：郭沫若全集歷史編第一卷，人民出版社，一九八二年，第五〇八頁。
〔四〕郭沫若：郭沫若全集歷史編第一卷，第五〇八頁。

子不入，邑號『朝歌』而墨子回車。」二是平津侯主父列傳，文中載徐樂之語：「陳涉無千乘之尊，尺寸之地，身非王公大人名族之後，無鄉曲之譽，非有孔、墨、曾子之賢……」以上二文提到的曾子，均指曾參而非曾申，此解歷來無疑。加之史記並無筆墨言及曾申，因此孫子吴起列傳「嘗學於曾子」一句中的「曾子」，依據司馬遷的用語習慣，指的只能是曾參而非曾申。

再看錢穆的論證。他除了沿用黄式三以上兩條證據外，還提出了三條新的證據。第一條是史記六國年表載「齊宣公四十四年，伐魯莒及安陽。四十五年，伐魯取都」。按史記孫子吴起列傳有吴起「事魯君」，「將而攻齊，大破之」的記載，但吴起於何年率魯兵大破齊軍，史記並無明言。錢穆從史記年表查知齊宣公四十四年、四十五年齊、魯兩國有戰事，遂推測吴起「將魯破齊，正在魯穆四年也。其去魯，至晚在魯穆五年六年間」〔一〕。魯穆公五年、六年，即公元前四〇三、前四〇二年。他還推測吴起「仕魯年當近三十」，遂根據吴起卒年（史記記吴起死於楚悼公卒歲，即前三八一年），推出吴起「壽亦且六十矣」〔二〕。錢穆的第二條證據是闕里文獻考載「曾子年七十而卒」〔三〕；第三條是禮記檀弓所記子夏設教西河而喪明，曾參當時尚在，錢穆據此推定「曾子卒當魏文侯十

〔一〕錢穆：先秦諸子繫年，第一八六頁。
〔二〕錢穆：先秦諸子繫年，第一八六頁。
〔三〕錢穆：先秦諸子繫年，第一八〇頁。

二年，亦近是」〔一〕。按史記仲尼弟子列傳稱曾參「少孔子四十六歲」，孔子生於前五五一年，據此可知曾參的生年是前五〇五年。魏文侯十二年，即公元前四三四年，曾參七十一歲。錢穆綜合以上三條證據，認爲曾子辭世之年下距他所斷定的吴起仕魯之年「尚二十年外」〔二〕，這樣吴起在魯國期間就不可能與曾子有交集，遂得出「（吴）起不及事曾子」〔三〕的結論。

錢穆的論證看似精密，實則是經不起推敲的。他的第一個證據，關乎吴起仕魯年代的考定。戰國初期的史料散失嚴重，「史文缺軼，考古者爲之茫昧也」〔四〕。此時的魯國史、齊國史亦如此，比如史記魯周公世家是這樣敘述魯元公、穆公、共公等數代歷史的：「三十七年，悼公卒，子嘉立，是爲元公。元公二十一年卒，子顯立，是爲穆公。穆公三十三年卒，子奮立，是爲共公。共公二十二年卒，子屯立，是爲康公。」因史料匱乏，司馬遷描述的僅爲當時魯侯的世襲情況，而無一字述及魯國的政治、軍事、經濟等。史記六國年表所載「齊宣公四十四年，伐魯莒及安陽。四十五年，伐魯取都」，當爲魯、齊兩國交戰記録的殘存，被司馬遷發現而載入史記，而同時期其他更多的記録

〔一〕錢穆：先秦諸子繫年，第一八〇頁。
〔二〕錢穆：先秦諸子繫年，第一八〇頁。
〔三〕錢穆：先秦諸子繫年，第一八〇頁。
〔四〕清顧炎武：日知録集釋，岳麓書社，一九九四年，第四六七頁。

當早已湮没無存。錢穆抓住一條殘存記録就對號入座，認定這條記録説的就是吴起領兵破齊事，並由此推定吴起的仕魯之年，其可信性自然難以讓人恭維。

錢穆的第二個證據，是闕里文獻考所記曾子卒年。史記未載曾參卒年。後來人們對這個問題説法不一，如熊賜履學統卷三説曾子卒於周考王五年（前四三六年），曾參時年六十九歲；馮雲鵷校刊的曾子書卷一年譜説曾參「壽七十三」；康有爲的萬木草堂口説稱「曾子居武城時九十餘歲」，等等〔一〕，這些説法其實均無所據。曾子研究的作者羅新慧在介紹曾子生平時，便如實地説其「卒年不詳」〔二〕。闕里文獻考爲清代學者孔繼汾所撰，錢穆稱此書有「曾子年七十而卒」一句。然而筆者遍查該書，卻並未找到此句。書中僅説：「（曾子）年七十，學名聞天下。」〔三〕不過孔繼汾卻没有提供「年七十」之説的依據〔四〕，因而他對曾子卒年的説法，亦屬無所依憑。

錢穆還試圖根據其第三條證據，即禮記檀弓上所記子夏、曾子晚年在西河生活的如下文字，

〔一〕關於曾參卒年的諸多説法，參見王菊英曾子述論第一章第三節，湖北人民出版社，二〇〇九年。

〔二〕羅新慧：曾子研究，第六二頁。

〔三〕清孔繼汾：闕里文獻考卷四二，周海生點校，上海古籍出版社，二〇一九年，第四〇七頁。

〔四〕黄式三周季編略卷二有介紹曾參生平事迹的一段文字，文末説：「曾子少孔子年四十六，史記、家語同，年七十卒。本闕里文獻考編此，复採論語、説苑諸書以類附。」錢穆大概是誤讀了「本闕里文獻考編此」一句，以爲該書有「曾子年七十而卒」的記述。郭沫若的述吴起一文沿用了此誤。

以推定曾子的卒年：

子夏喪其子而喪其明，曾子弔之，曰：「吾聞之也，朋友喪明則哭之。」曾子哭，子夏亦哭，曰：「天乎，予之無罪也。」曾子怒，曰：「商，女何無罪也？吾與女事夫子於洙泗之間，退而老於西河之上，使西河之民疑女於夫子，爾罪一也；喪爾親，使民未有聞焉，爾罪二也；喪爾子，喪爾明，爾罪三也。而曰女何無罪與？」子夏投其杖而拜曰：「吾過矣！吾過矣！吾離群而索居亦已久矣！」

然而這段文字，卻無一言涉及曾子卒年。錢穆應該是聯繫史記魏世家所記「（魏）文侯受子夏經藝」，再依據所謂「曾子年七十而卒」的説法，進而以果爲因，循環論證，推出了「曾子卒當魏文侯十二年」的結論。但這種做法，是不足以定論曾子卒年的。可以説，錢穆的三條證據所指向的兩個核心問題——吳起仕魯之年與曾參之卒年，其答案一爲想當然的推測，一爲無所依據的虛説，因而是無法用以實現考證目的的。

再次，看郭沫若的論證，除了沿用黃式三、錢穆的證據，其論證的新意主要體現在從韓非子説林上記載的如下一則吳起軼事入手以探求吳起的師承：

魯季孫新弒其君，吳起仕焉。或謂起曰：「夫死者始死而血，已死而衄，已衄而灰，已灰而土。及其土也，無可爲者矣。今季孫乃始血，其毋乃未可知也。」吳起因去，之晉。

利用這條材料，郭沫若試圖解決吳起何時去魯的問題。他的思路是：先確定季孫氏弑殺的是哪個魯君，由此魯君卒年確定吳起離開魯國的時間；進而再聯繫曾子卒年，判定吳起的生活是否與曾子有交集。韓非子難三評議魯穆公時事，稱「魯之公室，三世劫於季氏」。「三世」，指的是哀公、悼公、元公。哀公卒於前四六七年，史記魯世家記「國人迎哀公復歸，卒於有山氏」。郭沫若說：「死非被弑，且哀公之死下距楚悼王之死八十九年，吳起如得及哀公，則其死時當在一百歲以上，殊覺不合。」既然不是哀公被弑殺，那麼就是悼公或元公了，郭沫若認爲「穆公之前哀悼元三世均曾爲季氏所劫，則悼公與元公均曾被弑，都是可能的」。問題在於吳起離開魯國之年，季孫氏弑殺的是悼公還是元公？郭沫若進一步推理道：

> 魯哀公之後爲悼公，三十七年卒，下距楚悼王之卒五十二年。悼公之後爲元公，二十一年卒，下距楚悼王之卒三十一年。……吳起在魯既然從政，且曾爲魯將，則其去魯之年至少當得有二十五歲。今假定被弑者爲悼公，則吳起死時將近八十或過之；如爲元公，則僅五十餘歲，至多亦無過六十，揆諸情理及其他關於吳起逸事（如公叔尚主之謀），自以後説爲合理。是則吳起去魯在魯元公二十一年。〔一〕

〔一〕郭沫若：郭沫若全集歷史編第一卷，第五〇七—五〇八頁。

郭沫若認定季孫氏弑殺的是元公。元公二十一年（即元公卒年）爲前四〇八年，該年亦即郭沫若以爲的吴起離開魯國之年。他又聯繫「曾子年七十而卒」的説法，將曾子卒年定於前四三五年。這兩個時間點相距近三十年，他因此下結論道：「吴起在魯之年曾子應已早卒，吴子不得及其門。」〔一〕

然而郭沫若的這一論證，同樣是經不起推敲的。首先，他爲了排除季孫氏弑殺悼公的可能性，細緻推算了「假定被弑者爲悼公」時吴起去世的年紀，但這個推算卻出現了疏誤。悼公卒年爲前四二九年，此時距離吴起卒年（前三八一年）爲四十八年；若吴起去魯時二十五歲，則其卒時應爲七十三歲，並非郭沫若説的「將近八十或過之」。其次，爲了坐實季孫氏弑殺的不是悼公，他又提及史記吴起本傳所載的「公叔尚主之謀」，即魏相公叔痤妒害吴起、魏武侯中計讓吴起娶公主的一個故事，他試圖以此證明在「將近八十或過之」與「五十餘歲時，至多亦無過六十」這兩個年齡段，吴起在後一年齡段娶公主「爲合理」。然而對於史記記載的這個故事，前人多有質疑，比如林春溥的戰國紀年説：「吴起去魏，吕氏春秋以爲王錯譖之魏武侯，非痤也。百家傳記往往有以證史之誤者，此類是也。」〔二〕郭沫若自己其實也不相信這個故事，説：「這也一定是莫須有的傳説：

〔一〕郭沫若：郭沫若全集歷史編第一卷，第五〇八頁。

〔二〕引自韓兆琦：史記箋證第七册，江西人民出版社，二〇〇四年，第三八一八頁。

因爲吳起的年紀應該和魏武侯不相上下，怎麽能够尚他的公主？而且他在去楚時是已經老了。」〔一〕既如此，這個「莫須有的傳説」自當無助於他的考證。第三，他在認定曾子卒年時，依據的是「曾子年七十而卒」一説，而據前面分析，這種説法是無所憑據的。第四，據史記吳起本傳，「（吳起）母死，而起終不歸」，曾子遂「與起絶」。起乃之魯，學兵法以事魯君」，可知吳起離開曾子以後開始學習兵法，後成長爲一名魯將，這期間是需要一段歲月歷練的，並非一蹴而就，而郭沫若在推算曾參、吳起的生活是否有交集時，顯然忽略了這一事實。綜合以上四點，可知郭沫若的立論缺乏牢靠基石。實際上，在已知曾參生年（前五〇五）、吳起卒年（前三八一）的前提下，如果吳起像郭沫若所推測的那樣，已爲魯將的他「去魯之年當得有二十五歲」，則此前他應當經過了若干年的歷練，很可能是在二十歲左右離開曾門的。假設他二十五歲時因悼公被殺（該年爲前四二九，魏文侯十七年）而離開魯國，則其生年爲前四五四年；又假設他二十歲時離開曾門，則該年爲前四三四年，曾參此時七十一歲。這樣説來，他完全有可能在二十歲上下追隨七十一歲左右的曾參學習，郭沫若所謂「吳起在魯之年曾子應已早卒」的説法是不足憑信的。

黄氏、錢氏、郭氏之後研究吳起師承問題的主要有孫開泰。他撰寫吳起師曾申考一文以申論「吳起師曾參的兒子曾申」，此文的新意來自於對上引禮記檀弓上所記子夏、曾子晚年生活的那段文

〔一〕郭沫若：郭沫若全集歷史編第一卷，第五一三頁。

字的解讀。他針對曾參對子夏所説的「吾與汝事夫子於洙泗之上，退而老於西河之上，使西河之民疑女於夫子，爾罪一也」諸句，做出了如下闡述：

> ……曾參比子夏小兩歲。這兩人又都是孔子的得意門徒，他們晚年還在一起是很自然的。子夏曾爲魏文侯師，定居西河，曾參又常到西河去看望他，而吴起是西河守，這樣説來，吴起曾師曾參、子夏都有可能。但是，其實不然。〔一〕

接下來，孫氏指出子夏定居的西河與吴起擔任魏將所守的西河，兩者同名而非一地，前者在今河南湯陰縣東，後者在今陝西大荔縣以東地區〔二〕；還指出吴起爲西河守之年，應該是在魏國於前四〇九年全部攻佔西河的「此後二年，即公元前四〇六年」〔三〕。他又據史記仲尼弟子列傳，子夏「少孔子四十四歲」，比曾參大兩歲；吴起守西河時，子夏已逾百歲，指出「子夏居的西河並非吴起爲西河守之西河」〔四〕。因此，他認爲子夏、曾參二人在西河的相會，「不在吴起爲西河守之

〔一〕孫開泰：吴起傳，北京出版社，一九九一年版，第一〇五頁。

〔二〕關於存在兩個西河的問題，錢穆的先秦諸子繫年早有論證，見該書卷二「三九子夏居西河在東方河濟之間不在西土龍門汾州考」。

〔三〕孫開泰：吴起傳，第一〇六頁。

〔四〕孫開泰：吴起傳，第一〇六頁。

時，也不在吴起守西河的地域之内」〔一〕。應該説，這一結論是可以信從的。不過，他據此所説的「這是吴起不師曾參的有力旁證」，則讓人不敢苟同。因爲他的一番論述只説明了禮記檀弓記述的子夏、曾參的相會，其時「不在吴起爲西河守之時」，其地「不在吴起守西河的地域之内」，僅此而已。如果據此再做進一步推論，也只能説明吴起在擔任西河守時，子夏、曾參已是百歲上下，那時吴起追隨二人學習已不大可能。至於吴起擔任西河守之前師承曾參與否，這個「旁證」則因距離此題太遠而無濟於事。

綜上可知，黄式三、錢穆、郭沫若、孫開泰等爲否定吕氏春秋、史記所述「吴起師曾參」一説而做出的一繫列考證，均缺乏堅實的立論根基。吴起師曾參，而非其子曾申。若無確鑿證據，則吕氏春秋、史記對吴起師承的記述是不能輕易推翻的。曾參是當時享譽海内的儒學名師，吴起進入曾門學習而深諳儒學路徑，這應是人們研究吴起其人及其著作吴子的重要邏輯起點。

關於吴起的師承，另有一個問題需要説明，即吴起是否師承子夏。史記儒林列傳云：

> 自孔子卒後，七十子之徒散遊諸侯，大者爲師傅卿相，小者友教士大夫，或隱而不見。故子路居衛，子張居陳，澹臺子羽居楚，子夏居西河，子貢終於齊。如田子方、段干木、吴起、禽

〔一〕孫開泰：吴起傳，第一〇六頁。

滑釐之屬，皆受業於子夏之倫，爲王者師。

不少學者由「如田子方、段干木、吴起、禽滑釐之屬，皆受業於子夏之倫」一句，認定吴起是子夏弟子，如郭沫若説：「（吴起）師事過子夏。」〔一〕又如李啓謙説：「根據史記儒林傳等的記載，田子方、段干木、吴起、李克等這些有改革精神的人都是他（子夏）的學生。」〔二〕然而在楊朝明、王紅霞〔三〕看來，他們均誤讀了「子夏之倫」四字。「子夏之倫」，意即「子夏等人」。司馬遷的本意是：田子方、段干木、吴起、禽滑釐這些人是在子夏、子路、子張、澹臺子羽、子貢等人的門下接受教育的。他們師承有别，其情形如吕氏春秋當染篇所示：「田子方學於子貢，段干木學於子夏，吴起學於曾子。」因此，不應將田子方、段干木、吴起、禽滑釐等統統視爲子夏弟子。吴起未曾師承子夏，楊、王兩位學者對此已辯之甚明，筆者認同他們的觀點。

〔一〕郭沫若：郭沫若全集歷史編第二卷，第三一九頁。
〔二〕李啓謙：孔門弟子研究，齊魯書社，一九八七年，第一一七頁。
〔三〕參讀楊朝明子夏及其傳經之學考證，載孔子研究二〇〇二年第五期；王紅霞子夏生平考述，載北方論叢二〇〇六年第四期。